大学问

始于问而终于明

守望学术的视界

孙竞昊 著

经营地方

明清时期济宁的士绅与社会

广西师范大学出版社
·桂林·

本书承蒙浙江大学董氏文史哲研究奖励基金资助出版

经营地方：明清时期济宁的士绅与社会
JINGYING DIFANG: MINGQING SHIQI JINING DE SHISHEN YU SHEHUI

图书在版编目（CIP）数据

经营地方：明清时期济宁的士绅与社会 / 孙竞昊著. -- 桂林：广西师范大学出版社，2023.3
ISBN 978-7-5598-5470-4

Ⅰ. ①经… Ⅱ. ①孙… Ⅲ. ①社会发展史－研究－济宁－明清时代 Ⅳ. ①K295.23

中国版本图书馆 CIP 数据核字（2022）第 190603 号

广西师范大学出版社出版发行
（广西桂林市五里店路 9 号　邮政编码：541004）
　网址：http://www.bbtpress.com
出版人：黄轩庄
全国新华书店经销
广西民族印刷包装集团有限公司印刷
（南宁市高新区高新三路 1 号　邮政编码：530007）
开本：880 mm ×1 240 mm　1/32
印张：12.75　　　　字数：280 千
2023 年 3 月第 1 版　2023 年 3 月第 1 次印刷
印数：0 001~6 000 册　定价：89.00 元
如发现印装质量问题，影响阅读，请与出版社发行部门联系调换。

谨以此书纪念先父
孙念久先生(1931—2015)

自序:"思辨"的史学和"叙事"的史学

这是我的第一本专著。习史四十年,年近花甲才有"处女作"问世,在这个时代似乎不可思议。几年前看到一则题为"一位无专著的教授"的推文,提及姚大力教授的一段感慨之言:"下一代想起我们的时候,除了鸡肠狗肚的争斗和一座庞大无比的精品垃圾山,还能留下什么?"还记得读过侯仁之先生所说的一句话:做学术不是打群架。"人海战术"带来的学术"盛世"的确值得检讨。

于是,我思忖:自己能为学术界做点什么?记得20世纪80年代中期,业师谢天佑先生说过:如果能用一篇文章把思想表达完整,就没有必要弄出一本书来。他在1988年春天猝逝,次年其专著《秦汉经济政策与经济思想史稿——兼评自然经济论》、半部遗稿《专制主义统治下的臣民心理》才依次付梓。我的第二位导师王家范先生的唯一专著《中国历史通论》是在他六十二岁时出版的。他们留下的都是传世之作,我自然不敢攀附。

大约二十年前的一个夏天,我回国探亲在北京中转时,从前的学生、在一家出版社任编辑的龚洪训君问我,是否可以把自己的江南史研究成果整理成书,我以旧研究"过气"为由婉谢。2009年底,我结束了漂泊域外的十四年求学、教学生活,返回阔别廿载的母校工作。此时,出版"专著"好像势在必行。尽管其间也曾探讨相关事宜,但转眼十多年,忙忙碌碌却还是无甚作为地在拖沓。

2019年5月,广西师范大学出版社的刘隆进君来信,询问我的明清江南社会经济史研究结集和北方运河城市社会史成书等事宜。在接下来的沟通中,经过隆进的努力,广西师范大学出版社慨允谢天佑先生两本遗著的再版和新编纂《谢天佑学术文存》的出版,合为《谢天佑著作集》三种;而我关于济宁社会史的专著也随之纳入该社出版计划——感谢隆进这种方式的督促!

这本专著的主体出自我于21世纪之初在多伦多大学完成的博士论文,而该论文涉及环境的部分正在另外扩充为一部英文书稿。人生如白驹过隙,借此对过往的学术与思想轨辙做一短暂回顾。2010年秋季,华东师范大学举办校庆报告会活动,历史学系中国古代史教研室主任牟发松教授要我谈谈辗转海内外的学缘与心得,我临时想了个题目,名为"思辨的史学和叙事的史学",在一张纸上匆匆写了几个提示点便去做讲座,碰巧被"超星"录下了视频。此次出版的序言,就采用这个题目。

一、我的学术历程与四位研究生导师

我在博士论文的致谢辞里,第一句话就提到自己幸运地在中国和北美遇到了四位优秀的学术和人生的导师。逝者如斯,回首旧时光,交织着的眷恋和慨然之情不禁油然而生。

回眸激荡起伏的20世纪80年代,我在华东师范大学完成了本科和研究生的学习。我曾在几篇札记里追忆我的第一位导师谢天佑先生,他与家父是我终生的楷模。我应该是在大一、大二之际聆听过他以"让历史焕发出青春"为题的讲座。因为一些缘故,他曾一度决定不招研究生。有两届他名下的学生,实际上是由王家范先生负责的。他肯出山带我,这是知遇之恩。他曾嘱我不要在年轻时过于消耗身体,可自己却在1988年春于盛年之际猝逝。失师之痛令我终生难以释怀。我在《当往事变成记忆》一文讲道:"回顾自幼蒙阶段就没离开过学校的生涯,谢师的精神遗产化作了我生命的一部分,伴随着我人生的历程。"("澎湃新闻"2018年8月14日)

至迟从大二开始,我便有幸得到谢先生的指导。他的"宏观—微观—宏观"的史学研究"公式"和诸多鞭辟入里的思想启引了我学术与思想的路向。按王家范先生所讲,谢先生是真心相信马克思主义的。而马克思主义,如师姐邵勤教授所说,是那个时代唯一的"思想之光"。他要求我读"两论"(《资本论》和《盐铁论》),他自己读《剩余价值理论》,目的是做出一部"封建社会政治经济学"。在其生命的最后两三年里,谢师的思想与学术体系转型也在加速进行,但令人痛惜的是,他的生命之轮永久地停留在56岁的盛年。若上苍公平,假以时日,在之后更为激荡的历史变革中,他的学术与思想尤疑会产生质的突破与升华。

接手带我的王家范先生多年协助谢先生从事中国农民战争史研究,直到80年代中叶,两人才逐渐淡出此领域。谢师转向秦汉史,王师转向明清史,但共同的指向是社会经济史。与谢先生精研马列原典的门径相比,王先生热忱地投入"新启蒙时代"的"西方名著热"中,尤其关注社会学和心理学,以重塑自己的知识结构,日渐形成自身独立的学术指向和认知体系,并以之指导学生。恰值美欧的中国社会史研究引介到国内,王先生成了国内社会史研究的先驱之一。然而,与大多数社会史学者的重心落在具体生活内容不同,王先生提倡历史社会学,依然延续了关怀大问题的主脉。他那时常常挂在嘴边的"结构""机制"诸类词语,我也长期追随。他曾用两个"ma-ke-si"——卡尔·马克思(1818—1883)和马克斯·韦伯(1864—1920)来概括那个勇于怀疑和探索的80年代。所以在20世纪90年代以来经验主义研究成为主流的"碎片化"大潮里,这种少见的锲而不舍的坚持——我喻之为"韦伯情结",愈发显得卓尔不群。

作为他们那代最优秀的学者,谢、王二师都是为了社会进步而从事学术研究。所以他们注重理论,问题意识突出,思想性强,其作品里清晰可见浓烈的家国情怀和冷峻的世界主义视角。深受这种"so what"之孜孜以求精神的熏陶,我在负笈"西游"后也大致延续这样的轨迹。至于出国留学的缘由和规划,深浸"新启蒙"情结的"80年代"青年学子,都切身体验过近代以来前辈志士仁人"向西方学习"精神的感召,而我本人彼时也体认到业已接受和熟悉的学术与思想体系难以激发出进一步的求索。我在《家范师琐忆》里写道:"家范师在公众场合说过几次,华师大历史学系的才子才女们都出国了。50后那代(77、78、79级为主)里,华师大出国读史学博士的学人群体确实在国内高校中鹤立鸡群,这见于《在美国发现历史:留美历史学人反思录》书中多位作者的背景信息:他们大都是上海人。以后十几年,华师大历史学系毕业生出国留学的极为罕见,直到 21 世纪之初才有新生代涌现出来。"(《随笔》2021 年第 2 期)虽然勉为其难,我还是义无反顾地汇入 20 世纪末的留洋大潮。

孟菲斯大学的孙隆基先生成了我的第三位导师。记得早在 1985 年初,我就听说过他的成名作《中国文化的深层结构》,在稍后的"文化热"中"地下"拜读了这部"走私"来的名著。在孟菲斯大学期间,我以逾而立之年勉力适应新的知识、教育与文化体系,身心承受的压力难以名状,或许可在《在美国发现历史:留美历史学人反思录》里多位作者的足迹和心迹中找到共情。孙先生在台湾大学历史学系获得学士和硕士学位,后赴美深造、执教,擅长思想史,博闻强识,特立独行。近年来,他以一己之力撰写多卷本《新世界史》,已出的两册热销海内。在读博期间,我为转学而又拿到了一个硕士学位,论文为"Interpreting Yan'an Culture: An Overview of Western Images of Chinese Communism During 1936—1949"(《解读延安文化:1936—1949 年间中国共产主义的西方形象述论》)。该文的主体经修改后发表,成为我的英文论文处女作。但我的兴趣依然在社会经济史领域,于是,在申请转学过程中与加州大学洛杉矶分校的黄宗智教授联系,并把以前的中文代表作和这篇英文稿子发给他,还提到自己年届"而立""不惑"间的纠结。他电子邮件回复予以鼓励,说带的儿位大陆来的学生都是 forty something(四十几岁)时结业,还说对我喜爱的"structure"(结构)方法印象颇深。

几经斟酌周折后,我于 2000 年秋季转学到了加拿大,多伦多大学的卜正民(Timothy Brook)先生成了我求学生涯中最后一位导师。在之前的邮件往来中,我曾好奇他作为一位明史专家,为何还写了一部当代史著作。记得他大约这样回应:My interests in China has been colored by humanism。他对我以前的中文论文的评价与我本人的认知不一样,我在诧异中感受到了他严谨的学院派品格,还有他的热忱、职业使命感和完美主义。在多伦多大学读博的五年里,他虽然如之前我的三位导师一样,也是采取自由"散养"的方式,但在学术标准要求上没有可 negotiate(打折扣)的余地。卜师当时已沉浸在他新的史学领域"collaboration"(合作)研究中,而我还是决定"滞留"在明清阶段,也就是所谓中华帝国晚期。不过,受到卜师那代学者的社会史研究的影响,我把这个前现代的历史时期与其在开埠以来的嬗变相连接,并从方法上勾连起自己原有的社会经济史背景。这让我在一定程度上完成了学术和思想上的自我超越。

综上,我的学术、思想道路乃至人格的锻造都深深地烙下了几位名师的印记,但我不乐用"师从"这个带有攀附色彩的词,因为令我受益的不仅仅是他们个人,还有他们所在的教育、学术、文化环境和体制——其他启发和帮助过我的师友也在其中。

二、我的学术定位与研究径向

在多伦多大学的博士学业阶段,我大体上完成了学术路径和框架的转型,读书、研究和写作的章法趋于成熟,具体的学术关注与兴趣指向也明朗起来。综其要旨如下:

其一,从社会经济史部分地转向社会史,但保持对宏大命题的关注。卜正民先生属于战后北美从事中国研究的第三代。这一代的不少学人,如罗友枝(Evelyn Rawski)、周锡瑞(Joseph W. Esherick)、韩书瑞(Susan Naquin)、杜赞奇(Prasenjit Duara)、王国斌(R. Bin Wong)等一批在1980年前后获得博士学位的学者,把中国社会史研究推向了"显学"地位。他们在经验主义的精微研究上超越了费正清(John King Fairbank)等第一代、孔飞力等第二代,又在钩沉稽古、发微抉隐的功夫中展现了宏阔的眼光和胸襟。卜师的一个突出特点是对宏大命题的热衷。他早期的多篇文章[部分收录于他主编的两本论文集《中国与历史资本主义》、*Culture and Economy: The Shaping of Capitalism in Eastern Asia*(《文化与经济:东亚资本主义的形成》)]和两部专著《为权力祈祷:佛教与晚明中国士绅社会的形成》《纵乐的困惑:明代的商业与文化》对大问题、大命题进行了深刻探讨。他和我围绕着共同兴趣的多次交谈,有的至今仍令我记忆犹新。一次是讨论论文集 *Remapping China: Fissures in historical Terrain*(《重新勘测中国:历史地貌中的裂隙》)——作者们于20世纪80年代在斯坦福大学获得中国史专业的博士学位,如贺萧(Gail Hershatter)、陈永发、孙隆基、白凯(Kathryn Bernhardt)等名家。第二次世界大战后,哈佛独霸北美学坛的中国研究,至20世纪七八十年代逐渐形成了东部哈佛与西部斯坦福(包括加州大学伯克利分校)俨然并立的局面,颇似国内的"京派"与"海派"之分。而他本人出身哈佛,又被斯坦福大学聘任的经历,是传颂一时的史坛佳话。他这种内嵌宏观问题导向的社会史研究与谢师主张的"宏观—微观—宏观"的治学径向是契合的。

其二，确立了自己"思辨的叙事"的风格。我受教的华东师范大学历史学系向有"思辨"学风流溢，在中国史领域先后有李平心、陈旭麓、谢天佑、王家范诸位先生承续学脉。我虽不慧，但入门即受到这种学术传统熏染，之后的研究也大致沿袭了这种路径。而我到美国后，很快注意到叙事体的盛行，尤其是后现代主义影响下的 discursive（话语的）趋势使得社会史书写越来越偏重文化主义、文化史取向。犹记得 2002 年在美国华盛顿举办的亚洲研究协会年会，在由罗友枝、卜正民、岸本美绪、李伯重等各国史学领军人物作为嘉宾的圆桌会议上，卜问大家谁还自认为是 social historian（社会史学者）？济济一堂的偌大会场中竟然只有一个人在环顾四周后缓缓地站了起来，自称坚守社会史家的自我认同——其实我也应该同他站在一起。作为学者，要不断学习和扬弃才能进步，但又无法也不应完全自毁积淀。从"结构"到"故事"，从分析到叙事，我的学术定位越来越趋向于思辨与叙事的结合，关键是如何结合得更好。在这种"思辨"性社会史的"叙事"中，社会经济史的"分析"依然是重要内涵。

其三，寻求中、西学术的结合点。同战后北美的许多同侪一样，卜正民先生不认为自己是汉学家（Sinologist），甚至不认为自己是中国问题专家（China specialist）。他更乐意把自己定位为世界史学者，而中国给了他一个契机，让他可以作为一个局外人（outsider），通过窗户看中国这个屋子里的人和事——这样产生颇似"庐山"内、外的距离感，可以成为一种优势。我对他讲，自己生来是中国的一个局内人（insider），但来到彼岸后意识到自己的"局外"身份。空间的转化促使自己的视野和视角发生变化。虽然回国后又成了局内人,但我的心态与意趣已经不复当初的"局内"状态了。尽管效果不尽如人意,我还是自觉地把自己置于中、西学术与思想的交叉点,这是建立在学问无论西东的认识前提下。平日里心头常涌起"in-between"(介于其间)一词。回国这十年多,断断续续写了若干学术札记、随笔,日后若能结集,很想以《"槛内"与"槛外"》命名。

其四,继续在思想和理论的层面上探索真知真理。历史学,同其他人文、社会,乃至自然科学的各个学科一样,最终目的是探讨人类社会及其所在的自然界的奥秘。历史学家的重要使命是在多样性、特殊性中寻求普遍性、一般性,同时在共性中确立个性的位置。为此,从各种具体历史经验总结、提炼、演绎而来的理论、范式、方法,为我们提供了理解和认知的高度和手段。虽然理论不等同于思想,但人类历史进入现代后,思想的理论化则在质上产生飞跃。在学术工作中,无论是考证、叙事,还是分析、归纳,真正具有思想性的建树,应归结为超越具体历史经验的理论思辨——体现为开阔的视野、高瞻远瞩的洞见、整体性的把握、鞭辟入里的深度、锋锐敏捷的才思。就我的个人体验而言,无论是马克思、韦伯等经典作家,还是福柯、施坚雅等当代大师,他们创建的理论谱系和话语体系是提升认识水平的源泉。对现代历史学者来说,所谓打基础不能局限于夯实资料根基,还应包含理论与方法的训练,而方法可以成为勾连宏观理论和微观经验之间的"中观"层级。

三、从博士论文到本书的理念发展历程

历史是一种记忆,而记忆是有选择性的,对于记忆的处理和表达有不同的方式。20世纪80年代后期,我做明清江南史的硕士论文,取名《明清江南商品经济结构及其历史价值析评纲》。如在"内容提要"中所云,该课题是"从政治经济学的理论和方法发凡,解析明清江南商品经济结构,评估其历史价值"。十几年后我做博士论文,矢志从具体的案例入手,以小见大,当然最终落脚点还是在"结构"性的整体分析。这种重视大一统国家力量的思路,其实与王国斌、彭慕兰等加州学派学者所倡言的"政治经济"并无二致。而在我后来从社会经济史向社会史的部分转向中,这种以政治—经济的全国结构性分析为旨归的理路一以贯之。

第二次世界大战后以北美为中心的中国研究,经历了问题、热点、范式的多次转换。冷战时代,置于世界革命语境中的中国革命持续受到青睐,所以左右中国现代命运的农村是研究的重心。而冷战后,城市史研究崛起,开埠以来的上海等东南通商口岸在众多研究者那里形成了另一种中国形象。

受到这种学术氛围的影响,我的博士论文选择做城市史,但区域不再是研究成果丰硕的江南——在20世纪70年代以来的西方学术界,中华帝国晚期的江南区域是社会史学者着力的重地。我沿循自己所称的"走出江南"(beyond Jiangnan)的航线,指向北方,指向内地,指向前现代。

虽然选择济宁有偶然性的因缘成分,但济宁作为一座大运河

港埠城市,其重要性的确远远逾出了城市本身和其所在区域的藩篱,对其的观察有必要扩展到全国范围的政治—经济构架内;而作为王朝生命线的大运河有力地介入地方生活,也为观察国家与社会提供了一个绝好的舞台。并且,从较长时段考察济宁城市的历程,包括明清易代、近现代转型在内,还可以深究社会形态的延续与变革。

但即便研究对象自身具备"重要性",也并不等于研究本身就理所当然地具备了重要性。济宁虽然曾经声名远播,但在中国漫长的历史上知名的地方不计其数,那么,研究济宁的特殊意义何在？我试图从不同的层次论证该课题研究的意义(significance):第一,从史学(historiographical)上看,长期以来,不仅济宁地区,即便开埠前的帝制时期整个山东的地方史,有分量的研究唯有罗仑、景甦先生在1950年代做过的"经营地主"课题和后来许檀教授以临清为中心的社会经济史研究,所以我的选题案例具有某些填补空白的作用;第二,从方法论(methodological)上看,我将济宁商业化、城市化的动因归结为交通条件的改善,以大运河为杠杆考稽济宁城市和周边地区的沉浮,从而认为其地方特性和城市认同并不尽然由其所在的地理位置决定——这正是如临清、天津、德州、张秋等因运河而勃兴的北方城市或城镇的共同经验;第三,在思想(intellectual)层次上,济宁的商业化、城市化途径及其兴衰命运反映出国家权力和政策的决定性作用,显示了在具有国家层面战略重要性的北方运河地区所普遍呈现出来的中央与地方关系,这丰富和深化了"国家—社会"在中华帝国里错综复杂的互动表现和实质所在,也蕴含着来自现实的人文主义关怀。

总之这是在为一个中国城市或地方立传,讲述一个完整的故事及其意义,一如题目所示:"City, State, and the Grand Canal: Jining's Identity and Transformation, 1289—1937"(《城市、国家和大运河:济宁的身份认同与转型,1289—1937》)。博士论文通过答辩后,我根据几个不同侧重点拆解出若干篇文章,发表在 Journal of Asian History(《亚洲历史杂志》)、Late Imperial China(《帝制晚期中国》,又名《清史问题》)、《历史研究》、《中国史研究》等刊物上。

这次整理成书稿,为凝练主题我做了进一步压缩。明清时代,抑或中华帝国晚期,大一统的中央集权体制依然故我,但某些可被称为"进步"的新气象出现在发达地区,尤其是"空气使人自由"的城市和城镇。在那里,地方精英势力相对庞大,他们在地方社会的积极作为不但主导了地方特性,如城市的性格和潜在走向,还影响到了国家范围的某些结构性变化。所以在这部围绕着济宁地方认同(identity)或属性的专著中,我聚焦于城市精英——是他们在"经营地方"。他们之所以有如此巨大的能量,与随着大运河通航以来的社会整体发展密切相关。因此,本书依然广泛涉及物质、经济、文化、人口、社会组织、政治力量等各个方面和层面,仍被定位为一项综合研究。

如稍后在"导论"所言,这项综合研究运用的是社会史的方法。美欧学术界的中国社会史研究崛起的一个机缘,正是为了纠正中华帝国的整体史与宏大叙事的缺陷,即长期以来对"国家—社会"中社会一方的忽视。而我本人所理解和认可的社会史侧重综合,特别是与自己比较擅长的社会经济史的方法融合,并最后归结为整体性政治经济的分析。

社会史提倡眼光向下。而"社会"在基层的代表就是地方精英,宋以来特别是明清时代以士绅为主体,纵然士绅的合法身份、地位本身来自国家。士绅无疑是地方社会的发言人,但其代表性的程度如何,也因时、因地而异。在北方中等规模城市中,济宁的"精英能动性"(elite activism)及其激扬起的"地方主义"颇为鹤立鸡群。

此外,后现代主义思潮中有个著名的问题:"底层可以说话吗(Can the subaltern speak)?"但实现它的一项技术性困难在于:我们今天看到的文献是以精英为主的知识人写的,如何通过他们的笔端发现普通大众,不仅要从数量相对稀少的资料信息里挖掘,还要转换观察的视角。

社会史的方法也影响到本书的资料甄选和使用。在本书中,不少资料是笔者首次发掘,但在很多地方也使用了一般性的材料。这么做一是为了叙事的完整,二是正如赵世瑜教授所提到的海外研究路数的一个特点:不必大段引征经籍典章,"常识"性的材料也可用以说明问题。

本书所脱胎的学位论文,是在美欧学术研究和讨论的语境里的产物。由于战后日本学术界深度融入全球化浪潮和国际学术共同体,且研究风格极其厚实而富有特色,美欧的中国研究广泛汲取了日本学者的成果,这样的对话、交流和汇融使得美欧学界的中国研究超出了自身的局域。这对于基本不懂日语的我来说,缺憾就少了些。相较而言,美欧的研究者多把中国国内学人的作品视为资料来源。

本次将学位论文拓展为专著,没有刻意全面搜寻、补充和吸纳国内外新的研究成果,比如国内随如火如荼的大运河申遗活动而掀起的官方与民间、学术界与文娱界的"运河热"中汗牛充栋的著述。尽管其中不乏佳作,但此类缺失对本书的内容和质量影响不大。

原博士论文以中华帝国晚期济宁"地方认同"的构建及演变为主题,但考察还伸展到"前现代"的地方传统在开埠以来的遗存与变迁,使之成为正文八章中的最后两章。本书的叙事则集中于前现代的明清时期,仅仅摄取了这两章的少许内容,作为主题的若干延伸性讨论。早在二十年前,我向卜师解释选题:因为资料的限制以及想在一个长时段里展示史诗般(epic)波澜壮阔的变迁——这不符合近几十年来绝大多数美欧学者截取一个具有可操作性的短时段的做法,如此便于伸缩,减少可能的"硬伤"。他笑道:作为更为熟悉中国基本历史知识和经验的局内人,选取一个较长的时段未尝不可。

我以逾而立之年跨洋过海再做学生,所做研究和著作不可避免地带着国内学术背景的胎记。尽管学问本质上不问西东,各种史学路数具有相通性,但毕竟博士论文和由之发展而来的本书,产生于"西方学术"语境。无论是前几年从博士论文抽取一些内容发展为中文论文,还是这次全面性地整理成中文书稿,在表述方面碰到的困扰绝不限于单纯的翻译准确性。其一,表现为"欧化"式长句。其实,我从刚入大学开始,受"汉译名著"浸润,落笔时便常常不由自主地拖长语句。其二,不少英文措辞,一旦用中文表示,好像就成了需要加以阐释的术语。其三,也是最主要的窘状,当初阅读中文原始文献时,需用英文学术的系统解释和建构叙事;如今译回中文表述,已难以达到用中文思维和习惯表达的理想状态。可见语言系统的隔阂是两种学术系统之间转换的障碍。尽管如此,学理与义理的终极追索仍是一致的。

另外,这部专著作为一个阶段性研究的结晶,没有收进我近年来的学术探索,这主要是基于该课题完整性所做的权宜考虑。若做大幅度的改弦更张,不仅工作量巨大,也势必会做成另一部作品。其实,本书已经从博士论文中的"地方认同"主题转化为以士绅的"经营地方"现象为叙事和分析的中心。近年来,我的学术兴趣部分地转向环境史。而作为原博士论文和本书研究对象的济宁,其所在的区域受到运河和黄河等环境、水利之第一自然、第二自然的制约,与当地的经济、文化、社会、政治相互作用,它在一个相对而言的长时段里变动起伏的经历十分精彩,可以作为环境史研究的一个绝佳案例。所幸,我将要完成的英文专著课题即取"济宁区域"这个更大的空间进行研讨,并把近年来自己对历史演进的最新感悟和认知融入其中。

四、致谢

虽然本书的主体来自博士论文,是一个阶段性成果,但今天作为"处女作"出版,还是令我不禁回忆起自己治学生涯中所受到过的帮助和遭逢的机遇。

首先,从学术渊源讲,我在前面列了四位导师。其实,他们也代表了不同时空里施惠于我的老师群体,也即我在华东师范大学的本、硕阶段,在孟菲斯大学和多伦多大学的读博阶段的师长和学友。特别是在多伦多大学期间,东亚系系主任 Richard Guisso(桂时雨)、负责研究生事务的主任 Richard Lynn(林理彰)教授的厚爱令我终生感激。同代人 Andre Schmid(施恩德)、Michael Szonyi(宋怡明)教授的帮助使我获益良多,尤其是 Michael 全面审读了我的博士论文全稿。他们都是答辩委员会的成员。Kenneth Pomeranz(彭慕兰)教授作为校外审读人和答辩委员会成员,不仅对我的论文提出了卓有见地的审改意见,而且为我在北美求觅教职写了有力的推荐信。

原博士论文的撰写还得到了很多其他师友的帮助。我的同窗挚友 Stephen Trott(周岸瞩)作为 native speaker 实际上充当了 editor 的角色。他的父亲是多伦多大学法国文学专业的退休教授,是一位温雅的绅士长者。我记得他说过的一句话:如果不懂一个国家或民族的语言,就不懂其历史和文化。令人痛惜的是,他在我毕业前夕逝世了,我参加了他的追思会,并为他设的一项奖学金略尽微薄之力。

审读或会议评阅该书部分章节,以及从中抽出的英文论文的还有其他师友,如 Gregory Blue、David Buck(鲍德威)、Allan Bummer、蔡咏春、Gordon C. K. Cheung(张志楷)、James Flath(傅凌智)、Antonia Finnane(安东篱)、Bill Hauser、李平、Lawrence Ma、马磊、Tobie Meyer-Fong(梅尔清)、Ihor Pidhainy(裴海宁)、钱皓、Timothy Sedo(司徒鼎)、邵勤、Kristin Stapleton(司昆仑)、王国斌、吴国光、徐晓雯,等等。而对相关中文论文提出意见的有以下师友:包诗卿、陈宝良、胡克诚、李德楠、路育松、彭卫、王健、王志明、万明、仲伟民,等等。以上名单按姓氏排序,也肯定有所遗漏。特别

自序:"思辨"的史学和"叙事"的史学

需要说明的是,我从年轻同仁那里得到很多新的启迪,的确一时代有一时代之学术!还应感谢相关杂志匿名评审专家的意见。

若再往前回溯的话,在课题进行之初,给我颇多启发的国内师友还有:陈冬生、杜泽逊、孟繁生、钱茜、王守中、王学典、庄维民等。关于他们的具体帮助,我在博士论文的致谢辞里业已详述。这里特别表达我对泽逊兄的感谢:廿年前的那个酷夏,他连续几天陪着我在山东省图书馆查询资料。他是卓越的文献目录学专家,若没有他的亲躬相助,我不知要做多少无用功!

原博士论文的写作得到多伦多大学、加拿大亚洲研究协会、(美国)亚洲研究协会等机构的若干项目资助,得益于多伦多大学图书馆和我工作过的几所大学的图书馆所提供的便利,还有山东博物馆、山东档案馆、中国国家图书馆。因为也已在博士论文的致谢辞里列出,所以这里不再详述。

但这里,我还是要特别提到在济宁做田野工作时得到的帮助。通过我从前的学生吕士胜君的牵线和陪伴,我得到了当地领导和学者的热忱支持和大力帮助,特别是以下几位:杜庆生、高建军、冯刚、孙培同、张自义。冯刚兄介绍我与当地不少文化老人交流,他们都是济宁历史的"活化石"。好像是在2002年夏天,士胜领我拜见其夫人的祖父刘子怡先生。老人家年届九旬,仍耳聪目明。他年轻时曾就读于北平的朝阳大学法学科,后来做过法官。他的回忆不时闪烁着哲理的光芒。当我留下小礼物起身告辞时,他竟然说了句英文"many thanks"。这加深了我对济宁特殊性的感知。近年来,济宁的运河文化活动与文旅工作时常引用我作品中对济宁的一个描述:一座北方的南方城市——这对应了其以前"江北小苏

17

州"的雅号。能对济宁朋友有这点回馈,我略感欣慰。

从博士论文一些章节发展而来的中文论文和最后这本中文专著,不少翻译和校对工作由我的一些研究生承担。杜新庆、刘妍铄、张权、申志锋做了部分工作,卢俊俊、赵卓全面参与——没有他俩倾心倾力的付出,这部书稿不可能现在告竣。非常感谢本书责任编辑赵英利女士和出版社其他编辑同仁反复多次的认真校勘。当然,作为作者,我对中文表述存在的不适及其他任何瑕疵负全责。

最后,最应该感谢的,是我的父母和家人。我的父亲孙念久先生和母亲刘桂基女士在 1955 年结婚后,历经劫难、坎坷,但依然把自己的孩子培养成了正直的人,在离退休后又抚养孙辈。因为出身传统家族的母亲一直以"好男儿志在四方"激励我,所以山东老家就只是漂泊半生的我心灵上的故乡。深受鲁迅风骨影响的父亲推崇立言明志,对我迟迟不出专著颇为在意。他在 2015 年夏去世,没能看到其自传和我的专著问世,这是无可挽回的遗憾。刻下,姑且以自己的这部"纯学术"作品献给他,但愿他在天堂里能够会心一笑。

完稿于 2021 年 10 月 10 日

目 录

导论 中华帝国晚期地方精英与城市形态研究范式的检讨 1
  一、楔子:郑与侨的济宁故事与本书的中心关注和
    主要线索 2
  二、中国城市史的理论问题与研究状况 9
  三、济宁案例的典型性与本书的设计 25

第一章 济宁的历史记忆、生态环境与大运河 39
  一、在历史记载中定位济宁 40
  二、在地方生态体系中定位济宁 50
  三、济宁地区与大运河水利设施 60

第二章 大运河所驱动的济宁商业化与城市化 75
  一、欧洲城市模式与城市化标准 76
  二、明清时期的北方运河区域 79
  三、明清时期济宁的商业化与城市化 91
  四、明清时期区域视野和跨区域语境中的济宁 129

第三章　济宁城市形象的塑造　150
　　一、城市文化表征及其构建　152
　　二、园林、江南式景观、旅游文化　164
　　三、商品化城市生活　176
　　四、大众气质与信仰　189

第四章　济宁城里的士绅和其他居民　201
　　一、士绅社会与地方权力结构　202
　　二、城市精英在地方公共场域里的社会活动　217
　　三、城市共同体与社会结构　225

第五章　济宁城内外的国家与社会　236
　　一、济宁地区的国家机器　237
　　二、国家事务中的大运河和漕运　249
　　三、济宁地区漕粮的征收和运输　259
　　四、国家遇到社会　278

第六章　济宁城市的沉浮与地方精英的命运　289
　　一、动乱时期的城市士绅与地方社会　289
　　二、王朝重建后士绅的复杂态度及变化轨迹　295
　　三、地方传统的延续与变异　303

结　论　济宁研究的理论和方法意义　324
　　一、"济宁经验"：地方认同、城市性、国家权力　324
　　二、延伸讨论：士绅社会、"地方自治"、"公民社会"　334
　　三、历史的回响：重建地方认同　351

参考文献　354

导论　中华帝国晚期地方精英与城市形态研究范式的检讨

导论以明清之际发生在济宁城的一个颇值体味的事变为开头,引出本书研究的指向和领域。通过爬梳学术界对在中华帝国晚期的地方社会里扮演领袖角色的士绅的研究脉络,明确整个课题的中心思想、主要线索和涉及的基本问题与理论预设。

作为一项地方史研究,本书叙述的地方社会故事,以及学术界所认为的明清时期"先进"地区出现的"新生事物",主要发生在城市空间。所以,导论的一个重点就是回顾过往关于中国城市史的经典理论及其阶段性沿革,并在比较的视野里,为前现代中国城市寻找适宜的勘测标尺,建立一些具有可比性的共同标准。

导论的另一个重点是要阐明本书所从事的是一项综合性研究——既针对研究对象,也指所使用的方法,以笔者所理解的社会史方法糅合人文科学与社会科学"旧"的和"新"的理论、范式、视角、路径、手段,通过文献解读和话语构建,在充实、具体的个案历史经验中提炼方法论含义。这也规范了本书的研究取向,即城市社会史研究。

一、楔子:郑与侨的济宁故事与本书的中心关注和主要线索

无论是一个村社,一个城镇,一个都市,还是一个区域,探究其地方社会的特性,自然离不开对其日常生活的全方位勘察。而突发事件往往能把典型性集中鲜明地表现出来,可以促使研究者进一步思考相关重要问题、深究其学术与思想的涵义。本节以济宁士绅发动的重要事件,导引出精英在中华帝国晚期地方社会发挥作用的相关宏大叙事,这也是贯穿、统辖全书的线索。

(一)明清之际济宁的一个突发事件

在1644年的中国,各种势力殊死较量,政局、政权如戏剧般变幻。是年4月25日(农历三月十九)晨,李自成部队攻占京城,崇祯皇帝自缢身亡。农民起义性质的大顺政权几乎是一夜间在华北地区出现。新政权旋即派军沿运河南下山东西部,明朝的地方政权望风披靡。同时,盗匪蜂起,各地民众纷纷选择武装自保。5月30日(农历四月二十五),一支大顺军在几乎没有遇到抵抗的情况下,进入在南北漕运中居于中枢位置的运河都市济宁,"济城督镇

各官统兵南遁"①。在"攘夺""刑掠""扰攘"十几天后,山西生员任崇志被任命为州牧,山西举人刘主敬被任命为运河同知。城中的大顺官员觊觎济宁的富庶,对城里不愿输纳的富户加以苛刑。而逃出城的士绅正酝酿着重新纠集溃散的九营民兵和明政府散兵,以形成对济宁城的包围。占据济宁城半月的大顺军首领对每况愈下的局势越发感到局促不安,于6月16日(农历五月十一)命令所有滞留在城里的士绅到城隍庙集合,以便于进一步地监控和勒索。士绅们在前往城隍庙的途中有意放慢步伐,密商对策:"一面赴庙,一面密传四关乡兵头目与城中士兵之解事者"②,以谋求里应外合。于是,九营的兵勇乔装潜入城中,在居民中鼓动、领导公开暴动。当日傍晚,形势陡然逆转,任崇志和刘主敬等人被俘。至午夜,大顺军全部被歼。6月20日(农历五月十五),士绅举行了祭奠崇祯皇帝的仪式,处死了任崇志和刘主敬。同时,"发牌各州县,擒拿伪官,传檄各路,号召忠义"③,在短短几天内,周边的多数地方政权纷纷回到忠于明王朝的势力手中。至此,大顺政权在山东土崩瓦解。前明官吏和地方士绅在各地重建基层政权,很快恢复了社会秩序。

这一惊心动魄的历史瞬间被亲历此变局的济宁士绅郑与侨(1599—1683)绘声绘色地记载在札记《倡义记》里。现存最早的济宁方志——成书于康熙十二年(1673)的《济宁州志》收录了他的几

---

① (清)胡德琳、蓝应桂修,周永年、盛百二纂:《(乾隆)济宁直隶州志》卷31《艺文拾遗上》,乾隆五十年(1785)刻本,第23a页。
② (清)胡德琳、蓝应桂修,周永年、盛百二纂:《(乾隆)济宁直隶州志》卷31《艺文拾遗上》,第24a页。
③ (清)胡德琳、蓝应桂修,周永年、盛百二纂:《(乾隆)济宁直隶州志》卷31《艺文拾遗上》,第26b页。

篇文献,却没有单列出他的传记。乾隆五十年(1785)的《济宁直隶州志》将他放在"隐逸"的"人物"范畴内,这是当时对亡明遗民一种流行的委婉称谓。他在清初全然退出社会政治活动,潜心著述,还有过几次远游。不同于奢谈心性或皓首穷经的同时代多数士大夫,他晚年的文字大都围绕着当地的经济、社会和风俗文化。

郑与侨的作品与官修地方志及其他历史文献一起,导引我走进他和他所属的济宁精英圈层,通过追索他们在经济、文化、社会、政治中发挥着能动作用的活动、经历、命运,了解明清时期这座重要运河城市里的地方社会。

(二)关于中华帝国晚期地方士绅的研究

本书为济宁地方社会作传,研究的核心是士绅阶层,所以对士绅的思考和研究是本书关注的中心和故事铺开的主要线索,对其进行的学理化探索亦要根植于既有的学术话语体系。因此,首先要对中华帝国晚期地方社会中作为精英的士绅的概念和内涵进行界定和辨析。

在中国社会史和政治史领域,对宋以来作为地方精英的士绅的研究虽然时冷时热,却也经历了不断拓展和深化的过程。关于士绅的定义牵扯到判定士绅的标准。通常来说,在血统世袭制成分稀薄的明清社会,一个地方科举功名者的数目和质量庶几标志着该地士绅的规模和实力。因此,对帝国科举制度法定权威的关注,使得早期的研究强调士绅对国家政权的依赖。这里仅以在该领域颇具影响力的两位前辈中国学者费孝通和张仲礼的作品为例,加以阐述。

费孝通与其同代的多数学者多持这样的观点:科举的成功固然为士人架设了通往国家官僚阶层的阶梯,然而他们被认作士绅大都是在致仕或罢官回乡以后。他写道:"绅士可能是退休官员或者官员的亲属,或者是受过简单教育的地主。在任何情况下,他们都没有影响决策的真正的政治权力,并且在任何时候都不可能和政治有直接的联系,但他们试图影响朝廷,并且免于政治压迫。"①

士绅的地位和权力,根植于国家据其教育程度和科举成就所赋予的特权和声望。在官学注册的生员即可享受免除劳役与领取津贴的特殊待遇。张仲礼在一个广阔的视野里,对士绅如何最大程度地"开发"其特权地位的现象进行解释:基于国家政策,士绅在交赋纳役方面的特殊法令条规和安排下享有优越条件,并参与官方祭祀等社会礼仪的公共展示。例如,尽管占有土地的士绅须按要求交纳田赋和漕粮,但实际上,因其区别于非士绅土地所有者的身份,他们是能够设法免除或推延税责的。②

总之,早期的研究者大都认为:士绅因其身份和特权来自国家权力,势必会在国家—社会的格局中成为权力的附庸。但他们没有充分重视这样一个问题:由于配额等条件的限制,理论上可以成为帝国官员的大多数"学生"最终却难入仕途;这些并不具备官僚身份的士大夫,虽然享有一些国家公共资源,但其何以、如何充当

---

① 费孝通:《中国绅士》,惠海鸣译,北京:中国社会科学出版社,2006年,第11—12页。然而,弗兰兹·迈克尔(Franz Michael)认为在任的官员虽然是国家政权的代表,但在他们家乡也可以作为士绅而发挥影响。参阅[美]弗兰兹·迈克尔《导言一》,载张仲礼《中国绅士研究》,上海:上海人民出版社,2008年,第4页。
② 张仲礼:《中国绅士研究》,第26—40页。

地方社会精英的角色这一问题仍需要得到进一步的解释。

在20世纪60年代以来日渐发展成西方中国研究显学的明清和近现代社会史讨论中,一代又一代的学者不断拓宽研究视野。他们通过深入和细致的工作,重新审察了士绅在国家与社会关系中的位置。有的学者还倾向于用更为宽泛的概念"精英"(elite)来取代"士绅"(gentry)。大多数"学生"之所以参加考试,很大程度上并非全然为了进入官僚体制,而是因为这个帝国体系可以为他们提供提高或体现他们及其家庭在地方社会里的社会地位的权威依据。[1] 他们穿戴方巾峨冠参加官方典礼和其他公众活动,与当地官府建立起联系,构建起其高于普通民众的社会形象。在冉玫铄(Mary Rankin)看来,前政府官员和有望成为官员的人都不具备官方身份,但他们正是借助公众活动在国家—社会的框架内扮演起地方社会领袖的角色。[2] 因此,将士绅定义为非官方的地方精英比较适宜,其中包括返乡、退休和被罢免的官员,以及通过较低级别考试的读书人,尽管我们不能忽略他们与国家权力有着或多或少、或直接或间接的联系。

士绅研究总的趋势强调其非官僚身份,及其家庭乃至家族在

---

[1] 艾尔曼把晚期帝制时代的科举考试视作国家和地方层次"不同的政治与社会利益彼此竞争并得以平衡的文化舞台"。在科考的竞争中,"朝廷致力于控制知识阶级,而士绅则试图规避这种控制,致力于影响政府政策或恢复士人价值",士绅还利用考试谋取政治与经济利益。Benjamin A. Elman, *A Cultural History of Civil Examinations in Late Imperial China*, Berkeley: University of California Press, 2000, pp. xix, xxiv.

[2] Mary Backus Rankin, *Elite Activism and Political Transformation in China: Zhejiang Province, 1865—1911*, Stanford: Stanford University Press, 1986, p. 2.

地方社会中的非官方色彩,这都表现在国家科举考试体制之外。① 因此,学者注重对士绅地位的其他来源进行深入探讨,如何炳棣的一项早期研究就把财富视作与教育并列的决定社会地位的主要因素。② 大多数应试者来自衣食无忧的殷实人家,土地是其相对稳定的财富来源,同时,地主阶层也是帝国政治制度和正统意识的社会基础。

由于明清时期并没有禁止社会身份流动的硬性规定,士绅—商人之间的角色相互转化或交合相当普遍,官员和他们的家庭经商现象屡见不鲜。卜正民(Timothy Brook)指出,自明朝中叶以来,随着社会财富的增长及随之而来的商业出版和图书销售业的发达,越来越多的人有机会读书备考,进而加剧了科场竞争的激烈程度。鉴于被限定的录取名额与急剧增长的应试者数目比例悬殊,很多士绅家族的成员灵活地采取了多元的生涯规划,如从事货殖、增强文化与社会活动的参与,以及维持家族的学术地位等。③

同时,这些与帝国科举制度和官僚机器适当割裂的方式也使士绅获得了相对于国家权力的独立性。他们更多地将目光下移,精心经营地方,并以自己的意趣塑造家乡的物质和文化风貌,树立

---

① 1987年在加拿大班芙举行的关于中国地方精英及其统治形态的研讨会是这种转向的一个重要体现。周锡瑞(Joseph Esherick)和冉玫铄作为编辑者,在与会论文集的导论里概括了这一新趋势。Joseph W. Esherick and Mary B. Rankin, eds., *Chinese Local Elites and Patterns of Dominance*, Berkeley: University of California Press, 1990, pp. 5—9.
② [美]何炳棣:《明清社会史论》,徐泓译注,台北:联经出版公司,2013年,第45—58页。
③ [加]卜正民:《纵乐的困惑:明代的商业与文化》,方骏、王秀丽、罗天佑译,北京:生活·读书·新知三联书店,2004年,第140—147页。

自己作为地方领袖的权威形象,使自己在国家—社会的关系上更有资格以地方代言人自居。

概言之,冉玫铄、周锡瑞、罗友枝、卜正民等新一代中国社会史学者对明清和近代地方士绅精英的经验主义考察和理论思考,不仅启发、拓宽了西方学界对这一特殊群体的认识,也带动了地方史的个案研究,以及社会文化方面的纵深探讨。

中华帝国晚期的各个区域生境千差万别。在依从国家的规定、控制与能动地经营、左右地方社会之间,如何把握士绅的属性、角色和其对地方社会性质及走向的影响,仍有很大的研讨余地,这也是我从事该课题之缘起和初衷所系。

(三) 中华帝国晚期地方社会相关的重要研究命题

基于学术界对于明清时期中国社会发生诸多新变革的讨论,本书的经验主义个案研究若要提升到思想和理论的层面,就需扩充对受士绅支配的地方社会的相关重要命题的省思。

中外学者已有的中华帝国晚期地方士绅和社会的研究多集中在经济、文化、城市化发达的南方,尤其是江南。与北方相比,那里的士绅阶层及其主导的地方社会更为强大,且表现出较为鲜明的独立性格。本书以特定历史时空里一个北方城市的精英群体——或曰"士绅社会"(gentry society)为对象,展现明清时期北方士绅如何利用自身在精神和物质文化资源上的优势,按照自己的意趣认真地形塑地方,规划其生存和活动的城市空间,并在"公共领域"里与国家政权发生错综复杂的联系。特别需要注意的是,大一统中央集权急遽式微的明清之际和晚清的历史片断,却恰是士绅主导的貌似"公民社会"式"自治"倾向的地方社会独立性得以张扬的时期。这无疑是帝制下社会关系和权力秩序里的一种显著变异。

但是,在近代开埠前,或者更准确地说,在洋务运动之前,中华帝国整体上并没有出现社会形态质的突破。那么,如何理解中华帝国晚期某些地方和区域——特别是最能代表社会发展水平,并最有可能孕育出新变革的"先进"地区的城市——出现的与大一统国家权力相颉颃、促使社会形态变革的或可冠诸"地方主义"的新的政治性势头?本书虽然着眼于明清时期这一较长的时段,但论述主要聚焦于社会剧烈嬗变的若干时间节点,通过对济宁士绅的日常社会活动、其在关键时刻的政治取舍及其命运的考察,深入探索国家与地方、皇权与绅权关系的具体表现和本质所向。同时,将济宁的个案纳入从西方历史经验抽象出的"国家—社会"及其延伸而来的"公共领域/公民社会"分析框架,势必有所裨益于从比较视野和理论高度认识明清中国社会的整体性特点及其历史定位。

以上提出的这些理论性话题,将在正文中的相应部分里逐一检验,并在结论里集中讨论。而文首所讲述的身经易代波澜之变的郑与侨的个人经历,以及对他所在时空的体悟,可以提炼为具有一定普遍意义的分析性话语,这是本书建构一个城市社会史叙事的起点。

二、中国城市史的理论问题与研究状况

在人类文明发展史的各个阶段,城市不仅是一个社会最为发

达的处所,还是最有可能发生变革的渊薮。本书讲述的地方社会的故事发生在以济宁城市为中心的空间。将这个明清时期生机勃勃的港埠都市置于中国城市史的理论与方法的体系,才有可能使得该城市的社会史个案的研究价值在更高的学理和思想层次上得到检视。

欧洲人对中国的切实认知最早来源于赴华耶稣会士16世纪末传回的资料,但真正付诸现代人文与社会科学的研究始自18世纪,而所谓汉学(Sinology)在19世纪初俨然成型,并长期成为西方中国研究的传统主流。① 第二次世界大战以后,费正清一代开创的、以北美为中心的"中国研究"(China Studies)迅速发展,取代了以欧洲为中心的西方汉学的主流地位。②

冷战时期,在"世界革命"的霸权话语体系中,中国农村,尤其是开埠以来在内忧外患中破败凋敝、动乱和革命肆虐的内地穷乡僻壤成为学术关切的中心。但即便如此,仍有如施坚雅(William Skinner)等若干学者,筚路蓝缕,对中国城市史进行了卓尔不凡的探索,推进了学界关于传统中国城市文明的认识。随着20世纪70年代末以来冷战局势的缓和及结束,西方学术界对中国农村的研究热潮消退,城市史研究开始风靡。

---

① David Martin Jones, *The Image of China in Western Social and Political Thought*, London: Palgrave Macmillan, 2001, pp. 1—66.
② 以欧洲为中心的具有悠久传统的所谓"汉学",以中国古典时代的历史和语言研究为主要对象。第二次世界大战后,费正清等人率先运用社会科学的方法研究中国,并把重心放在中西正面、全面相遇的近现代,逐渐取得西方中国学的主导话语权。朱政惠:《美国中国学发展史:以历史学为中心》,上海:中西书局,2014年,第22—23页。

(一) 西方关于中国传统城市和社会性质的理论渊源及演进谱系

西方或者说欧洲的思想家和历史学家对中国城市的直接和间接兴趣由来已久,甚至常常以之来勘定中华传统文明的性质。诸多学者并不否认中国逾千年来存在发达的城市。但是,卡尔·马克思(Karl Marx)、马克斯·韦伯(Max Weber)等许多西方理论家认为,在以农业为基础的中华帝国,城市是经济功能薄弱的政治和军事中心,其商业和消费远远超过生产。对这些思想家来说,统治广大农村的中国传统城市——或官僚机构所在的城池,与孕育了资本主义和工业现代化的欧洲早期近代民族国家的城市截然不同。

按照马克思的"亚细亚生产方式"的范式,中国、印度及其他"东方"国家的发展轨迹区别于欧洲从奴隶制到封建制再到资本主义的社会进化模式。① 从经济的角度来看,作为政治中心的亚洲城市是"寄生性"的,而非"生产性"的。② 它们被视为只会消耗由农

---

① 按照卜正民的说法,尽管马克思没有明确界定这一概念,但他用其来评析亚洲文明的方方面面,是区别于欧洲经验的。[加]卜正民、格力高利·布鲁主编:《中国与历史资本主义:汉学知识的系谱学》,古伟瀛、郭慧英、宋家复等译,北京:新星出版社,2005年,第177—181页;[意]翁贝托·梅洛蒂:《马克思与第三世界》,高铦、徐壮飞、途光楠译,北京:商务印书馆,1981年,第75—80页。
② 梅洛蒂从生产方式的视野阐释马克思主义的观点:"现代生产方式产生于城市,催生了'资产阶级',使乡村从属于城市。但在亚洲,甚至连名副其实的城市都没有:'真正的大城市只不过是帝王的军营,那是真正经济结构上的赘疣'。"[意]翁贝托·梅洛蒂:《马克思与第三世界》,第76页。

村生产和远距离贸易所供应的社会财富的消费性城市。① 依照这种理论逻辑,这种类型的城市的发展是畸形的,无益于整个社会,且结果有害于历史进步。②

韦伯的态度与马克思相似,他同样认为中国的城市是农业帝国军政管理所在地,而非商业性生产中心,③认为其"缺少像西方那样的一种自由的、通过协作来调节的商业和手工业所拥有的一套稳固的、得到公认的、形式的并且可以信赖的法律基础"④。相对于欧洲近代的"理性",中国城市的组织逻辑是非理性的。⑤ 相应地,从社会进化或革命的角度上看,由于从未完全成熟到拥有"自己的政治与军事力量"以行使"城市经济政策"⑥,这种繁荣城市所代表的前现代文明的高度发达是"停滞的"。

诸如此类的说法在某种程度上道出了中华帝国社会的一些特

---

① 在梅洛蒂看来,马克思把亚细亚城市视作"一种恶性发展,是一个集结地"。由于缺乏"真正的城市特性和生产基础",它是专制君主宫廷的挥霍浪费和社会实际生产能力之间一种病态差距的反映;如此,这种城市,在专制政权的庇护下,过着一种完全寄生的生活。[意]翁贝托·梅洛蒂:《马克思与第三世界》,第76页。
② 马克思区分了商业资本主义与工业资本主义。他说:"不仅商业,而且商业资本也比资本主义生产方式出现得早。"商业繁荣并不必然意味着引导出工业现代性的社会大跃进。参阅[德]马克思《资本论:政治经济学批判》第3卷,《马克思恩格斯全集》第25卷,北京:人民出版社,1974年,第361—376页。
③ 韦伯认为中国城市的兴盛,主要并不是靠城市居民在经济与政治上的冒险精神,而是有赖于皇室统辖的功能,特别是治河的行政管理。[德]马克斯·韦伯:《儒教与道教》,洪天富译,南京:江苏人民出版社,2008年,第20页。
④ [德]马克斯·韦伯:《儒教与道教》,第23页。
⑤ [德]马克斯·韦伯:《儒教与道教》,第34—37页。韦伯认为,中国君主依靠"魔力"般的个人魅力而非"理性"权威进行统治。而且与世袭制不同,资本主义"法律的理性化"指"严格的成文法和司法程序"以及职业化的官僚体制。[德]马克斯·韦伯:《儒教与道教》,第157—159页。
⑥ [德]马克斯·韦伯:《儒教与道教》,第22—23页。

点,特别是其早期阶段,但这类天才般的断言仍带有欧洲中心主义的"胎痣"。按照马克思、韦伯等人的经典学说,是欧洲的城市孕育了现代社会。这种在学界长期占支配地位的理论源于他们对西方历史经验的理想化抽象,是基于西方社会从前现代到现代线性进化的观念预设。"现代化"这个概念自然与西方社会实际相连,纵使学界亦存在将其与"西方化"区别的努力。① 与这种现代化模型相适应,城市的现代形象"来自19世纪西方现代化的、进步的工业城市的概念"②。

这些归纳的特征曾被有效地用来解释中国抵抗西方近代化入侵失败的原因。按照著名的"冲击—反应"模式,19世纪中叶以降,西方资本主义的到来改变了中国固有的社会结构和运行轨迹。在中国融入西方支配的世界历史的潮流中,西方的现代城市形态成为可改变"落后"面貌的模板,是中国"向西方学习"的蓝图,这种情形一直持续到20世纪中叶。③

---

① 饶济凡(吉尔伯特·罗兹曼;Gilbert Rozman)等人试图说明"现代化"不等同于"西方化"或"工业化"。尽管总的来说把"现代化"视作科学与技术革命全方位转化社会的过程,他们依然承认早期现代化国家——西欧和美国为"后来者"提供了可借鉴的"模板"。[美]吉尔伯特·罗兹曼主编:《中国的现代化》,国家社科基金"比较现代化"课题组译,南京:江苏人民出版社,2014年,第3—5页。
② [美]鲍德威:《中国的城市变迁:1890—1949年山东济南的政治与发展》,张汉、金桥、孙淑霞译,北京:北京大学出版社,2010年,第1页。
③ 鲍德威(David Buck)曾经这样描述1949—1976年中国的城市化:以城市为中心的改革倾向在1950年之后愈加明显,并形成了诸多关于中国现代化道路的想法。按照中共的理念,中国试图实现无需欧洲、北美和日本那种城市化水平的现代化。[美]鲍德威:《中国的城市变迁:1890—1949年山东济南的政治与发展》,第6页。邵勤在她关于南通近代崛起的专著中,强调了开埠以来基于本土主动性的对西方城市现代性的"模仿"这样一种榜样的力量。通过创造现代化的一种中国地方样板,南通模式同样可以被中国其他城市仿效。Qin Shao, *Culturing Modernity: The Nantong Model, 1890—1930*, Stanford: Stanford University Press, 2004, pp. 2—5.

持封建主义—资本主义二分法的马克思和持传统—现代性（"理性"）二分法的韦伯，滋育了迄至20世纪60年代西方传统学术界具有支配性的词汇、话语、逻辑，衍生出各种具体假说和论述。① 但是，也正是在20世纪60年代，在中国社会史研究风潮涌起之时，西方学术界关于中国社会的认识开始发生重大转折。②

战后北美第二代中国学学者，如孔飞力、柯文等人，对具体历史经验的实证研究不仅动摇了关于传统中华文明的诸多先验性宏大论断，也在史观上否定了"冲击—反应"这一社会达尔文主义精神影响下的"西方中心论"。在他们看来，"冲击—反应"模式偏颇地预设了中国传统社会的本质性变化只能来自外部因素以及西方在近代中国转化中起了决定性作用的前提，从而在中、西交互影响的"接触地界"上将中国置于被动位置，而西方则处于先进的、领导的位置。

那么，如何突破"传统中国—现代西方"二分法？鉴于开埠以来中西冲突和互动的不同程度的空间分布，柯文主张把近现代中国分解成若干不同的层带，重视本土的势力和没有或很少受外来影响的领域。③ 择其要：其一，也如冉玫铄所说，近代中国的重大社会经济变化早在鸦片战争之前就已经出现，不能消极看待，而西方

---

① 参阅20世纪20至60年代学者对中国城市的韦伯式解释。[美]罗威廉：《汉口：一个中国城市的商业和社会(1796—1889)》，江溶、鲁西奇译，北京：中国人民大学出版社，2016年，第4—10页。
② 孙竞昊、孙杰：《中国古代区域史中的国家史》，《中国史研究》2014年第4期，第12—13页。
③ [美]柯文：《在中国发现历史：中国中心观在美国的兴起》，林同奇译，北京：中华书局，2002年，第42—44页；孙竞昊：《现代主义、后现代主义与西方中国历史研究的新趋向》，《安徽史学》2013年第2期，第56—66页。

帝国主义的侵入加剧了这些变化;①其二,如柯文所赞成的修正派的观点,近代中国的问题和解决问题的方法"尽管受到西方的影响,并因此而复杂化,却是深植于中国本土社会的环境里"②。而且在地方社会层面上,"先进"的东部沿海与"落后"的西部内地、"开放"的南方与"保守"的北方,在对西方文明"冲击"的"反应"态度上迥然有别。③ 其中,无论开埠前,还是开埠后,东南沿海地区的商业化、城市化千年来的持续发展在全国范围内都是独树一帜的。

而检视中国本土因素的动力,需要追溯到开埠前地方层次上的各个不同生境。关于中华帝国晚期复杂、多样的城市发展以及近现代变迁,在理论思辨上或经验考稽上的欠缺,激发了学界重新审视中国城市史的新趋势,并推动了该研究趋势在冷战后的迅速发展。20 世纪 80 年代初以来,中国城市史的研究大都集中在开埠以来的近现代,且以上海、广州、天津、青岛等快速崛起的现代化通商口岸为研究重心,尽管研究的对象无论在时间上还是空间上也都在逐渐拓展。对传统时代,特别是被认为发生了重要变革的明清时期,英文、日文、中文学术界都出现了大量优秀成果,不过这些

---

① 冉玫铄分析了明清时期商业化、城市化、人口增长的巨大影响,认为外国资本主义入侵加剧了这些导致现代转化的因素。Mary Backus Rankin, *Elite Activism and Political Transformation in China: Zhejiang Province, 1865—1911*, pp. 6—10.
② [美]柯文:《在中国发现历史:中国中心观在美国的兴起》,第 81 页。
③ 另外,从 1980 年代初开始,对先前重心在于宏大视野的文化研究的修正趋势是提倡在精微处发现"不同",即把大中国划分为较小的、更可控的空间分析单位。这种趋势也同时发生在日本研究领域。鹿野政直认为,以发现"区域特殊性"为目标,地方史能够"颠覆中心学术圈的绝对权威"。Kano Masanao, "The Changing Concept of Modernization: From a Historian's Viewpoint," *Japan Quarterly*, vol. 32, no. 1 (Jan./Mar. 1976), p. 33.

研究多集中在江南等特别发达的区域和地方。在这类研究成果不断涌出的热闹局面中,周锡瑞先生在世纪之交一度呼吁中国近现代城市史研究"走出上海"(beyond Shanghai)[①];我廿年前启动这个中华帝国晚期城市史的课题时,也相似地践行了"走出江南"(beyond Jiangnan)的理念。

(二)中华帝国晚期城市和城镇的发展及其多样性

在19世纪中期受到西方现代文明刺激之前,中国整体上仍处于农业文明占统治地位的历史阶段,这种观念长期以来成为西方学者的共识,即中国城市是维持农业帝国的行政中心。其中不乏合理成分,这也是上文所述关于中国传统城市的经典理论何以经久不衰的一个根由。

从1960年代中期起,西方学术界关于中国城市的经典概括开始被中华帝国晚期的新研究思潮冲击。施坚雅从"中心地"理论发凡,提出了中华帝国晚期的市场体系理论,其分析视角是把城市、城镇置于一个空间上存在等级的城市层级体系,该体系由始自最基层的农村市场的地方经济商业化所塑造。[②] 施坚雅模式打破了传统中国社会研究中城、乡泾渭分明的二元结构,而是将城—乡连

---

① 周锡瑞对于"走出上海"一词的使用,见 Joseph W. Esherick, ed., *Remaking the Chinese City: Modernity and National Identity, 1900—1950*, Honolulu: University of Hawai'i Press, 2001。
② 参阅施坚雅运用"中心地"模式对中国历史的研究。[美]施坚雅:《中国农村的市场和社会结构》,史建云、徐秀丽译,北京:中国社会科学出版社,1998年,第5—11页。

续体视为一个有机关联的动态体系。持修正观点的新一代学者开始认识到,中华帝国晚期的城市和市镇存在于空间分级的城市层次结构之中,这是由地方商业层级所塑造的。中、外学术界最近四十年来的丰富研究成果显示,在如长江三角洲和珠江三角洲等发达区域的新型城市和市镇里,出现了经济和文化的新变迁。

这些新型城市、市镇的勃兴,同一些行政城市(府、州、县治)经济功能的增长一样,显示了它们作为经济中心日益增长的重要性,其城市功能中的经济因素比行政因素更为突出。一些学者将这种新形式的城市化追溯到私人商业与私人生产突飞猛进的宋代南方。① 至明清时期,城市、市镇空前繁荣,由市场驱动的经济不断发展,并使得城乡联系更加紧密,社会的各个方面发生了全面而深刻的变化。② 于是,在研究中华帝国晚期的城市化中,不少学者强调农村生产的商业化和层级区域市场网络的形成,更有甚者认为,初

---

① 斯波义信的《宋代商业史研究》是研究长江下游商业与市场的优秀范例。[日]斯波义信:《宋代商业史研究》,庄景辉译,台北:稻禾出版社,1997年;参阅他的论文"Urbanization and the Development of Markets in the Lower Yangtze Valley," in John Winthrop Haeger, ed., *Crisis and Prosperity in Sung China*, Tucson: University of Arizona Press, 1975, pp. 13—48。

② 中国大陆学术界从1980年代初开始对明清市镇进行了充分的研究。刘海岩和司昆仑(Kristin Stapleton)对这些学术成果进行了综述,其中包括傅衣凌和刘石吉等人的研究。Haiyan Liu and Kristin Stapleton, "Chinese Urban History: State of the Field," *China Information*, vol. 20, no. 3 (Nov. 2006), pp. 319—427. 在西方学术界,伊懋可(Mark Elvin)的早期著作 *The Pattern of the Chinese Past*(《中国历史之范式》)对明清市镇进行了精湛的研究。在该书第16章里,他认为17世纪江南市镇的发展与本地农村商业性生产互为"因果"。Mark Elvin, *The Pattern of the Chinese Past*, Stanford: Stanford University Press, 1973, pp. 268—284.

步的全国性市场俨然成型。① 这类观点冲击了学界对开埠前中国社会的农业帝国之定位的僵硬成见。

虽然这些研究对于深化我们对中华帝国晚期更为发达的商业化、城市化地区的认识至关重要,但它们主要集中在长江三角洲及珠江三角洲等若干"先进"区域。进而,中华帝国晚期历史研究领域形成了一个明显以江南为典型——即使不等同于江南偏见——的城市研究范式。在日常和学术用语中的"江南"一词指代的地理范围存在历时性的变化,也存在广义、狭义的指代区别。明清时期的"江南"作为地理概念,大致覆盖了苏州府、松江府(清时又划出海门厅、太仓州)、常州府、杭州府、嘉兴府、湖州府的辖区,包括今上海市、江苏南部、浙江北部,兼及皖东南和浙东的小部分地区。在城市史热潮中,学者们积极研究了明清鼎盛时期江南的商业化经济和城市文化,发掘出具有崭新意义的现象及其意蕴。不少研究援引施坚雅模式,有的还做了一些有益的补充、丰富和纠正工作。

然而,偌大的中华帝国存在很多难以契合施坚雅模式层级市场体系的其他市场结构,且较少研究关注原来低水准商业化地区的其他城市化类型。尽管近几十年来有大量关于晚期帝制时代城市史的研究成果产出,但北方城市获得的关注度仍远远不够;既有

---

① 饶济凡认为,至19世纪一个基于七层级的全国市场形成。Gilbert Rozman, *Urban Networks in Ch'ing China and Tokugawa Japan*, Princeton, NJ: Princeton University Press, 1974, pp. 41—45. 中国大陆学术界在这一论题上最杰出的作品见许涤新、吴承明主编《中国资本主义的萌芽》,北京:人民出版社,2003年,第84—90、276—279页;吴承明《吴承明集》,北京:中国社会科学出版社,2002年,第140—228页。

的相关研究也多视北方城市为行政中心,而非富有活力的、城市化的工商业集聚地。① 总体来说,北方城市在商业化和经济发展水平较低的情况下,通常被视为更具政治性的或行政性的,而非商业性的;广大的北方一般被认为在经济、文化、社会方面"城市化"程度较低,特别是与江南地区相比。

在中华帝国晚期研究领域的这种江南或南方优越性偏见,造成了固化的区域性印象,比如通常将代表"先进"城市的南方与代表"落后"乡村的北方相对立。这种成见把不同于南方模式的商业化和城市化的北方地区简单化和固化了——依然把北方的城市作为政治、军事中心,也忽略了诸多与南方城市存在共同或相似特点的北方城市和城镇——例如作为本书研究对象的山东济宁,尽管它所代表的城市化途径与江南城市不尽一致。

因此,我们应该注意到,其他地区中的不同条件同样也能培育发达的商业化与城市化,甚至发挥更为重要的作用,并影响到区域乃至超区域经济网络的空间分布与功能。在这些条件中,交通运输的大幅改善和提高非常重要。尽管不少学者没有忽略运输在形成地方市场经济中发挥的作用,但在中华帝国晚期城市形成的研究中,这个因素鲜少被视为原动力而集中讨论。特别是在西方的中国史研究中,对大运河的忽视就是一个明显的缺失。

---

① 英文学术界关于中华帝国城市史研究,值得注意的例外包括关于北京等少数大都市的研究,如韩书瑞关于北京庙宇的研究。根据韩书瑞的阐述,虽然北京的都市空间十分显眼,并展现了许多活跃的社会性或民间性活动,但这个首都的主要特征仍然表现为帝国通过"国家宗教仪式"和管理"公共服务机构"而呈现出的政治影响。[美]韩书瑞:《北京:公共空间和城市生活(1400—1900)》上册,孔祥文译,北京:中国人民大学出版社,2019年,第93—105页。

明清时期,大运河在其沿线扮演了催生城市化的重要角色,无论是在城市化程度业已较高的南方,还是城市化程度原本较低的北方。以苏州为例,其在明代成为中国东南最重要的工商都市,在很大程度上是得益于大运河的推动。① 鉴于长江三角洲以本地农业为基础的较高水平的商品化和较强的生产能力,大运河运输只是滋育其城市化的原因之一。与此对照的是,在商品经济不够发达的中国北部,大运河的出现则全面改变了其沿线的地方经济与社会条件,进而推动了当地的商业化与城市化。济宁、临清、天津等城市的兴盛就是大运河运输与商业大潮汹涌的直接结果。当然,大运河沿线的各个区域内部,生态、社会条件不尽一致,对于各个城市和城镇的影响各有不同,运河沿线的城市化也呈多样性特征。同样值得注意的是,大运河连接起北方和南方,打破了原本相对独立的经济大区的边界,从而改变了这些大区市场体系的原有结构。这一切都对学术界既有范式、模型所主导的关于中国传统城市的习惯性看法构成了挑战。

　　纵然城市化路径存在差异,但学界日渐趋向于认可中华帝国晚期的不少"先进"地区出现了显著的"城市性"变革,并带动起地方社会形态的变化。尽管对这些演变的性质的评判众说纷纭,但大家都不否认:中国的城市化并不必然导向西方模式的现代性。中国本质性的"现代"转变直至19世纪后半叶才发生,彼时西方列强急遽侵入并制约着中国随后的现代城市化。

---

① [美]林达·约翰逊主编:《帝国晚期的江南城市》,成一农译,上海:上海人民出版社,2005年,第21—59页。

(三) 学术界关于中华帝国晚期北方和山东的区域与城市史研究

如上所述,在中外学者关于中华帝国晚期城市和市镇史研究中,江南和岭南地区的城市化及城市、城镇形态是持续多年、硕果累累的热门题目,而北方及其他地区在同样主题上所受到的关注则远为逊色。明清时期,作为全国商品经济发达地区之一的北方运河地区,曾经长期未得到应有的重视。而迄今为止,关于山东区域与城市史有分量的研究著述还是不多。

在英文学术界,早期涉及中国北方区域史的力作有韩书瑞的《山东叛乱:1774 年王伦起义》(英文原版 1981 年)。该书第一章集中讨论了山东西北部的地理与社会经济条件,突出了大运河对地方生活节奏的深刻影响。周锡瑞在《义和团运动的起源》(英文原版 1987 年)一书中运用施坚雅的大区划分体系分析了华北平原的自然与文化问题。他注意到了济宁在山东西南部的独特性,认为济宁地区与长江三角洲在生态与文化上有相似性。彭慕兰《腹地的构建:华北内地的国家、社会和经济(1853—1937)》(英文原版 1993 年)一书在山东西部的"政治经济"论述中也持类似的观点。他把山东西部的黄河—运河地区作为一个生态和经济区域,但区分了其北部和南部,认为北部黄运地区与南部黄运地区不同的社会经济与政治情形关系到它们各自在现代转变中的命运。他的卓越贡献在于对大运河衰微给区域带来的政治和经济影响的精湛分析,指出了这个大趋势把曾经作为经济中心的区域变成了被动地应对现代嬗变的腹地。

在中文学术界,罗仑和景甦早在1959年出版了《清代山东经营地主底社会性质》,其中有不少内容和论点涉及以城市、城镇为中心的市场体系对农村经济结构的影响。傅崇兰在1985年出版的《中国运河城市发展史》一书中考察了大运河沿线特殊的跨区域城市网络。他特别着墨于明清时期的济宁和临清,认为大运河重新塑造了当地的社会经济基础,使之成为山东最重要的城市。许檀1998年结集出版的《明清时期山东商品经济的发展》是研究明初以来山东各地区的发展和城市化的力作。该书对大运河驱动的山东西部的商业与经济的探讨十分精彩,在对临清的阐述上尤为用力,尽管她所做的并不是刻意聚焦特定区域的专门分析。张玉法1982年出版的《中国现代化的区域研究:山东省,1860—1916》则提供了山东近现代变迁的丰富图卷。

在明清山东西部城市化的问题上,学界无法回避对大运河功能的探讨。英文学术界对于中国大运河及相关漕运的关注远远不够。欣顿(Harold Hinton)的 *The Grain Tribute System of China, 1845—1911*(《晚清漕运制度》)(1956年)是最早的关于大运河的专著,他着重讨论了清后期以运河为载体的漕粮的征收、运输与分配。黄仁宇1964年的博士学位论文 *The Grand Canal During the Ming Dynasty, 1368—1644*(中文版《明代的漕运,1368—1644》)(2005年)是关于大运河的一项综合研究,触及了运河与运河沿线地区的商业,但并没有讨论城市化问题。李欧娜(Jane Leonard)的 *Controlling from Afar: The Daoguang Emperor's Management of the Grand Canal Crisis, 1824—1826*(《遥控:道光帝对于大运河危机的治理,1824—1826》)(1996年)分析了19世纪20年代中期道光帝对运河危机的处理,以此透视清廷维持大一统帝国的能力。

日文学术界关于大运河及漕运的研究有着长期的传统。其中,星斌夫《明代漕運の研究》(《明代漕运的研究》)(1963年)深入考察了明代漕运体系的功能与政治机构。他的另一本《大運河—中国の漕運》(《大运河——中国的漕运》)(1971年)及松浦章的《清代内河水运史研究》(2010年)包含了大量的相关信息。

中文学术界关于运河的历史地理与工程技术的著述十分丰富,尤其是近年来涌现出多项对运河地带的经济、环境历史考察的成果,兼及运河沿线的河、湖水系及治水、防洪水利工程与技术成就等方面。通史性体裁的经典论著,以历史地理学者陈桥驿主编《中国运河开发史》(2008年)和水利史专家姚汉源的专著《京杭运河史》(1998年)为代表。而对漕运做系统论述的代表当属李文治、江太新的专著《清代漕运》(1995年),该书不仅提供了一幅清代漕运的完整长卷,也论及经济、社会、政治等相关方面。

若干较新的英文研究重新关注到明清时期大运河北部沿线的城市存在经济和文化繁荣的现象。[①] 的确,天津、临清、济宁、聊城等北方运河港口位于高度商业化、城市化的环境中,从而具有了可以与帝国晚期商业化发达的江南地区相提并论的地位。此外,学者们也注意到,中华帝国晚期出现了在明代之前从未有过的发达

[①] 例如,关文斌(Kwan Man Bun)研究了天津,认为它是一个凭借国家对大运河运输政策和盐商的能动作用,从低微之处崛起的"基于中国标准的年轻城市"。[美]关文斌:《文明初曙:近代天津盐商与社会》,张荣明主译,天津:天津人民出版社,1999年,第13—21页。

的商业、社会及文化关系网——这个网络以日渐完善的全国性运输体系和活跃的贸易系统为基础，促进了跨区域联系，以及观念、时尚和习俗的交流，并引导着不同区域文化之间在更为广泛的商业和社会网络中的交流、融合、协调和适应。① 大运河北部沿岸地区——尤其是那些位于这一最重要的南北通道沿线的城市和市镇，如济宁——受到这些新网络的作用，因而更容易接受超越其区域地理边界的外部影响。

近二十年来，中国大陆出现了一大批研究漕运、运河贸易以及若干北方运河地区和城市个案的作品，②近些年的"运河文化热"、大运河申遗浪潮也鼓噪起学界内外的呼应，甚是热闹。但总结学术界关于明清时期北方、山东西部历史的研究，我们发现，尽管许多相关的课题得到过讨论，但是北方运河地区特有的城市化道路及其城市形态却没有得到直接而深入的研究，也鲜见对北方城市的文化认同、社会属性以及政治变革趋向的专门探讨。

此外，中外学界近年来的城市史研究多聚焦于若干方面，并没有把导致和构成城市化与城市形态的自然、经济、文化、社会、政治

---

① 卜正民追踪了因海难漂流而来的朝鲜官员崔溥（1454—1504）的行迹。崔溥从宁波沿水路（大部分路程通过大运河）乘船北上，直到通州。这一案例展现了便利的运输路线和交流网络如何导致基础设施的变化，并滋养了运河沿线经济的繁荣。[加]卜正民：《纵乐的困惑：明代的商业与文化》，第32—45页。

② 关于近二十余年来北方运河城市、城镇史研究的相关成就，参阅王云《近十年来京杭运河史研究综述》，《中国史研究动态》2003年第6期，第18—19页；胡梦飞《近十年来国内明清运河及漕运史研究综述（2003—2012）》，《聊城大学学报（社会科学版）》2012年第6期，第74—76页。遗憾的是很难再有如许檀在1990年代即做出的明清山东区域经济史研究一样的高质量作品，但越来越多的青年学者的参与势必推进该领域的研究进展。

等众多因素统合在一起讨论。在既有的北方城市史研究中,涉及士绅等精英在地方社会充当能动角色的个案,又多集中在清末和民国时期,如一度成为热点的清末民初"地方自治"(local self-government)的主题。

对本书来说,上述研究状况既直接或间接地提供了学理与材料的基础,又为创新性探讨留下了相当可观的余地,启引着济宁案例的研究——其问题、资料、叙事、论述等各个环节和方面将在本书中渐次展现。

三、济宁案例的典型性与本书的设计

本书作为一项城市史个案研究,以在地方社会中积极发挥能动性的士绅的活动为主线,首先考稽以济宁为代表的明清时期北方运河地带的城市化与城市形态,进而在国家与社会的交接地带上考量地方主义的现象,并在历时性的纵坐标与空间性的横坐标上进行整体和比较视野里的历史定位。我期待从个体性和普遍性两个层面,探究中华帝国晚期城市地方社会的形态及其趋向。

历史学本身是门综合学科。我赞成吴承明的"史无定法"说,但其前提是有诸法可依。[①] 本书定位为一项社会史研究——基于笔者所理解的"社会"概念和范式的涵义,有形和无形地汇融各个学科的方法,有机地运用具体历史资料信息与理论分析元素,建构一个以人为中心的完整的、结构的、动态的地方社会叙事,如一幅

---

① 孙杰、孙竞昊:《江南史研究与问题意识:中国社会经济史研究理论的检讨》,《浙江大学学报(人文社会科学版)》2016年第2期,第41页。

长轴图卷徐徐展开,并希冀达到超越"就事论事"的境界。

(一)本书研究主题的界定

济宁所坐落的山东西南部长期以来被认作贫瘠的、难以治理的区域,但济宁城市本身及其毗邻地区从明中叶到晚清一直享有持续的繁荣。(图一、图二)在 19 世纪中叶漕运中断之前,济宁和临清是明清时期山东最大的经济中心,至 19 世纪末才被省会济南与胶东半岛的通商口岸烟台、青岛超过。

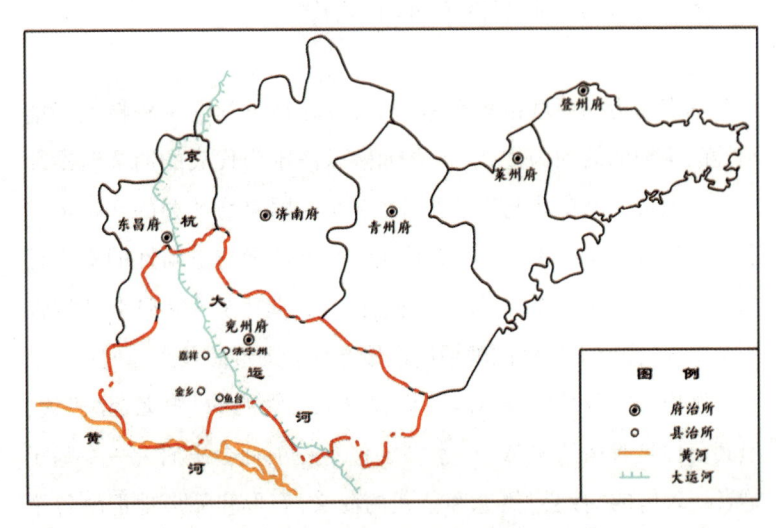

图一 明代山东政区示意图(万历十年)①

---

① 改绘自谭其骧主编《中国历史地图集·元、明时期》,北京:中国地图出版社,1982年,第 50—51 页。

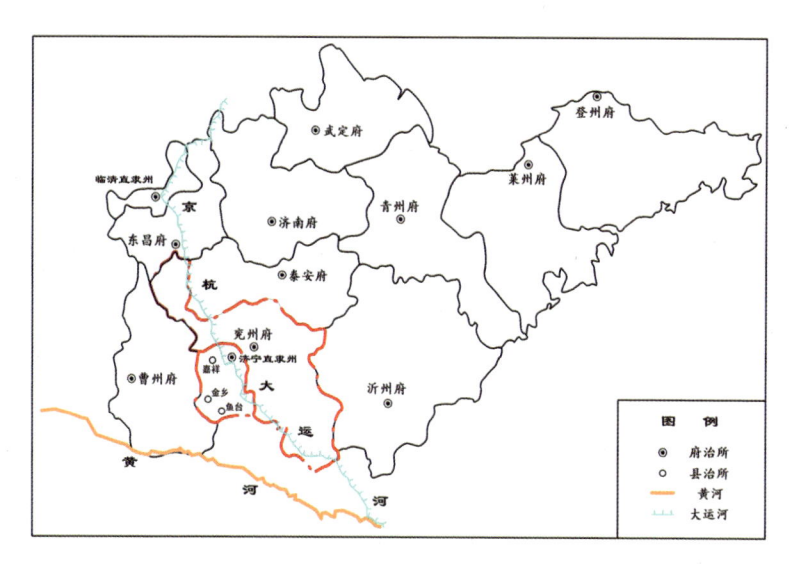

图二　清代山东政区示意图(嘉庆二十五年)①

本书将至元二十六年(1289)作为开端,是因为元代京杭大运河的北部关键河段——山东境内的会通河竣工于该年,由此开始改变其沿线的自然环境和生态结构,使济宁城逐步从一个传统的行政中心转变成经济与文化中心。所以,本书的讨论需要回溯到元中叶济宁发展历程的始点,尽管这个阶段的材料匮乏。本书的主体讨论截止于19世纪中叶开埠前夜,但叙事延长到清末与民初——济宁的近现代嬗变可以更好地反刍其在中华帝国晚期的阶段性社会特质。

至于本书中"济宁"的地理界域,主要以该州城为中心,但不仅

---

① 改绘自谭其骧主编《中国历史地图集·清时期》,北京:中国地图出版社,1987年,第22—23页。

仅指城墙之内,还包括在城市化扩张后城墙之外的城郊地带。此外,作为山东西南部最重要的区域中心,鉴于济宁的经济与文化对周邻的辐射力,地方精英的政治影响力也逾出本地,故而本书中的"济宁"和"济宁地区"又取英文"the Greater Jining area"(大济宁地区)之意。但这种概念的空间界定是功能性的,在不同类型和范围的语境中表现出相当的弹性。所以,"地区"(area)一词的使用表现得较为灵活。此外,"区域"相当于英文的"region",而"地方史"与英文"local history"的含义一致。

还需要说明的是,本书研究的时段,根据语境、话语的变换将交互使用"明清时期""中华帝国晚期""帝制晚期",便于在更广视野里对这个历史阶段给予理论定性。同样地,类似"(中华)帝国""传统社会""王朝国家"这样的术语也是交互使用的,但这里的"帝国"与歧义颇多的英文"empire"不能完全画等号。另外,对于英文"modern"一词的对等中文含义,本书中视场景差异交替使用"近代""现代""近现代"表述。

(二)社会史方法、"政治经济"分析、比较视野

笔者在从事这一课题之初,即明确了运用社会史研究中的一般方法的意识,并以思辨的分析性叙事方式讲述济宁故事。社会史的一个重要特征是尽可能展现历史全貌,即由精英和普通人物等各色群体与个体角色的活动所构成的动态的日常生活图卷。但这一目的的实现程度不仅受制于由知识精英或官方所留下的文献记载的局限性,还受制于撰著者本人及其作品的能量和容量。鉴

于济宁当地社会生态的特点，笔者以锐意经营地方的城市士绅为线索，勾画在他们影响下的地方社会。

为此，本书力求把事件的历时性叙述与结构性分析结合起来。其中，对作为一个经济中心和区域市场中心的济宁城市的分析是本书的一个重点。鉴于中华帝国大一统中央集权专制主义"举国体制"的强大统御力，以及济宁在作为帝国生命线的大运河的基础设施和交通运输网络中的关键位置，我将延续对政治和经济因素的重视，这也与王国斌、彭慕兰所提倡的"政治经济"方法相近。但本书中环境的、经济的、社会的、政治的结构性分析，是以社会史方法统辖全局。唯此，才能在精细处发掘各种特殊因素的同时，见微知著，按照程式和逻辑构筑起具有整体性的动态叙事。于是，社会史的表述方式也能将对制度、体制的诠释变得"活"起来。

同样地，虽然本书没有刻意追随"跨学科""多学科"的时潮，但也努力综合借鉴、运用其他学科的诸多理论与方法，如经济学、人口学、文化学、新文化史、城市史、日常政治史，包括后现代主义的诸多元素，等等，并由社会史方法连缀、融会起来。除了对若干理论范式的专门讨论，本书总的努力方向是力求融会贯通，而不是呆板地将经验性内容置于某某"学科"或"前沿学科"门类内。

无论是在帝制时期，还是在开埠以来的近现代，中国社会发展所呈现出的不平衡性和差异性，既表现在特定历史阶段里的不同空间，还体现在特定空间里延续性的程度上。本书作为一个地方史个案研究，致力于呈现一种内地城市形态，从而有助于认识中国历史空间与时间的多样性。由于济宁处在关系到国计民生的漕运网络的一个关键位置，对它的政治和经济的结构性透视，必须要超

29

越城市和区域,将其置于全国范围财政结构和帝国政治—经济经略构架内,甚或逾出帝国疆界的海外联系网络。如此,本书的目的不仅在于揭示特定时空里该个案的特性,还要展现出中国地方社会的某些一般性特点,这当然也是基于济宁案例蕴含着特定历史阶段中国社会的实质、形态及发展趋势的设定。

城市史或地方史研究得益于比较视野。济宁的市场功能意味着它与其他城市,特别是北方运河城市有着相通和相似之处;同时通过运河的串联,它在经济与文化上又与江南存在着相通和相似之处。本书的特色之一即把济宁与其他北部运河城市、江南城市做对比性观察。这里的一个理论关切是如何看待时间与空间上的差异性与相似性。① 史华慈(Benjamin Schwartz)指出,不同的历史经历或经验可以比较,但前提是不否认存在相同或相通的人性;有意义的比较只能存在于一个一般性的和一体化的框架内。② 这是本书把济宁放入区域的、国家的乃至全球性的语境和一个长期的历史时段里的认识基础。③ 彭慕兰《腹地的构建:华北内地的国家、

---

① 王国斌认为仅是差异不能创造可比性,而对跨越时间和文化的长时段现象可以做切实的比较。[美]王国斌:《导论》,《转变的中国:历史变迁与欧洲经验的局限》,李伯重、连玲玲译,南京:江苏人民出版社,2005年,第1—3页。

② Benjamin I. Schwartz, "Presidential Address: Area Studies as Critical Discipline," *Journal of Asian Studies*, vol. 40, no. 1 (November 1980), pp. 15—25.

③ 在比较研究中,王国斌和彭慕兰等加州学派的代表人物都指出了世界史上惊人的相似处。不同于黄宗智的立场,工国斌认为斯密式动力存在于16至17世纪的中国,与同时期的欧洲相似。[美]王国斌:《转变的中国:历史变迁与欧洲经验的局限》,第14—22页。同样,按照彭慕兰对于市场经济中因素与数据的比较分析,工业革命之前的英格兰与长江三角洲在斯密式增长上具有"惊人的相似"。[美]彭慕兰:《大分流:欧洲、中国及现代世界经济的发展》,史建云译,南京:江苏人民出版社,2003年,第8—11、64—100页。

社会和经济(1853—1937)》一书的"结论"部分以"黄运、中国与世界"为标题,是个优秀例证。

有价值的历史学工作在于从一般性中追索特殊性,从特殊性中提炼一定程度和一定范围的一般性。基于这种认知,如何看待源自欧美历史经验和观念的概念化的归纳？理论无疑源自实践经验,但不是经验和想法的简单总结和条理化,更关键的是人们通过汲取、演绎结晶而成的体系化、抽象化、概念化、符号化的各种命题和论述,拥有超出具体经验的高度和维度,从而产生普遍意义,即在不同背景和语境里具有不同程度的适用性和解释力。[1] 尽管机械地应用从其他文化或文明提升出的范式可能会有削足适履之虞,但鉴于时间与空间实际上存在的同与异,把它们作为参照系是有帮助的。

所谓"史无定法",重点是不拘于僵化教条,并根据不同的问题采取合宜的理论和方法。实际上,学者们在应用新的方法与范式上的尝试已经在学界激发出了不同于以往的历史解释。除了在导论中集中梳理了一些相关的理论论述,本书在正文里也触及或运用了中国明清和近现代历史研究领域里一些通用范式、类型、话语,并在结论部分结合本书的案例,进行理论性的重点论述。这样做,也自然地把"济宁经验"之类的本土历史现象放到了全球化的话语体系和比较视野里。如此的个案研究就有可能在思想上有所建树。

---

[1] 孙竞昊:《阅读·思考·研究·写作:习史随感举凡》,《史学月刊》2022年第1期,第118页。

(三)资料来源与文献问题

与江南相比,明清时期北方区域史研究碰到的首要窘境是文献记载的匮乏和单一化,当然首都等若干大都市例外。关于北方中等城市济宁的记载相对还算丰富,但获取原始材料对本项研究来说依然是艰巨的工作。我不得不耗费数年时间"地毯式"地搜集一切与主题直接和间接相关的历史信息。

清初到民初的地方志提供了正史之外的基本材料,这是本书得以完成的主要文献来源。虽然地方志旨在维护主流社会价值,服务于官方立场或国家意志,这在某种程度上会损害其可靠性,但是其体现出的"地方性"特点弥足珍贵。

"真实性"或许在私人记载里可以得到更好的体现。例如,明遗民郑与侨、民国初年李继璋对地方历史文化的"直书其事",让我有身临其境般的感受。当然,不管是官方的抑或私人的记载,都烙上了士人作者们对于他们家乡的特有观念和情感的印记,从中可以看出他们有意地拔高或贬低某些人或事;对家乡地位的美化也是风习。

作为地方史料的另一重要来源的各种关于济宁的笔记、文集,其数量虽然与江南各地无法相比,但在北方还是比较突出的。作者们除了如上所述郑与侨、李继璋等地方文士,还有在济宁做官的、旅居的、游历的各色人物。只是这类著述的内容大都归类于哲学、伦理、美学、文学、艺术等范畴,对于社会史、社会经济史研究来说,可用的材料有限且零散。然而,若仔细爬梳既存的原始材料,许多看似不实用的信息也可以无形地帮助我们理解济宁故事的语境和基调。比如,大运河以及诸如太白楼这样的名胜在作品中是常见的主题,从中可以体味出文人雅士们在这些名胜与社会、政治现实关联上的感受、意愿、品位和价值观。

但是,与本书主题相关的诸多方面的材料终究特别匮乏。比如,关于私人工商业者的信息在清前、中期地方志中的阙如。这是因为商人在国家正统的身份区分中,没有享有类似精英等值得表彰的人群的地位。[①] 会馆(行或行会)的信息在笔记及其他非官方文献中亦极为稀少。所以,本书在这些方面的描述难免简略。

关于本书济宁故事的结尾部分,或明清故事在近现代的延长篇,这一时期的文献记载比较丰富。尽管在我当初做课题研究的时候,难以看到民国时期的档案材料,但可获得的非官方材料的数量十分可观。其中,一项重要的来源,是从20世纪80年代中叶开始济宁市及下属各县、区政协文史资料委员会编纂的各期《文史资料》(通常每年发行一期),还有未被采用的稿件。许多老人的回忆追溯到晚清和民国的旧事,也能让人从中寻味到更早的历史信息。当然,这些具有"口述史"性质的文字,其编辑出版,甚至撰写本身(很多是应约组稿),都带有特定时代的官方政策的倾向,是对解读者鉴识能力的考验。其中,济宁市政协文史委编辑的一些集子,如《济宁运河文化》一书,虽然有缺乏注明资料来源等不符合现今学术规范的不足,内容良莠、虚实俱存,但经甄别后,依然可以在去芜

---

① 参阅曼素恩(Susan Mann)的观点:清政府的官方意识形态与实际经济政策之间的不一致,使得商人阶层处于"模棱两可的地位"。Susan Mann, *Local Merchants and the Chinese Bureaucracy, 1750—1950*, Stanford: Stanford University Press, 1986, pp. 18—21.

33

存菁后成为参考史据。同时,我多次到济宁进行田野调查,特别是与多位堪称地方历史"活化石"的老人正式和非正式的交流,使我对这个城市的感知更为真切。

比较遗憾的是档案材料在本书中的缺失。一般来说,信息当然是越丰富越好,体裁类型越全面越好,但更重要的标准不在于数量的多寡。如果既有的材料具有足够的典型代表性,能说明问题,且可能存在的"新"材料不会改变根据既有材料得出的基本看法,那么追寻历史真相的目的就初步达到了。

(四)叙事布局与篇章概要

本书考察明清时期济宁的社会形态,并特别聚焦于地方精英力量充分张扬的明中后期及明清之际,旨在通过该个案研究,呈现不同于当时绝大多数北方城市里的一种情形,即富有活力和创造性的济宁士绅在经济、文化、社会诸方面的积极作为塑造了这个运河城市的独特性,并在与国家权力的复杂互动中,塑造了地方社会的性格和特质。如此,也就在一定程度上建构出其所代表的一部分城市、地方的类型,并体现出当时中国社会的一些阶段性共性。

在"导论:中华帝国晚期地方精英与城市形态研究范式的检讨"中,如前所述,以"向导"郑与侨亲历的事件为楔子,导引出本书的主题、线索、旨趣。通过梳理中外学术界关于中国地方史研究的谱系,重点检讨关于士绅与地方社会、城市与区域研究中相关理论与方法的沿革及其得失。同时,指出作为一项社会史的案例研究,本书将综合运用多学科的视角、方法、程式,并预示本书所蕴含的历史特殊性和普遍性的学术价值。

济宁在明清时期被认作个性鲜明的运河都市。第一章"济宁的历史记忆、生态环境与大运河"回顾明之前济宁城及济宁地区的自然条件、人文遗迹以及包括政区在内的政治沿革,继而勘察京杭大运河的出现对地方既有生态结构的改变,从而全方位地铺陈明清时期济宁以精英为代表的地方社会所处的物质的和文化的背景和条件。

第二章"大运河所驱动的济宁商业化与城市化",细数运河运输与贸易如何促使处在这一南北交通大动脉之中枢位置的济宁成为重要的经济都市。明清时期,在历史上商业化水平长期低于长江三角洲的华北平原上,大运河承载了远距离贸易的功能;尤其是,它创造了一条繁荣的运河带,并使得地方经济趋于南方取向。建立在大运河运输上的济宁城市化及其商业、经济繁荣的类型,与许多其他北方运河城市如临清、聊城、德州、天津等相同或相似,因为它们都受到大运河运输与贸易的牵动。如此,分析济宁的社会经济与这条交通运输走廊的关系,应该能显示中华帝国晚期一种特有的商业化、城市化和城市社会经济形态的模型——其结果之一表现为人口规模、身份属性及其结构的变动,包括其在地方社会中扮演的积极能动角色的城市精英队伍的变化。济宁既可作为个例,又代表了一种类型。同时,鉴于其发挥的运河重要港埠、区域中心城市、长距离交通枢纽的功能,济宁的地位和影响还需置于跨区域乃至全国范围的商品与信息循环网络里进行衡量。

相同或相似的经济基础和类型并不必然对应着相同或相似的文化面相。北部的运河城市,在显示一些共同城市性特点的同时,在文化上也呈现出差异性。济宁地处北方，但却表现出某些南方或江南城市的文化和社会属性，在清代有"江北小苏州"之称。

第三章"济宁城市形象的塑造"，描绘在空间景观、消费时尚、生活习惯、知识审美、大众宗教、价值认同等诸方面，济宁从明中期以来表现出一种异于传统北方城市的"江南"特征。济宁个例所蕴含的由大运河所启引的南北交流与流动性，意味着地方文化认同和城市特性并不简单地由地理位置决定，还会受制于外来的因素。济宁居民，特别是士绅精英阶层，往往糅合其本地的遗产与外来的成分去塑造属于自身的文化环境，从而彰显城市个性。

第四章"济宁城里的士绅和其他居民"，重点考察左右地方权力与话语的士绅阶层的社会结构及其思想和作为。不同于绝大多数北方的城市，济宁产生了实力雄厚的士绅阶层。而且，不同于传统北方士绅的形象，济宁的精英阶层中有不少人像他们的江南同侪那样从事货殖经营，更在广泛的文教领域里从事诸多卓有成效的工作。以士绅社会为核心，济宁城市居民造就了"自我认同"的地方特殊性，从而为文化的繁荣、"城市共同体"的形成和壮大创造了条件。这是从社会文化的视角解析济宁城市地方社会的性质。

济宁享有很高的经济与文化地位，又由于其在大运河交通运输和贸易网络上的重要战略地位，受到朝廷特别的关注和对待，包括重视和监督双重含义。国家权力与地方势力在济宁都十分活跃、强劲；其相互作用及彼此势力的消长，牵动着城市的社会属性的塑造与重塑，规范了它的发展势态和张力。因此，济宁个案必须置于帝国全局性的管理体系和政治网络，在政治文化的视角里得到更为深刻的认识。

第五章"济宁城内外的国家与社会",首先勾画了国家在济宁设置的庞大的行政、军事官僚机构,因为它不仅作为一个行政中心,而且作为一个运河战略要地,受到中央政府多方位、多层级的管辖。比如设置在济宁的运河最高管理衙门在地方政治格局中就具有重要作用,卫所等军政建制也制约了州治的一般行政功能。这些繁复、交错的机构保障了大运河体制和漕运制度的正常运行。虽然不计成本的投入带来了巨大损耗及多类弊端,但国家权力借以更全面、深入地渗透地方社会。同时,作为地方利益代言人的济宁士绅在各种权力的博弈与调和中积极作为,其影响之大在北方城市里殊为炫目。这种复杂的情形显示了在国家权力笼罩下,精英能动性所催化出的地方主义的张力及局限性,便于我们进一步解析济宁城市社会的政治特质。

第六章"济宁城市的沉浮与地方精英的命运",主要考察明清鼎革之际"乱世"中的国家与社会力量在地方社会里的消长沉浮——这种大起大落的历史时刻最能彰显各种势力的能量和性质。同时,为了理解地方性历史传统的延续与变异,还有必要把其在明清时期的经历与开埠以来的命运勾连起来——后者可以构成评估前者的重要参照系。所以在这个长时段的案例研究临近结尾时,我也勾勒了其在中国被拖入近代全球化背景下的轨辙。开埠以来,纵然济宁在新的国家范围的经济层级结构里的地位下降,但不像因漕运衰微而迅速中落的大多数内陆运河城市,由于地方精英的积极作为,济宁得以进行了比较成功的现代工商建设和城市转型。需要注意的是,即便取得了某些成功,但济宁发展的曲折历程和坎坷命运也显现出近现代中国革命洪流里城市的困境、抉择

37

和无奈,以及种种光怪陆离、阴差阳错的情形。

总之,以士绅为代表的地方精英主导的济宁在帝制晚期及近现代历史进程中起伏跌宕、曲折往复的经历,既能作为一个特例,也能作为一种城市类型的代表。这无疑有助于拓展和加深我们对于中国城市社会史的认识。

"结论:济宁研究的理论和方法意义"一章,对全文的主要论点进行了归纳,总结出"济宁经验"。进而围绕着本书的主要议题、论断,将其提升到学理层面,以期对中国古代的城市、地方精英、社会政治形态等领域的研究和相关的重要理论讨论有所推进。

第一章 济宁的历史记忆、生态环境与大运河

　　了解一个地方一定时期的类别和形态,需要追溯它的过去,即它是如何演变而来的,及其史上流传的形象。济宁在大运河通航后崛起,成为明清时期最为发达的几个北方运河都市之一。大济宁地区也是贸易、经济繁荣,文化生气蓬勃的一个区域。明之前的济宁及其周邻地区的情形是怎样的?其历史的延续性和非延续性为何?其特定时期的变化究竟是怎样发生的?其历史遗产在这些变化中又是如何发生作用的?

　　文化传统在很大程度上决定着延续的、特有的地方人文性格,而行政区划和等级设置也反映了政府权力对其特殊的经济结构、社会形态、军事地位、社会和人文及风俗特征的认可、规范、制约。本章第一节,即回溯明之前济宁城及其周边地区的自然、人文、行政建制、经济、社会的历史沿革。对这些方面的纵向比较性的追索有助于我们辨识明清时期济宁经济发展及城市和地区的特性,包括其成为文化名城和旅游胜地的缘由。

在人类活动的任何地方,自然条件是一个社会文明形成时期最初始的决定性因素,而且通常作为常量长期发挥作用。但是生态系统也受到变化着的自然界本身和人为也即社会因素的影响,并且与地方经济和社会生活的类型和结构互为因果地发挥着作用。本章第二节即是通过对济宁地方自然条件及其在人力干预下变化的回顾,尤其是元、明时期大运河的重建及其运行所引起的广泛而深刻的反应,为中华帝国晚期济宁和济宁地区经济与社会活动的形态、结构和特点以及人文和地方性格提供历史背景的解释。

济宁城在明清时期获得经济上的重要地位是缘于以大运河为载体的漕运和贸易在其所在区域引发的经济商品化和城市化。本章第三节即重点考察京杭大运河的开凿和运行——这从根本上改变了济宁地区的地文条件、环境结构,以及接踵而来的治水活动,从而深刻地影响了当地城乡民众的生产和生活方式。

一、在历史记载中定位济宁

明之前关于济宁城及济宁地区的文献记载既不系统也不明朗。明清之际的济宁名士郑与侨在其晚年著作《济宁遗事记》里讲到明代中后期济宁地方志的编写:最早的地方志产生在1491年,第二部地方志出现在1609年,而他本人的著作则专注于新近发生的事情。[①] 然而,当1673年清代的第一部济宁地方志编成时,明代的第一部济宁方志已经佚失;而第二部方志在清中期也佚失了,仅可

---

① (明)郑与侨:《济宁遗事记·弁言》,抄本,"同里李梅生家藏本",山东省图书馆藏。

以看到清代几部方志对明代方志中若干内容(主要为几个"序")的引录。清代几部方志中有具体事实依据的编年史基本上始自明初。

(一)当地记忆中的古代辉煌

现存的地方历史文献称颂济宁拥有丰厚传统的高度文明。济宁城在明之前习称任城,而任城来源于更古老的名字——任国。在明清时期,济宁依然常常被称为任城,这不言而喻地显示出当地人士一种以悠远文化遗产为傲的情结。

为此,几乎每一部地方志书都引证了李白关于任城及附近地区的诗文。其中《任城县令厅壁记》史诗般地追溯了任城或任国的辉煌过去,创作了一种令人神往的影像:

> 风姓之后,国为任城,盖秦之古县也。在《禹贡》则南徐之分,当成周乃东鲁之邦,自伯禽至于顷公,三十四代。遭楚荡灭,国属楚焉。炎汉之后,更为郡县。……青帝太昊之遗墟,白衣尚书之旧里也。土俗古远,风流清高,贤良间生,掩映天下。地博厚,川疏明。汉则名王分茅,魏则天人列土。所以代变豪侈,家传文章,君子以才雄自高,小人则鄙朴难治。况其城池爽垲,邑屋丰润。香阁倚日,凌丹霄而欲飞;石桥横波,惊

彩虹而不去。其雄丽块轧,有如此焉……①

全文大气磅礴,描画了一幅远古以来该地名人辈出、文化灿烂的历史长卷。方志编纂者援引李白和其他著名文人墨客的佳作,不仅很少质疑模糊、不确凿的远古传说,而且还竭力勾织出一幅幅连缀而成的生动历史画面:黄帝据说出生在临近的曲阜,只是后来领着他的子民向西迁徙,到达黄河流域的中原;其十二子禺阳在后来的任城一带建立了任国。② 大约相近的时期,风姓的太昊和少昊的部落也生活和游弋在这一带。在尧、舜、禹的时代,依傍济水的任国属于九州之一的兖州。③ 西周建立后,由太昊后裔仍姓部族建立的仍国被命名为任国。如同其他小诸侯国,任城的疆土迄至春秋时代是在鲁国辖内,战国时代大都在齐国辖内。④

总之,明清时期的济宁地方文献不遗余力地将地方历史与著名的人物和事件联系在一起,尤其是新石器时代的神话英雄。⑤ 当

---

① (唐)李白:《任城县令厅壁记》,载(清)廖有恒修,杨通睿纂《(康熙)济宁州志》卷8《艺文志上》,康熙十二年(1673)刻本,第1a—3a页。王琦注:"自伯禽起至顷公,当云三十三世。"参见(唐)李白《李太白全集》,(清)王琦注,北京:中华书局,1999年,第1295—1300页。
② (清)廖有恒修,杨通睿纂:《(康熙)济宁州志》卷1《疆舆志上》,第3a页。
③ 屈万里注译:《尚书今注今译》,台北:商务印书馆,1970年,第31—34页。
④ 参阅《(康熙)济宁州志》卷8《艺文志上》中关于这些远古传说的记载。(清)廖有恒修,杨通睿纂:《(康熙)济宁州志》卷8《艺文志上》,第3b页。另外,傅崇兰依据方志材料对这些传说作了汇集,参见傅崇兰《济宁古代简史》,山东省济宁市市中区政协编:《文史资料》第10辑,1997年,第3—9页。
⑤ 太昊的风姓被认为是大汶口文化时期(距今6100—4600年)中的东夷部落,与中原地区的炎帝和黄帝的部落同时。在龙山文化时期(距今4600—4000年),少昊的殷姓部落作为黄帝的后裔,与大禹同时。参阅逄振镐《东夷文化史》,北京:中国社会科学出版社,1995年,第58—69页。

代考古发现佐证某些史前故事可能有所凭借,显示济宁地区是东夷文化的中心之一,而区别于中原核心的文化。①

尽管在早期文献中这类记载稀少,后代的济宁人却似乎刻意忽略这种不足,竭力颂扬地方文化的悠久辉煌。在"古迹"的名目下,地方志编纂者们总是自豪地列出与当地人文历史有关的遗存,如陵墓、祠堂、庙宇、亭馆等古迹。② 而且,济宁因距曲阜仅百里之遥,而成为"圣人之邦"的一部分。在明清时代,到孔府拜谒的远方来客往往取道大运河,并在济宁留驻。这种地理位置的文化意义有助于培育济宁的声誉。

(二)济宁的建置沿革

"济宁"取代"任城"成为正式的地名是在明清时期,但"济""济州"的名称早就出现,与任城同时存在。在《(光绪)济宁州乡土志》里,作者揭示了济宁的起源:"《山东通志》:济水南会泗,北会汶,州居其中,故以济宁为名。"③方志和其他地方文献记述了古代

---

① 当代学术研究编成了东部新石器时期的各个文化的序列:北辛文化(距今7300—6100年),大汶口文化(距今6100—4600年),龙山文化(距今4600—4000年),岳石文化(距今4000—3600年)。逄振镐:《东夷文化史》,第38页。
② 《(乾隆)济宁直隶州志》卷15《古迹五》列出了自传说时代到近世的众名人墓地。参阅(清)胡德琳、蓝应桂修,周永年、盛百二纂《(乾隆)济宁直隶州志》卷15《古迹五》,第1a—38b页。
③ (清)王赓廷修,邓际昌纂:《济宁州乡土志》卷1《沿革》,光绪三十一年(1905)铅印本。

43

济水对形成济宁地区水系的作用。① 按照字面理解,济指济水,宁代表着和平、安宁,也隐含着此处较高的地势有利于避免洪灾侵袭的意思。②

按照济宁地方志的记载,自从秦朝统一以来,济、济州或济宁曾作为州、府、路一级的政区,郡国一级的封邑以及县一级的行政单位。③ 在长期历史进程中,任城或后来济宁所处的更大政区的治所位置发生过若干次移动。济宁作为政区的名字最早出现在至元八年(1271),这一年朝廷升济州为济宁府,府治巨野。④ 至元十二年(1275),又复置济州,治任城,隶属于济宁府。至元十六年(1279),济宁府升为济宁路,辖兖州、济州、单州。至正八年(1348),废济州,济宁路移治任城。

任城县除在至元十二年到至元二十三年(1286)间短暂并入济州外,长期作为济州的属县及治所存在。如上所述,至正八年,州一级的济州被废后,任城成为路一级的济宁路的治所。这期间随

---

① 《(万历)兖州府志》追溯了古代济水的变化在影响济宁地区在内的山东西部生态条件中的作用。(明)易澄瀛、卢学礼修,于慎行纂:《(万历)兖州府志》卷19《河渠志》,万历二十四年(1596)刻本,第38b—42a页。
② 孙培同:《漫话济宁古代的水系》,手稿,济宁市政协文史委资料室藏,第2页。不过,民国时期李继璋却质疑道:"以济水名地……而境内实只有菏水具南济、北济故道,则皆不在州境。济已无据。又不知如此虚作祝铸之'宁'字为何所取义也。宋明以来,地名之肤陋无义,不与地合者多矣。"李继璋:《济宁直隶州拟稿·疆域志上·疆域》,民国十六年(1927)稿本,山东省博物馆藏。
③ 例如,在唐代,任城附近地区被称为济州。(清)廖有恒修、杨通睿纂:《(康熙)济宁州志》卷1《疆舆志上》,第3b—5a页。
④ (清)王赓廷修,邓际昌纂:《济宁州乡土志》卷1《沿革》。

着京杭大运河的开通,济宁地区的重要性日渐增加。① 同时,任城的范围仅限于城郭和周边乡郊;而作为一个城市,则是任城县的中心,亦是其所属更大政区的治所。②

明初,济宁的行政区划一度为府。但在洪武十八年(1385)被降为州,为兖州府所辖。③ 任城县被废,并入济宁州,从此,作为县名的任城终被济宁取代。清初沿循明制,但在雍正二年(1724)济宁被擢升为直隶州,这是其当时在全国政治—经济体制中占据重要地位的体现。除雍正七年(1729)至乾隆三十九年(1774)一度返回原来州的建置外,其直隶州的行政地位一直持续到1911年清廷覆亡。

明清两代,在州或直隶州的框架内,其辖县多有变化;其中,在清代直隶州时期,嘉祥、金乡、鱼台是三个比较固定的辖县。但历史上曾作为各色各类行政建置的济宁的辖县,如汶上、巨野、郓城等地,在明清时期经济和文化上受到济宁的影响,习惯上被视为济宁地区边缘或腹地地区。因此,所谓济宁地区并不刻板受制于严格意义上的行政区划,而是与兖州、曹州的一些属地互有重叠和交叉。但要注意的是,当文献中提到"本州"的时候,其辖县则被排除

---

① (清)陆耀:《山东运河备览》卷1《沿革表》,乾隆四十一年(1776)刻本,第33b页。《(嘉靖)山东通志》载,济宁路由济州、兖州等14个州县组成。参见(明)陆鈛等纂修《(嘉靖)山东通志》卷2《建置沿革上》,嘉靖十二年(1533)刻本,第29b页。
② (清)廖有恒修,杨通睿纂:《(康熙)济宁州志》卷1《疆舆志上》,第3a—6b页。按该志载,济宁州历史上建置名称繁多,如任城、亢父、高平等,它们或纵向相继,或横向交叠。如秦汉时期亢父县比任城县更多地占据后来清代济宁州的中心地带。
③ (清)廖有恒修,杨通睿纂:《(康熙)济宁州志》卷1《疆舆志上》,第6a页。明代的山东是13个布政使司之一,由6个府组成,济宁州所属的兖州府占据了山东中南和中西部的大片土地。

在外;济宁城及其近郊和周边由州或直隶州衙门直接管理,这也是本州之人口、土地、赋役的统计范围。①

至于从任城到济宁的城池,其历史上的名称、位置和大小同样经历了许多变化。按宋代乐史(930—1007)的看法,秦汉时期作为县城的亢父城,"汉为县,废城在今县南五十里"②。中唐时期李白所游历的任城城郭在明代的南城墙外。根据《(康熙)济宁州志》记载,济宁的城址在绍兴二十年(1150)终于固定下来,时为金国济州的治所。③ 总之,在元代大运河出现之前,济宁是个不起眼的内陆小县城,而随着大运河的修建,济宁作为一座土城在运河北岸崛起。

元朝济宁路的治所是明代济宁城的雏形。洪武三年(1370),昭武将军、济宁左卫指挥使狄崇"建济宁砖城。城方九里,城中之涂九经九纬,飞楼十五。五年而毕"④。《(康熙)济宁州志》载:

---

① 在清代晚期,本州东西相距35公里(一说40公里),南北相距53公里;而包括三县在内的全直隶州的疆域则是东西相距75公里,南北93公里。(清)王赓廷修,邓际昌纂:《济宁州乡土志》卷1《疆域》。按照李继璋的计算,本州的面积是3150平方公里,而全州则是8065平方公里。李继璋:《济宁直隶州拟稿·疆域志上·州界》。
② (宋)乐史:《太平寰宇记》卷14《河南道十四》,王文楚等点校,北京:中华书局,2007年,第282页。清前期的叶圭绶认为:"亢父县故城在南五十三里。"(清)叶圭绶:《续山东考古录》,王汝涛、唐敏、丁余善点注,济南:山东文艺出版社,1997年,第658页。
③ (清)廖有恒修,杨通睿纂:《(康熙)济宁州志》卷1《疆舆志上》,第4b页。
④ (清)胡德琳、蓝应桂修,周永年、盛百二纂:《(乾隆)济宁直隶州志》卷22《宦迹下》,第22a页;(清)廖有恒修,杨通睿纂:《(康熙)济宁州志》卷1《疆舆志上》,第9b页;(明)易澄瀛、卢学礼修,于慎行纂:《(万历)兖州府志》卷17《兵戎志》,第13a页。关于明初济宁砖城始建的日期是洪武三年还是四年,地方志等文献的相关记载不尽一致。

"(城墙)高三丈八尺,顶阔二丈,基址宽四丈,方九里三十步。一面各二里九十七步五分。"①(图三)

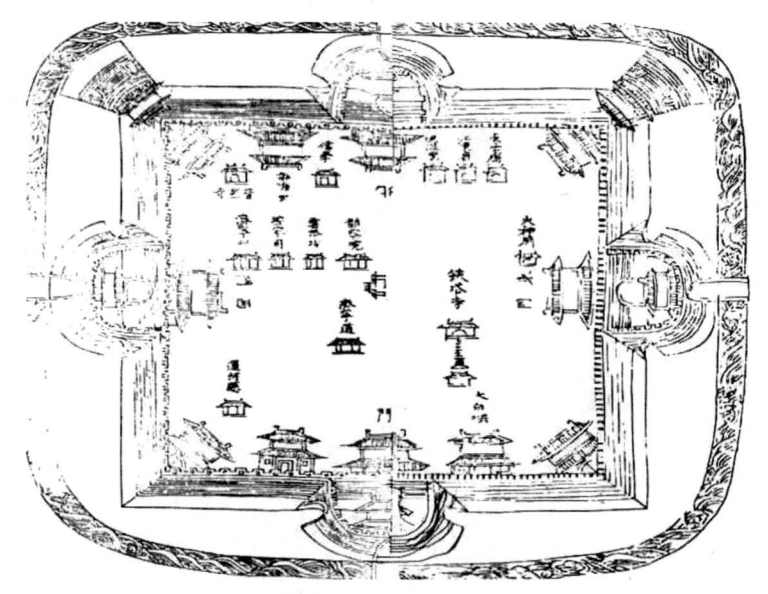

图三 济宁城图②

根据《(乾隆)济宁直隶州志》记载:南北、东西大道塑造了传统条格、方形的城市布局。③ 在之后几个世纪的风雨里,济宁城经历了数次拓展、毁坏、恢复、修缮、变更,但城市的空间布局在20世纪50年代初之前基本保持了原貌。(图四)

---

① (清)廖有恒修,杨通睿纂:《(康熙)济宁州志》卷1《疆舆志上》,第9b页。这个描述与嘉靖《山东省志》的记载相一致。(明)陆钺等纂修:《(嘉靖)山东通志》卷12《城池》,第12a页。
② 引自(清)廖有恒修,杨通睿纂《(康熙)济宁州志》卷前《图》。
③ (清)胡德琳、蓝应桂修,周永年、盛百二纂:《(乾隆)济宁直隶州志》卷22《宦迹下》,第22b页。

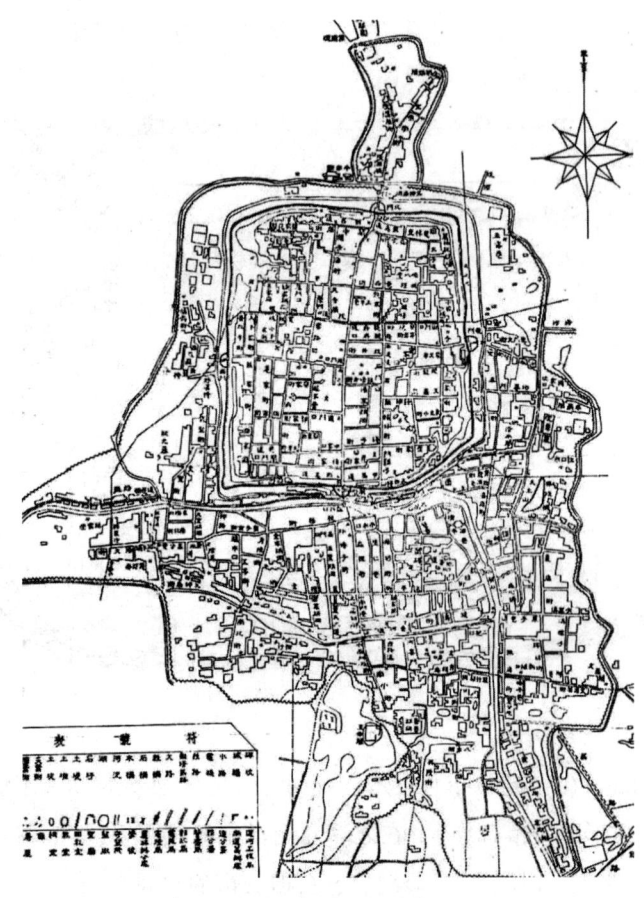

图四 济宁城厢图①

比较来看,《(嘉靖)山东通志》提到当时兖州城"砖城周围一十四里余,高五丈六尺,阔三丈六尺"②。兖州自古处在南北交通的

---

① 引自潘守廉修,唐烜、袁绍昂纂《(民国)济宁县志》卷首《济宁城厢图》,民国十六年(1927)铅印本。
② (明)陆釴等纂修:《(嘉靖)山东通志》卷12《城池》,第7a—7b页。

关键中间地段,一直具有特殊的军事和政治重要性,尽管在其辖区传统的农耕经济一直占统治地位。同时代的首府济南城在周长上胜于济宁,但城墙高度却不及。① 鉴于济宁的行政地位,其作为州或直隶州一级治所,城池规模是相当突出的。(图五)而且,如同明清时期作为治所的很多其他发达的工商城市一样,济宁城市空间的发展主要体现在城墙外市郊的扩张上,这将在后文讨论济宁城市化时触及。

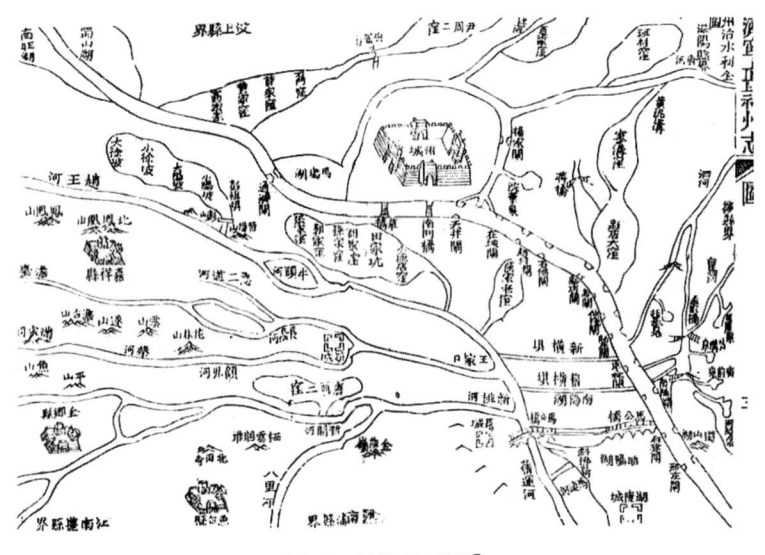

图五　州境里甲图②

---

① 同时代济南的城墙"周围十二里四十八丈,高三丈二尺"。(明)陆釴等纂修:《(嘉靖)山东通志》卷12《城池》,第1a页。
② 引自(清)徐宗幹修,许瀚等纂《(道光)济宁直隶州志》卷首《图》,咸丰九年(1859)刻本,第3b页。

济宁长期作为本地区建置中一个不容忽视的治所,其地位优势主要源于它在水陆交通线上的重要地理位置。明清文献中的许多议论强调它在黄河、淮河和长江流域之间的战略区位优势,如《(康熙)济宁州志》称:"高堑深隍、水陆交会、南北冲要之区。襟带汶、泗,控引江淮,漕运咽喉。河督建节宿兵于此。"①这段议论触及的是自然地理因素对构成济宁政治、军事地位的作用,其实济宁周围的重要建置治所如兖州、聊城等都具有类似的属性;而济宁在漕运上的显要地位则始自元朝时期,这与元中期至明中期地方生态环境在帝国战略政策干预下的变迁有着密切的联系。而这些新的变量正是后文所要探索的。

二、在地方生态体系中定位济宁

　　一个地方经济和社会的变迁,无外乎由自然的与人为的因素交互作用所致,尤其在近代工业革命之前,首先受它的生态系统所规范。如年鉴学派所言,自然界的变化通常是渐进的,所以具有内在同质性的空间界域在一定的时间单位内相对恒定。尽管如此,区域亦会因为自然本身和人为的因素而变动不居,时有突变的情况出现,特别是随着人力干预自然的强度的增大和偶然事件的发生。常量与变量、渐变与剧变因素都以不同的方式和烈度改变着人们生存和发展的条件,而这种条件,更多地带有马克思所说的

---

① (清)廖有恒修,杨通睿纂:《(康熙)济宁州志》卷1《疆舆志上》,第11b页。

"人化自然"(或"第二自然")性质。①

上述明之前成型的济宁区域发展形态,并不是单纯由人任意或随意塑造的,而是在区域自然环境以及区域外因素介入的背景下发生和发展的。历史上的济宁地区处在移动的黄、淮等河流穿过及蔓延的区域,而人工河道的出现增加了其自然环境的复杂性。

(一)济宁地区的地理条件

本书中"济宁地区"的界域,可以姑且概略地定义为济宁城和周围几个县的紧邻地带。处于黄淮平原和山东中南部山区之间,济宁地区是华北平原或施坚雅从地缘经济的视野所归纳的"华北大区"的东南一部。施坚雅基于1843、1893、1953年中国各地重要的经济和人口统计数据,将满洲(东北)之外传统的"中国本部"(China Proper)大致划分为八个各具自主整合性和自给自足的大区,每一个大区都有各自的内部有机结构和功能,自行运转;而这种大区内在整合性取决于其经济的独立性。② 尽管这些数据和分析来自传统社会开始发生裂变的近代中国民族国家兴起的转变时期,但他的范式对我们观察晚期帝制时代的中国也具有重要的参考作用。正如施坚雅模型所展示的,不少学者注意到了不同区域

---

① [德]马克思:《1844年经济学—哲学手稿》,刘丕坤译,北京:人民出版社,1979年,第42—57页。
② 关于施坚雅对"中国本部"的划分,参阅[美]施坚雅《十九世纪中国的地区城市化》,施坚雅主编:《中华帝国晚期的城市》,叶光庭、徐自立、王嗣均等译,北京:中华书局,2000年,第242—297页。

的自行运作,也看到了在特定区域内的市场体系对分散、孤立的地理障碍的克服。与一个近代国家的"民族市场"相比,中国开埠前的全国性市场体系虽然不成熟,但在晚期帝制时代已经或多或少地延展到全国各地。① 实际上,中国开埠后的经济在很大程度上受制于它之前的经济形态和性格,这是既有的跨区域交通通道和各地整合的网络所带来的持久影响和顽韧制约。

按照周锡瑞对施坚雅模型的解释,19世纪后期的华北大区,北以长城为界,西以太行山为界,南以淮河流域为界;其人口密度仅次于长江下游地区,但农村经济的商品化水平却是最低的。② 这种概括性的描述可以延伸到晚期帝制阶段。但在华北大区内,各个区域之间存在着显著的差异。同时,按照世界史上"近代"(modern)的通用标准衡量,中华帝国晚期相对孤立的区域可以一定程度上自行运转,而欧洲中世纪末期以来形成的民族国家则能够在政治上和经济上保护日渐增长的整合化市场系统,并有力地清除各地之间的闭障,进而改变它们经济、政治和文化状况。

由于大运河对其沿岸的根本影响,狭长的运河带可以被视为一个具有内部独立循环功能的社会经济系统。纵贯南北的大运河改变了当地的自然因素和环境,打通了沿运各地原来的区域范围,重塑了其经济、文化趋向和构成。受到运河的影响,运河带上的各个地方表现出一些共同的特点,但由于每个河段区域都受原属区

---

① 参阅彭慕兰对施坚雅模式的解释。[美]彭慕兰:《腹地的构建:华北内地的国家、社会和经济(1853—1937)》,马俊亚译,上海:上海人民出版社,2017年,第55—56页。
② [美]周锡瑞:《义和团运动的起源》,张俊义、王栋译,南京:江苏人民出版社,2005年,第3页。

第一章　济宁的历史记忆、生态环境与大运河

域自然和社会因素的制约,大运河沿线的各个地段之间也表现出了重大差异。特别是明清时期的华北平原,大运河把原本封闭落后、缺乏活力的"死潭"转变成了一池经济活络、文化活跃的"活水"。济宁地区是个很好的例子。本章所论仅限于济宁崛起时的自然禀赋,而非其充分城市化以后显著改变了的情形。

从历史上看,很难定义济宁地区的具体地理界域,这不仅是因为上述行政区划的变动不居,更重要的原因是黄河下游河道在江苏北部和山东境内的南北浮动。济宁的境遇与黄河的流动密切相关,这从清代各时期地方志中对诸多祭祀河神、龙王、大禹以及著名治水人物的祠庙的记载中可见端倪。彭慕兰使用"黄运"指称华北平原在山东西部的内陆地区,以揭示清末民初黄河肆虐和漕运败落造成的影响及各地的反应。① 在漕运正常进行的时期,北方运河带特别是在山东省内的部分是全国最重要的经济核心区之一,纵然山东西部不同的地区因为自然与社会环境的差异而表现出不尽一致的地方条件。彭慕兰注意到了北黄运与南黄运地区的区别;而济宁城及其近郊成为南黄运的市场、经济中心。② 尽管他的注意力集中在19世纪下半叶到20世纪上半叶,但这种区分在19世纪中叶之前的较长时段内依然适用。

周锡瑞在一个更广阔的视野下,认为山东南部的大部分地区由于在漕运和运河贸易的框架下具有经济上的南方取向,可被视

---

① [美]彭慕兰:《腹地的构建:华北内地的国家、社会和经济(1853—1937)》,第47—50页。
② [美]彭慕兰:《腹地的构建:华北内地的国家、社会和经济(1853—1937)》,第50—56页。

为长江下游地区的一个被动的边缘地区和腹地,而大运河沟通了华北与江南。这种说法有其合理性,但济宁及其近郊当属例外。明清时期富庶的济宁在山东西南部鹤立鸡群。实际上,周锡瑞已经注意到了济宁地区的一些特色,并且指其呈现出与长江下游地区的某些共通性,而不似山东及北方的大多数地区。同时,济宁因其常辖属于兖州府,而与兖州以及府内相近的县(并不局限于其法定属县)有着颇为紧密的联系。①

(二)济宁地区的自然生态特点

大济宁地区的地理范畴是由汶河(汶水)、泗河(泗水)、黄河下游分支和诸多自然水系及人工河道冲积而成的低洼平原。长期以来,黄河夹挟了高达25%的泥沙,淤积出了传统农业理想的肥沃土壤。由于其处在宽泛意义上的黄淮流域中的地势低平区,因而能从邻近地区汇集水源,这在普遍干燥的中国北方殊为难得。同时,该地区处于华北平原南部,相对温润的气候与丰沛的水资源使得它成为中国历史上最早的核心谷物生产区之一,支撑着向来稠密的人口,这与山东西部的其他地区相似。② 然而,因为季风气候特

---

① [美]周锡瑞:《义和团运动的起源》,第 4—5、11—12 页。
② 然而,由于土地在山东西部很早就被过度开发,高密度的人口十分贫穷。而济宁及其附近之所以相对富裕,是因为非农业活动的兴旺,特别是在明清时期——这正是本书所讨论的一个重点。

点,季节的转换和异常的降雨经常会引发自然灾害。① 正如地方志等文献所载自然灾害的编年史所示,最主要的灾害是水患,或者说交替的洪灾和旱灾。因此,当地相对丰裕的水资源在为水利和航运事业提供便利的同时,也是洪涝灾害的渊薮。

处在作为淮河支系的泗水的范围内,济宁地区的河渠湖塘网络自古就在地方生态体系中非常重要。两千年来,泗水和汶水这两条山东西部最大的区域水系从济宁城东部流过,强有力地制约了地方水利结构。② 整体上看,山东境内的大多数湖泊集中在西南部,济宁,特别是济宁以南,成为湖区的中心。然而,东西横穿于区域间的黄河在当地水文、水利系统中扮演着更为重要的角色,特别是在金章宗明昌五年(1194)阳武(今河南原阳)故堤决口,黄河主干河道南移,并与淮河水系交汇后。与黄河和淮河水系所在的其他地区一样,济宁地区需要确保农业生产稳定的有效治水系统,而

---

① 14世纪到19世纪末全球范围的小冰期导致该地区的气温下降了1—2摄氏度,与之相连的是温差的增加和年际之间的气候不规律,但湿度却没有变化。冷气候侵及更南的区域,还影响到水文。此外,许檀还援引竺可桢《中国近五千年来气候变迁的初步研究》一文,说明淮河在这期间结冰6次。在今天的济宁地区,年平均气温是13.5度,湿度是69%。关于气候对黄河水势的影响,参阅李欧娜的注释:"季风与热带飓风和地面海拔的变化一起决定了80%的年降雨量分布在夏、秋两季的六月和九月。"参阅许檀《明清时期山东商品经济的发展》,北京:中国社会科学出版社,1998年,第9页;邹逸麟、张修桂、满志敏等《黄淮海平原历史地理》,合肥:安徽教育出版社,1997年,第39—48页;竺可桢《中国近五千年来气候变迁的初步研究》,《考古学报》1972年第1期,第15—38页;济宁市市中区地方史志编纂委员会编《济宁市中区志》,济南:齐鲁书社,1999年,第79—81页;Jane Leonard, *Controlling from Afar: The Daoguang Emperor's Management of the Grand Canal Crisis, 1824—1826*, Ann Arbor: University of Michigan, 1996, p. 7.

② 济宁市水利志编纂委员会编:《济宁市水利志》,济宁:济宁新闻出版局,1997年,第42—43、61页。

晚期帝制时代的治水更与政府的漕运休戚相关。最值得瞩目的地方水利变化始自元代修建京杭大运河的基础设施。这些工程改变了地方水利系统,使得济宁成为大运河综合水利系统的一部分。① 维持大运河的挑战增加了当地已有难题的复杂性。夏季和初秋雨季中漫涨的洪水经常冲决黄河和运河堤坝。如韩书瑞所说,季节性降雨致使大运河和为其供水的河流的水位变化:"一段时期的暴雨会淹没平原,填满浅浅的河渠和小溪,泛滥于田中的积水无从排泄。"②有时洪流过后的积水会在田地里积留数月,从而造成土壤的盐碱化。③ 日常的运河维护和阶段性的水利工程,与黄河治水工作一起,对地方生活和经济的影响甚为关键。

---

① 当代济宁水利学者董玉勋将济宁水系的历史演变划分为三个阶段:(1)古代的泗水水系(周秦前至1289年);(2)近代的运河水系(1289—1959年);(3)当代的南四湖水系(1959—1990年)。1959年建成的梁济运河(梁山县境向东南、于济宁境内入南阳湖)结束了大运河在本地区的使用,于是"南四湖"(微山湖、昭阳湖、独山湖、南阳湖)成为当地主要的水系网络。董玉勋:《济宁水系的历史演变》,济宁市水利局、济宁市政协文史资料委员会编:《命脉》(济宁文史资料丛书之十二),1994年,第11—21页。
② [美]韩书瑞:《山东叛乱:1774年王伦起义》,刘平、唐雁超译,南京:江苏人民出版社,2008年,第21页。
③ 张含英认为,由于季节性的雨后积水现象严重,地下水的横向流动不畅,导致地下水位的抬升,进而蒸发,土壤中盐分逐渐累积,形成盐碱地;田冰、张云筝则是以明代为例,认为明政府为保证运河漕运的畅通,非理性地干预黄河的流向和治理,导致黄淮平原河道淤塞,排水不畅,渐趋造成盐碱化——其中以河南南部和山东西部尤为突出。参阅张含英《治河论丛续篇》,郑州:黄河水利出版社,2013年,第141页;田冰、张云筝《明代黄河决溢对黄淮平原经济发展的影响》,《中州学刊》2016年第12期,第107—110页。

(三)黄河、运河与济宁地区的环境问题

黄河从青藏高原的发源,蜿蜒五千余公里东流入海,但因为大多数河段不适于航行,所以无法滋养河上贸易。回溯历史,由于其下游河道的不断迁徙,黄河的入海口在渤海湾和黄海之间徘徊。季节性的集中降雨和下游干、支流的泥沙沉积等是导致其流域、河床和入海口不停变更的原因。从后汉到北宋时期,黄河的下游河道主要在华北平原北部。从建炎二年(1128)开始,南宋政府在东京(开封)地区引黄入泗,黄河下游便改道华北平原南部。[1] 黄河南泛入海,对今河南东部、山东西部、安徽北部、江苏北部地区来说是挥之不去的梦魇,[2]直到19世纪50年代初,黄河再度取道北部,

---

[1] Jane Leonard, *Controlling from Afar: The Daoguang Emperor's Management of the Grand Canal Crisis, 1824—1826*, p. 8.《黄河水利史述要》编写组:《黄河水利史述要》,郑州:黄河水利出版社,2003年,第222—223页。在这期间,黄河主干向东南蜿蜒在现在的河南北部与山东西南部之间,经过单县(在济宁西南)、砀山(安徽)、沛县,向宿迁(苏北),在淮安附近入淮河,并东向在江苏北部入黄海。(清)杨士骧等修,孙葆田等纂:《(宣统)山东通志》卷121《河防志第九》,民国四年(1915)铅印本,第6a—8b页。

[2] 参阅马俊亚《被牺牲的"局部":淮北社会生态变迁研究(1680—1949)》,北京:北京大学出版社,2011年,第55—119页; Ling Zhang, *The River, the Plain, and the State: An Environmental Drama in Northern Song China, 1048—1128*, Cambridge, UK: Cambridge University Press, 2016, pp. 248—279.

这种情况才得以改变。① (图六)

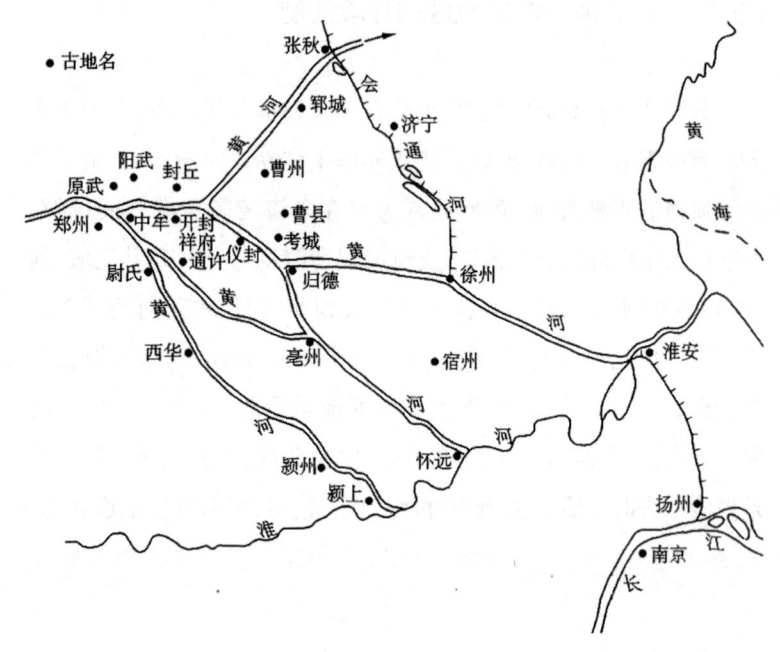

图六 弘治二年(1489)黄河主要流路示意图②

明清大多数时期,黄河时常泛滥,肆虐山东西南部。有时即便

---

① 1855年黄河在兰阳铜瓦厢(今兰考县)的决口,结束了黄河入淮并流入黄海的历史。对于黄河河道的北移,虽然在上层存在关于如何安置河道的争议,但政府最终放弃了将黄河引回淮河的企图。于是,新的河道形成并延续至今,尽管直到1875年河道才完全固定下来。《黄河水利史述要》编写组:《黄河水利史述要》,第375—386页;陈龙飞:《山东省经济地理》,北京:新华出版社,1992年,第136页。
② 引自《黄河水利史述要》编写组《黄河水利史述要》,第264页。

小的河流变化也会引发连锁反应。济宁地方文献记载了大量治黄事宜。① 而且,持续的泥沙淤积是一个严峻的问题,是洪患频仍的主要原因,因为黄河、淮河以及其他河流日渐淤高的河床愈来愈难以接纳水流。河床在很多地段高于地面后,河堤便需随之垒高,这增加了治水的难度。淤泥固然肥沃,但只有在低地的排水问题解决后才能发挥效力,而这依赖于需要投入巨大人力、物力的水利工程。面对这样的挑战,政府通过治水以降低河流的不稳定性并增加获得收益的机会。

元代重修大运河,裁弯取直,使南北一线的运河与东西走向的黄、淮等河流成十字交叉,给处理黄河事务带来了新的难题。济宁地方志中关于水患的记载很多都与黄河侵入大运河系统有关。在明代的多数时间,山东西部,尤其是西南部不得不长期应对黄河对运道的冲击。嘉靖九年(1530)的黄河决口使两条支流变成三条,将运河切断。② 徐州北至临清的运段频繁地受到黄河河水的冲击,而在明前中期徐州南到清河(今江苏淮阴)之间以黄河作为运道。③ 隆庆三年(1569),在建议修整运河的奏章中,工部尚书朱衡(1512—1584)强调:"防黄河即所以保运河。"④因为大运河在山东

---

① 以《(万历)兖州府志》记载为例,从汉到唐,黄河从府辖地区的北部经过。但从五代起,黄河取南道,经过府辖地区的南部,进而与淮河交汇,济宁地区从而受到影响。在明代的初期和中期,它继续稍向南移。然而,嘉靖八年(1529)的决口使得它进而南移,与济宁地区间隔较大,使得济宁城乡很少受到黄河洪水的直接波及。这也是济宁的境遇比山东西部其他地区处境较好的原因之一。(明)易澄瀛、卢学礼修,于慎行纂:《(万历)兖州府志》卷19《河渠志》,第26a—26b、31a页。
② 《黄河水利史述要》编写组:《黄河水利史述要》,第274—276页。
③ 《黄河水利史述要》编写组:《黄河水利史述要》,第295—296页。
④ (清)龙文彬:《明会要》卷76《方域六》,北京:中华书局,1956年,第1488页。

西部与黄河交汇,明政府对运河航运和黄河治水的关系十分重视,还提高了负责两项任务官员的品阶。① 济宁及邻近地区大多数的黄河治水工程的主要作用就是确保运河航运的畅通。

为了解决常常阻碍运河通畅的黄河泥沙淤积问题,从 1564 年至 1592 年,潘季驯(1521—1595)作为朝廷直接派遣的高官多次负责山东西部和江苏北部的水利工程。他施行了一系列治水工程和管理试验,包括窄化黄河河道,借助激流冲涤沙土和淤泥,即"束水攻沙",以黄治黄。② 根据济宁名士许鸿磐(1757—1837)的评述,这种方式取得了治水和保运的双重成功。③ 至清代,随着新的运河航道的建立,运河与黄河水系在 17 世纪末完成了最后分离。之后,黄、运治水和航运原本存在的诸多困难变得相对和缓,但基础设施的维护依然是一项艰巨的任务。

三、济宁地区与大运河水利设施

同中国东部的其他地方一样,流经济宁地区的自然河流大致是东西径向。而历史上连接它们的人工河道却大都是南北走向。特别是元代重修大运河,京杭一线南北贯通,极大地改变了沿线水文、地文自然条件,也给治水带来了空前的困难。

---

① 还可参阅冀朝鼎的观察。冀朝鼎:《中国历史上的基本经济区与水利事业的发展》,朱诗鳌译,北京:中国社会科学出版社,1981 年,第 62—64 页。
② (清)谷应泰:《明史纪事本末》卷 24《河漕转运》,北京:中华书局,1977 年,第 375—382 页;(清)龙文彬:《明会要》卷 76《方域六》,第 1488 页;姚汉源:《黄河水利史研究》,郑州:黄河水利出版社,2003 年,第 271 页。
③ (清)许鸿磐:《方舆考证》卷 4《总部四》,民国二十二年(1933)刻本,第 17b—18a 页。

（一）大运河的沿革轨迹

　　帝制晚期的京杭大运河代表了运河运输的最高发展水平,但人工水道的建设和应用在中国有着久长的历史。早在春秋时代,吴、越、楚等南方诸侯国就纷纷修筑运河,但帝国范围的运河系统是在隋朝出现的。隋唐阶段全国性的运河网络先后以关中平原和河南为中心。在一个中央集权的帝国内,全国运河系统的地理位置的移动往往意味着国家中心的转移。在北宋时期,发达的运河系统使得以河南为中心的中原成为主要的运输和贸易中心区域。在北宋倾覆至元朝建立之间的分裂时期,南宋统治下东南沿海的运河网络日臻完善,而北方则鲜有建树。[1]

　　京杭大运河从元代的崛起到明代部分河段的疏浚和改善,逐步分段建设,其建设主体集中在北部地区。至元十八年(1281),兵部尚书李奥鲁赤(李处巽)主持济州境内长达75公里的济州河工程,两年后水道由济宁通过东昌(聊城)抵至须城(东平)。[2] 从须城北至临清的250公里河段——会通河开凿于1289年(在之后的明清时期,从临清会通镇以南到徐州夏镇以北的山东段运河,都称会通河)。而大都(北京)南达通州的通惠河"首事于至元二十九年

---

[1] 关于隋至宋时期人工水道的情况,可参阅冀朝鼎《中国历史上的基本经济区与水利事业的发展》,第92—112页;史念海《中国的运河》,西安:陕西人民出版社,1988年,第148—267页。

[2] 相关史料参阅(清)陆耀《山东运河备览》卷1《沿革表》,第28a页;(明)宋濂等《元史》卷65《河渠二》,北京:中华书局,1976年,第1626—1627页。

61

之春,告成于三十年(1293)之秋"①,至此近1800公里的大运河成型。(图七)之后,一些地区的河段整修和改善工程旨在保障和提高运河运输的畅行。同时,随着运河在元代的重建,与运河平行、从大都到杭州的宽敞驿路也修筑而成。②

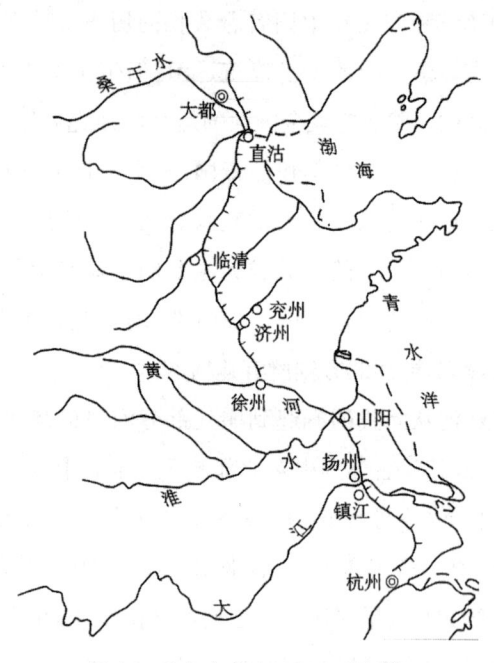

图七 元代南北大运河示意图③

---

① (明)宋濂等:《元史》卷64《河渠一》,第1608—1614页。另外,其深度为10到50米,宽度为50到150米。Frederick W. Mote, *Imperial China, 900—1800*, Cambridge, MA. and London, England: Harvard University Press, 1999, p. 647.
② Lyn Harrington, *The Grand Canal of China*, Chicago: Rand McNally & Company, 1967, p. 34.
③ 引自《黄河水利史述要》编写组《黄河水利史述要》,第250页。

中国历史上的治水工程在复杂的水利系统中往往具有经济功能。治水防洪是为了保护农业,而用以水利灌溉的水资源和作为庄稼肥料的淤泥储存也是重要的考量。[1] 同样,大运河同时服务于交通运输和农业灌溉,所以大运河重建和维持的工程大都围绕着这两重目的。尽管自然灾害或缓或急地侵蚀着既有的体系,但是大运河的多重功能还是减缓了气候给当地带来的不利影响。大运河持续的维护是必需的,除了日常的疏浚河道和应急性的堤坝修补,一些重建项目有时也十分必要。尽管元朝统治者在修筑运河上雄心勃勃,但在这方面却并没有贯彻始终,特别是在面对北方严重的贫水局面和黄河泥沙淤积问题时。元代的漕运量不大,每年至多为20万到30万石,其运河全线也只工作了45年。至正四年(1344),黄河河道南移,洪流冲涤了包括济宁在内的山东西部,从此运河交通瘫痪。[2] 由于维系河运运转的高额费用和复杂性,元朝政权主要依靠海路运送漕粮,[3]但运河不少河段的区域性交通功能并没有废弃,且这种持续性对后来运河的复兴起到积极的影响。

---

[1] 参阅冀朝鼎对这一问题的讨论。同时他特别指出,自远古以来灌溉还作为一种"施肥工具"而发挥作用。冀朝鼎:《中国历史上的基本经济区与水利事业的发展》,第18—23、43—64页。

[2] 参阅史念海《中国的运河》,第300页。至于元朝时期为何没有大规模启用运河,不少学者如吴琦认为,因为元代统治阶级的生活简单,没有庞大的军队驻扎在京畿地区,所以没有来自北方的压倒一切的粮食等消费品需求。吴琦:《漕运与中国社会》,武汉:华中师范大学出版社,1999年,第20—21页。

[3] 史念海:《中国的运河》,第289页;Hoshi Ayao, *The Ming Tribute Grain System*, trans. by Mark Elvin, Ann Arbor: University of Michigan, 1969, p. 4.

(二)明前期大运河的重建

  大运河在明清阶段成为帝国的生命线。明代游历中国的外国人大都对运河网络印象至深。弘治元年(1488),李氏朝鲜的官吏崔溥(1454—1504)因海难在中国滞留长达9个月,其间他从杭州乘船北上,历经了整个运河航程。在山东西部的河段,他记载了控制运河水位的复杂的水闸和水库网络,领略了临清和德州等运河商埠的繁荣。① 17世纪初来华的比利时籍耶稣会修士金尼阁(Nicholas Trigault,1577—1628)对连接起全国各地"河流和运河的网络"惊叹不已。② 而到了清代中后期,英国使节马戛尔尼(George Macartney)在1793年的回程中从天津沿运河南下杭州。他在日记里记下了所看到的运河挤满了漕船、商船、舢板运载货物和官、民旅客的热闹场景:"通过水路贯穿内陆的交通线不计其数",而"这些靠帆和桨驱动的船只航速可以达到每小时近两英里"。③ 他还观察到排水渠道使得低洼泽地变成优良的农田。④

  在元末战乱时期,黄河冲决毁坏了北方大部分运河设施。在

---

① [朝]崔溥:《漂海录——中国行记》,葛振家点注,北京:社会科学文献出版社,1992年,第13—14页。
② Nicholas Trigault, *The China That Was: China as Discovered by the Jesuits at the Close of the Sixteenth Century*, trans. by Louis Gallagher, Milwaukee: The Bruce Publishing Company, 1942, pp. 8—19, 132.
③ 转引自 Lyn Harrington, *The Grand Canal of China*, pp. 12, 43。
④ [英]乔治·马戛尔尼、约翰·巴罗:《马戛尔尼使团使华观感》,何高济、何毓宁译,北京:商务印书馆,2013年,第428页。

运河失修的情况下,明初政府同时使用海运和河运两种方式传输漕粮。① 不似具有扩张和冒险性格的元朝统治者,早期的明政府对出海、远洋活动兴趣日益减退。② 朱棣称帝后不久,决定将首都从南京北迁到北京——既是原元朝的首都,又是他的封地。于是,向北方运输粮食和物品迫在眉睫。大规模的运河和黄河水利工程多在明代完成,清代多是修补和提升既有的基础设施。清政府的主要例行任务是管理和维护运河系统,比如采取了日常疏浚与水闸置立等措施。

为了使大运河恢复活力,明政府积极地采取综合措施,兼顾大运河的运输和防洪职能。主要的水利工程大都集中在山东西部,尤其是济宁地区。其中,南旺综合水利工程是其枢纽所在。(图八)永乐皇帝在位(1403—1424)初期,有过多次重开运道的讨论和动议。永乐九年(1411),济宁州同知潘叔正上书奏请疏浚由于黄河洪水而淤积、堵塞、毁弃已久的会通河,这是运河北段的最关键部分。③ 由于契合朝廷的治水需求,奏章很快得到批准。次年,工

---

① 海运在1415年基本废弃,同时京杭一线的运河开始投入使用。(清)谷应泰:《明史纪事本末》卷24《河漕转运》,第375—382页。关于1371—1415年的漕粮海运情况,参阅 Hoshi Ayao, *The Ming Grain Tribute System*, pp. 6—10。
② 许多学者指出,郑和下西洋显示了帝国从事海洋航行的非凡能力,然而其目的、实质和结果反映了王朝的保守心态。例如,牟复礼(Frederick Mote)比较了郑和与发现新大陆的欧洲先驱者航行的不同,指出在中国这个航海活动的"稀罕"事件没有商业动机。Frederick W. Mote, *Imperial China, 900—1800*, pp. 616—617. 邓钢指出了郑和远洋的"军事"或"半军事"性质。Gang Deng, *Chinese Maritime Activities and Socioeconomic Development, c. 2100 B.C.—1900 A.D.*, Westport, Conn.: Greenwood Press, 1997, p. 10.
③ (清)谷应泰:《明史纪事本末》卷24《河漕转运》,第375—382页。

图八　南旺分水口①

部尚书宋礼(1358?—1422)被任命来负责这项任务。宋礼认识到交替发生的洪涝和缺水问题困扰着运河北段,便将注意力集中到济宁城以北25公里属于汶上县的南旺。虽然汶上在明、清两朝的大多数时期不是济宁州的直属县,但因它们处在同一运河段、属于同一利益共同体,济宁及其附近地区的人们自然地把南旺当成济宁的一部分。南旺因其在整个大运河线上居于最高点而被称为"水脊"。宋礼接受了熟谙当地风土的役吏("老人")白英关于堵截汶水、将水引入南旺新建水库的提议,构筑巨型水闸分水:一流南向,

---

① 引自山东省济宁市政协文史资料委员会编《济宁运河文化》,第6页。

一流北向。① 为此他征召了十六万劳力,历时二百余天完竣这一工程。② 从此,以南旺为界,大运河的水流经山东西部的低洼泽地,一则向北抵达北京,一则向南奔往江南。淤泥疏浚后,会通河在 1415 年投入使用。③（图九）同年,在郑和下西洋期间一度运行的漕粮海运终止。④ 济宁地方志收录了不少关于南旺工程的篇章记载。在济宁和南旺建有祭祀宋礼和白英的祠堂,碑刻上的颂词赞扬着他们为国家与地方福祉所做出的贡献。

(三)明清时期济宁地区的运河维护与黄河水利工程

在大运河北方段的日常运行中,关涉到维系运河的最主要事项是如何利用现有的水资源体系来保障稳定的水源。为了解决水荒问题,明、清政府在山东西部试用了多种措施,如"五水济运"、引黄济运、储水于湖等。⑤

所谓"五水济运",是指山东境内作为运河水源的五条水系:

---

① 南旺水段建立了 38 个水闸。关于工程技术方面的信息,详见(清)张廷玉等《明史》卷 153《列传第四十一》,北京:中华书局,1974 年,第 4203—4204 页;(清)龙文彬《明会要》卷 76《方域六》,第 1489 页。
② (清)陆耀:《山东运河备览》卷 1《沿革表》、卷 10《治迹》,第 28b 页、第 4b—5a 页;更多可参阅《济宁运河文化》一书中节选收录的白英家族的家谱。在南旺、济宁地区,他的祠堂通常与宋礼的祠堂相邻。山东省济宁市政协文史资料委员会编:《济宁运河文化》,北京:中国文史出版社,2000 年,第 205—208、438—440 页。
③ (清)胡德琳、蓝应桂修,周永年、盛百二纂:《(乾隆)济宁直隶州志》卷 7《建置一》,第 44a 页。
④ (明)陆釴等纂修:《(嘉靖)山东通志》卷 1《图考》,第 35b 页。
⑤ 董玉勋:《济宁老运河的形成与变迁》,济宁市水利局、济宁市政协文史资料委员会编:《命脉》(济宁文史资料丛书之十二),第 42—43 页。

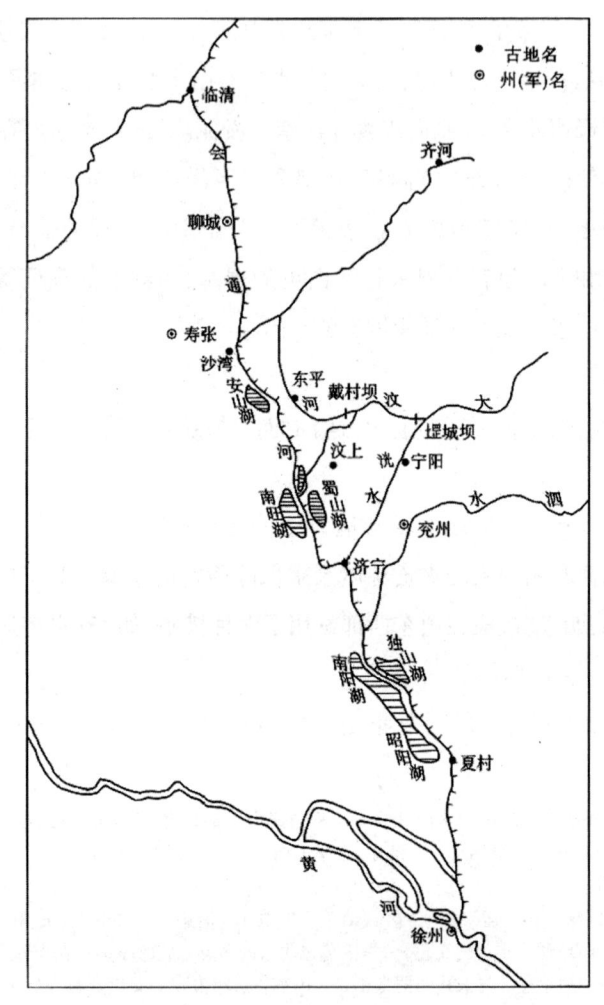

图九 会通河示意图①

---

① 引自《黄河水利史述要》编写组《黄河水利史述要》,第296页。

汶、泗、沂、洸、济。然而，正如《山东运河备览》所云："名虽有五，实则专借汶、泗"[1]，因为其他三条水流或较小，或其主干并没有直接注入运道。(图十)在济宁地区，这些河流为本区域的运河段提供了较为丰沛的水源。然而，与湿润的淮河下游和长江下游地区相比，山东及北方干燥、缺水的总态势仍使得运河的北方段十分脆弱。这也是该地区营建和维系水资源工程如此繁多的原因。

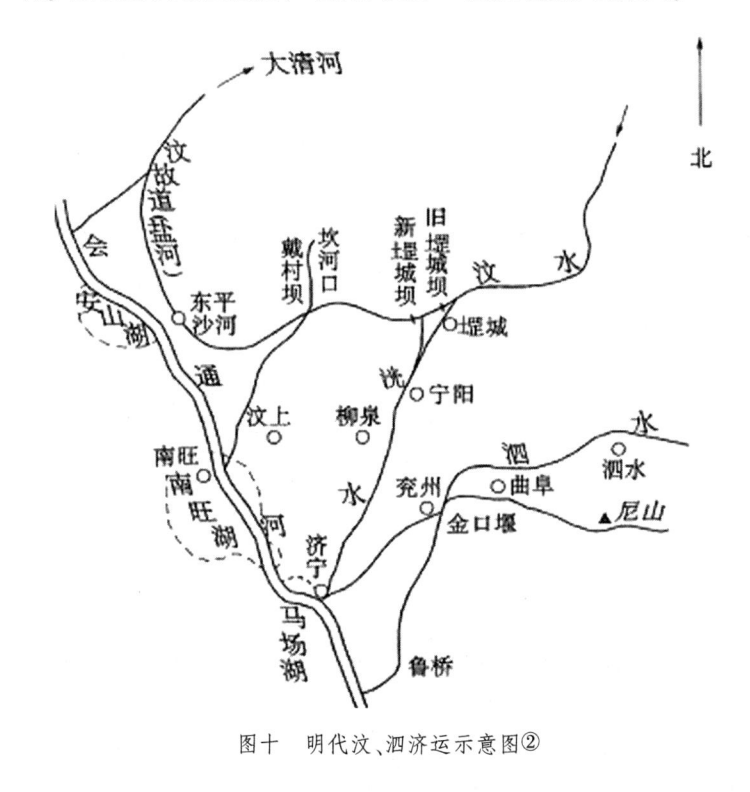

图十　明代汶、泗济运示意图[2]

---

[1] (明)陆耀：《山东运河备览》卷首《五水济运图》，第 16b—17a 页。
[2] 引自姚汉源《黄河水利史研究》，第 423 页。

解决此类困境的主要途径是挖掘地下水源和引导山泉。晚明济宁士大夫于若瀛(1583年进士)强调"涓涓之泉"在供应运河上的作用。① 在清初的一座碑文中,郑与侨写道:"泉之涓滴,皆军国命脉所关,故泉政益重。泉水灌输于漕则漕利,泉水汗漫于野则漕病,此济郡河渠利病之大较也。"②因此,为了管理泰安和兖州两府的山泉,明、清政府在重要的泉口处派驻"泉官",雇用众多的"泉夫"对泉水的运送和使用严加监督。③

为了应对水量的变化,人工水库和自然湖泊被改造为调节供运河之用水的"水柜"。在南旺水利工程的建造过程中,宋礼和白英筹划把邻近地区的湖泊改造成水柜,用堤坝和水闸调节储水。④ 鉴于这种方式具备有效的储水功能,明政府在山东西部持续地建立和修缮水柜。正如天启六年(1626)巡按直隶御史徐卿伯上疏所说:"运道所经,每各有河贮水以备旱涸,故民间呼为水柜,如汶上之南旺,蜀山马踏,东平之安山,济宁之马场,沛县之昭阳诸湖是也。"⑤水柜要求设计周全、位置恰当的水渠在雨季储水,从而可以按计划注入运道或用于农业灌溉。运河的山东段由于较之其在淮河下游和长江下游的部分地势要高,所以拥有密集的水闸,也因之被称为"闸河"。在济宁本州直辖的38公里运河段上有十座水

---

① (明)于若瀛:《弗告堂集》卷20《泉河史序》,明万历刻本,山东省图书馆藏,第11b页。
② (明)郑与侨:《济宁城东南张家桥筑堤建庙碑记》,载(清)廖有恒修,杨通睿纂《(康熙)济宁州志》卷8《艺文志上》,第51a—51b页。
③ (清)陆耀:《山东运河备览》卷8《泉河厅诸泉》,第1a—1b页。
④ (清)张廷玉等:《明史》卷85《河渠三》,第2080—2081页。
⑤ 《明熹宗实录》卷72,天启六年六月丙戌,台北:"中研院"历史语言研究所校印本,1966—1968年,第3493页。

闸,这些水闸用坚硬的厚木或石头制成,用来接收毗邻水道的注水,储拦水源,以管控人工或自然水流的进出,从而增高或降低水位,以达到预定的高度。正是借助水闸,专业人员设计出沿黄河河道和其他河、运连接口处的复杂排水和水利网络,用以提水来调节运河的水量和速度。① 这便是明清政府频繁地修缮排水沟渠和水闸的缘由。

周期性对淤积的河床进行疏浚是山东西部沿运各府、州、县的一项例行任务。为了解决淤泥难题,政府不断地组织人力挖掘、移走淤泥,即"挑河"。这项任务成为运河维系议程上的重要部分,而且是每年例行的关键议程。在明代,一般是从山东及河南的运河地区征调劳力,这些地区因而可以减免一定的赋税。② 因为其在运

---

① 在运河与其他水道(包括泉河)、湖泊交接的地方,这种网络也取得相似的功用。这些水闸和储水洼地在交接位置通过增加或减少水流量来维系适合航运的水位。同时,还有另外一种服务于运河航运的水闸。一位到北京的波斯使节注意到使用移动厚木块的水坝,对大运河机械技术大为惊异:"当船只到达水闸时,不管大小,它们被机器装置吊起,然后在另一端回到水道。"所引资料来自 Lyn Harrington, *The Grand Canal of China*, pp. 36—44;[美]黄仁宇《明代的漕运》,张皓、张升译,北京:新星出版社,2005 年,第 22—23 页。此外,马戛尔尼使团访华时,同样观察到:"运河高度的调节是由在一定间距设置的水闸实现,视情况所需,将水面提高或降低几英尺";而且"在这些渠道里航行的船只,必须用竖立的绞盘把它从水面升高,没有绞盘就几乎不可能把装载货物的大船从一段运河送入另一段"。[英]乔治·马戛尔尼、约翰·巴罗:《马戛尔尼使团使华观感》,第 319、418 页。
② 参阅景泰六年(1455),在景泰皇帝敕令下,相关阁臣关于征发山东、河南军、民力役筹划"挑河"的议论。《明英宗实录》卷 251,景泰六年三月己巳,第 5436 页。

河线上的关键位置,这项工作对于包括南旺在内的济宁地区尤为重要。① 水利专家还指导农民加深沟渠以便更快地将积水排走。在清代,各级政府视"挑河"和其他水利工程为解决大众生计的一种方式。雍正四年(1726),雍正帝在批准山东巡抚陈世倌奏请的上谕中提到"兴工疏浚",可"令乏食小民得力役之资,为糊口之计"。②

在明清多数时期,因为政府的投入和管理,运河得以正常运行。(图十一)而运河的运行增加了地方自然环境的复杂性,加剧了生态系统的不稳定性。但也正是因为政府持续有力的投入,地方拥有更多的资源去应对生态上的困难。这种由于水利工程所导致的中国北方自然生态的变更,影响了地方经济的活动节奏和形态以及地方社会的性格和特质。于是,济宁地区人民的经济行为、日常生活及其命运便紧紧地捆绑在运河上了。

---

① 例如,成化七年(1471),总督漕运兼巡抚淮扬等处右副都御史陈濂在奏稿中提到:"运河一带,济宁居中。而南北分流,久不疏浚,蓄水不多。"《明宪宗实录》卷87,成化七年正月甲申,第1688页。正德十四年(1519),南旺段运河淤塞达40公里。《明武宗实录》卷170,正德十四年正月乙巳,第3284页。按照《山东运河备览》,依清制,常规性的"挑河"每年都安排,大规模的"挑河"隔年一次,但在特殊情况下每三年或四年一次。(清)杨士骧等修,孙葆田等纂:《(宣统)山东通志》卷首《列圣训典三》,第26b页;(清)陆耀:《山东运河备览》卷12《名论下》,第21a—23b页。在清中期一次大的"挑河"工程中,6000多名役夫被征召,花费达60 000两银子。(清)陆耀:《山东运河备览》卷9《挑河事宜》,第1a页。
② (清)杨士骧等修,孙葆田等纂:《(宣统)山东通志》卷首《列圣训典一》,第18b页。清代皇帝对山东官吏的众多诏谕反映了疏浚工程的频繁。如乾隆二年(1737),乾隆皇帝了解到山东地区的严重干旱使得漕船无法在运河航行,于是敕令紧急疏浚。(清)杨士骧等修,孙葆田等纂:《(宣统)山东通志》卷首《列圣训典二》,第3a页。

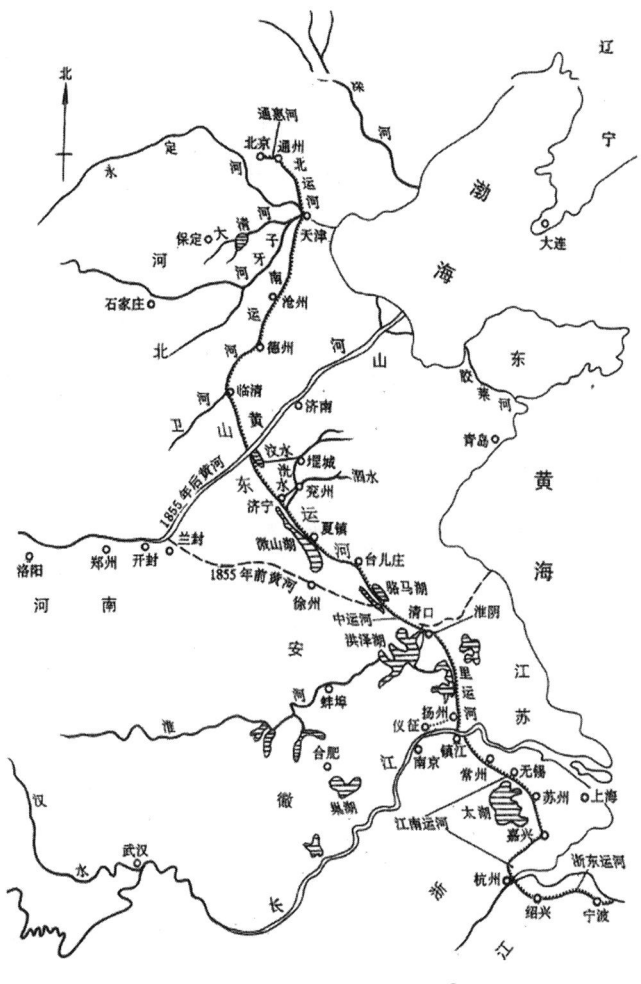

第一章 济宁的历史记忆、生态环境与大运河

图十一 京杭大运河示意图①

---

① 引自邹逸麟《舟楫往来通南北——中国大运河》,南京:江苏凤凰科学技术出版社,2018年,第38页。

可见,一个地方的特性不仅依赖于自然因素,还依赖于地方文化条件制约的社会因素。沿袭文化传承的人类,为生存和发展需要不断地改造环境,也相应地改变着自身的文化传统。

以上分别从历史遗产和生态环境的角度分析了济宁崛起之初的地方性因素。这些因素并非处于概念化中的静态,而是在明清时期乃至以后的地方历史发展中持续、动态地发挥着作用,其角色的分量是在与其他新出现的自然与社会因素的互动关系中体现的,因此其地方特性并非静止不变。这牵扯到变动着的自然环境与人群社会的复杂关系,而大运河本身就是自然与人或者社会交互影响的一个体现。明清时期济宁的故事便紧紧围绕着大运河而展开,也是自然与处在各种群落、机构和社会结构中的人们相互作用的故事。

第二章　大运河所驱动的济宁商业化与城市化

以漕运为主的运河运输带动了原本长期落后的华北沿运河带市场的繁荣、经济的增长、城市化的发展。本章的中心任务,也即全书的核心部分之一,是具体考察坐落在京杭运河中枢位置的济宁如何成为重要的运河都市。

与基于本区域内自下而上商品化生产增长和市场递次扩张、上升的江南模式不同,包括济宁在内的北方运河地区的经济商品化及人口变动主要是交通条件的改善所带来的跨区域贸易引发的。这种受到国家政策左右的"植入型"城市化道路对城市形态、性质及其所在区域的市场体系、经济结构产生了决定性规范作用。

以济宁为代表的一些北方运河城市具有与江南城市相似的经济结构及人口和社会构成,在区域生产和交换环节及贸易取向上发挥着中心作用;而与江南不同的是,它们对以运河为载体的跨区域运输、贸易的过度依赖导致了城市经济、区域市场体系的不完整性和脆性——这从根本上说是由帝国的政治体制和战略部署所决定的。因此,对济宁以及其他北方城市和城镇的把握还应该放进全国范围的经济联系网络中去。

值得注意的是,漕运系国家主导,但具体的运输等操作过程远非官方所能完全控制,运河上的运输、贸易等活动也并非都具有官方性质,其很大的推动力来自沿线的地方势力——包括作为本书主要研究对象的士绅及富商等地方精英,他们在塑造济宁经济发展和城市生活中起着重要作用。相应地,地方经济的繁荣为后文所描述的以精英能动性为标志的地方文化认同和城市性的构建乃至地方社会的成长创造了条件。

一、欧洲城市模式与城市化标准

导论所梳理的马克思、韦伯等关于中国城市定性论断的参照标准脱胎于中世纪末期的欧洲城市。这些不尽一致的经典理论的一个共同点是把城市化理解为现代化的核心,因为关于资本主义滥觞的假说都把城市作为诞生新生事物并带动起整个社会进步的温床。如鲍德威(David Buck)对这种城市工业模式的归纳,城市化理所当然地意味着具备深刻的劳动和职业分工的工业化社会,含有职业化的金融、分配和充满活力的市场体系。[1]

依据进化史观下中世纪末期和近代早期欧洲社会发展的经历,一个城市首先是交易中心、生产场所和消费中心。它还可以是军事要塞和行政处所。这种欧洲历史上的贸易中心,可以从小的

---

[1] [美]鲍德威:《中国的城市变迁:1890—1949年山东济南的政治与发展》,第1—4页。

定期集市到拥有众多店铺的市场中心。在市场动力的驱使下,工商业者迁入与迁出,使得城市成为社会和地理意义上变动不居的中心地。在这些新中心里,至少按照关于社会历史演变的欧洲模式,一切"现代"事物——资本主义、科学革命、工业化——出现了。

马克斯·韦伯认为,单一的经济因素不足以解释城市的产生和成长。他把具有"自治"色彩的"共同体"(commune)这个基本概念发展成了城市形成的理论体系。① 在他看来,"城市共同体"(urban community)作为一个总体趋势只在欧洲自发地出现。他写道:"要发展成一个城市共同体,聚落至少得具有较强的工商业性格,而且还得有下列的特征:(1)防御设施;(2)市场;(3)自己的法庭以及至少部分的自己的法律;(4)团体的性格及与此相关的;(5)至少得有部分的自律性与自主性。"②在他看来,与欧洲不同,传统中国社会缺少"真正"的"城市市民阶层"(urban citizenry,这里的"市民"等同于"公民")和城市共同体;中国的城市仅仅作为"要塞及皇权代理人的治所"。③ 其论述是建立在中国城市作为帝国政治中心的西方经典论述之上的。

在欧洲式城市社会构成中,城市"自治"意味着"现代"(或韦伯术语"理性")法律与政治组织成型,一个强有力的中产阶级或资产阶级形成。在意识形态上,个体自由、自治(autonomy)或自主治

---

① 罗威廉通过对城市共同体研究的学术史回顾,认为亨利·皮雷纳《中世纪城市:其起源与贸易复兴》一书,对于共同体的阐释具有深广的历史意义。[美]罗威廉:《汉口:一个中国城市的商业和社会(1796—1889)》,第 1 页。
② [德]马克斯·韦伯:《非正当性的支配——城市的类型学》,康乐、简惠美译,桂林:广西师范大学出版社,2005 年,第 23 页。
③ [德]马克斯·韦伯:《非正当性的支配——城市的类型学》,第 27 页。

理(self-governance)是主要概念,并为政治提供了原则。① 这些话语体系是现代资本主义城市模式的核心。

基于欧洲经验,保罗·霍恩伯格(Paul Hohenberg)和林恩·霍伦·利斯(Lynn Hollen Lees)指出:"城市的发展不是各部分简单的相加,而是形成了各部分相互作用的网络。若要有效地研究城市,就必须研究城市化。"②而城市化关涉的不仅是单个的城市空间,也是一个区域系统。他们认为,城市研究需致力于三大主题:城市起源;发生在城市中的各种活动;对城市生活之社会效应的认识。③ 同样地,大卫·哈维(David Harvey)把城市视为"可以考察空间结构、社会组织和政治意识的产生的几个空间级别之一;其他级别的还有区域、民族国家、权力联盟体"④。

以上关于城市史的观念和论述是以西方历史经验为原型的理论概括。鉴于人类社会历史上城市形态的多样性,近现代欧洲城市模型显然无法囊括世界历史上的全部城市内容。但关于城市形态与城市化的"欧洲/西方范式",具有一定程度的普遍适用性,而且既有研究已经证明其可以作为分析、比较、评判各种其他历史经

---

① 参阅罗威廉对奠立早期资本主义基础的欧洲中世纪城市的经典理论的梳理。[美]罗威廉:《汉口:一个中国城市的商业和社会(1796—1889)》,第1—4页。
② [美]保罗·霍恩伯格、林恩·霍伦·利斯:《都市欧洲的形成:1000—1994年》,阮岳湘译,北京:商务印书馆,2009年,第8页。
③ [美]保罗·霍恩伯格、林恩·霍伦·利斯:《都市欧洲的形成:1000—1994年》,第8—9页。
④ David Harvey, *Consciousness and the Urban Experience*, Baltimore: The Johns Hopkins University Press, 1985, p. 6. 尽管大卫·哈维是在马克思关于工业资本主义现代化的论述上看待城市化的,他的相关分析也可适用于前工业时代的城市,以之探讨其城市化的程度和城市形式的特色。

验的起点、标准和参照系,特别是对我们理解中华帝国晚期经历了深刻的商品化和城市化过程的地区而言。

对城市模式和城市化程度的探析,有助于我们把握社会整体性发展的趋向和程度。但就本章而言,主要考稽济宁的经济与人口类型及其跨区域联系;城市文化的、社会的、政治的成分和方面,将在后面篇章中次第铺开。

二、明清时期的北方运河区域

济宁在明清时期作为经济繁荣的运河城市取得了全国范围内的重要地位。这条承担漕运的南北大动脉不断改变着沿线生态环境和自然结构,进而在与地方性人为因素的互动中重塑了各地的经济结构和市场趋向。一个重要的结果是促进了城市化过程。原来封闭、贫瘠、落后的山东西部,沿着运河一线变成了生机盎然的商业化和城市化发达的地区。

(一)明初重修大运河之前的济宁及山东西部

如同华北平原的一般情形,山东省的辖地在历史上长期作为传统的农业区。从春秋战国到中唐阶段,处在华北平原上的山东西部地区曾是中国重要的经济区。① 中唐以降,尤其是北宋以来频仍的战争和动乱将济宁以及更大范围的华北平原的大部分地区变成了经济上无足轻重的地区,与之相对应的是长江中下游地区新经济重心的兴起。但是,元朝时期京杭大运河的出现开启了华北平原沿运地带生态系统的巨大变迁和一系列经济和社会变革。在济宁地区,"元至元十七年(1280)置汶泗都漕运使。二十年自任城开河至东阿三百余里,立都漕运司于鲁桥。二十二年二月乙巳增济州漕舟三千艘,役夫万二千人……二十六年……立会通汶泗提举司专职河渠"②。其后,虽然管理机构随着漕运的起伏、兴衰而时有变更,但济宁地区在元朝的漕运时代始终作为北方运河段的一个重要枢纽和区域水利管理重地,带动了该地区经济与生活的变化和发展。③

马可波罗(Marco Polo,1254—1324)在他宣称的1275—1291年的中国旅行期间,多次描写运河设施的一些惊人景象。他笔下的一个称为Singui-matu的城市(有学者认为指济宁)和其所在的水网,勾勒出了13世纪末期这个北方运河城市的运输和商业形象:

---

① 从春秋、战国一直到明朝初期,山东西部地区尽管传统型农业一向发达,但商业、商品经济落后于东部地区。参阅孙祚民主编《山东通史》,济南:山东人民出版社,1992年,第62页;孙竞昊《商品经济与齐鲁文化散论——兼谈俗文化研究》,《管子学刊》1995年第2期,第47—49页。
② (清)胡德琳、蓝应桂修,周永年、盛百二纂:《(乾隆)济宁直隶州志》卷1《纪年》,第9b—10a页。
③ 在元末全国路的建制单位中,任城所属的济宁路的商税年额以12 403余锭位居第四。参阅王守中、郭大松《近代山东城市变迁史》,济南:山东教育出版社,2001年,第29页。

……颇富丽,工商茂盛。居民是偶像教徒,为大汗臣民,使用纸币。有一河流,彼等因获大利,兹请言其故。

此河来自南方,流至此新州马头城,城民析此河流为二,半东流,半西流,使其一注蛮子之地,一注契丹之地。此城船舶之众,未闻未见者,绝不信其有之,此种船舶运载货物往契丹、蛮子之地,运载之多,竟至不可思议,及其归也,载货而来,由是此二河流来往货物之众可以惊人。①

尽管大运河在当时尚未完全竣工,运河的许多河段却使用已久。② 诚然《马可波罗行纪》不足为可靠史料,但运河的使用无疑带动了沿岸经济生活的活跃局面。然而,限于元代漕运的较小规模、短暂和不稳定,济宁作为一个运河城市没有表现出充分而持久的重要性。运河运输和贸易在元末战火中败落,运河基础设施被破坏殆尽。从生产和赋税的角度看,济宁地区的经济到15世纪晚期才恢复到中唐时的水平。③ 但这一变化并不简单意味着传统农业生产能力的恢复,而应归诸于明政府重修大运河所引导的商品化和城市化。

---

① [法]沙海昂注:《马可波罗行纪》,冯承钧译,北京:商务印书馆,2012年,第292页。
② 如魏根深(Endymion Wilkinson)在景甦和罗仑专著《清代山东经营地主底社会性质》英文版中的一个注释所示,大运河早在13世纪就已经从南向北延伸到济宁地段;而马可波罗书中指谓的两条河似为汶水和泗水。Jing Su and Luo Lun, *Landlord and Labor in Late Imperial China: Case Studies from Shandong*, trans. by Endymion Wilkinson, Cambridge: Harvard University Press, 1978, p. 267.
③ 孙祚民主编:《山东通史》,第338—339页。

(二)明清漕运和运河贸易及其对北方沿运地区的影响

京杭大运河自明初重修全线贯通后就成为明清时期帝国的生命线。大运河被称为"漕河",凸显了漕粮是最重要的运输物品。在漕运正常的时期,每年运道上的"官运"漕船和"民运"或"商运"船只络绎不绝。春季漕船北上。1599 年夏,耶稣会士利玛窦(Matteo Ricci,1552—1610)在沿运河赴北京途中,亲睹了向北行驶的漕船。他写道:"每年南方各省要向皇帝运送各种在贫瘠的北京为生活舒适所缺少或需要的物品:水果、鱼、米,做衣服用的丝绸和六百种其他物品,这一切东西都必须在规定的日期运到,否则受雇运输的人将受重罚。"①秋天漕船开始南返。至于长途和短途的私人贸易运输,只要运河段不结冰,多畅行无阻。

明初,来自北京和北方边疆的波动需求,决定了漕粮运输量的不固定,有时高达 700 万石。自成化八年(1472)以来,400 万石的量额作为定制一直持续到清末。② 因为 400 万石仅够满足首都和北方边疆的年需求,难以减免,所以朝廷经常拒绝地方上挪用漕粮的动议。弘治六年(1493),户部否决了都察院左都御史白昂奏请

---

① [意]利玛窦、[比]金尼阁:《利玛窦中国札记》,何高济、王遵仲、李申译,北京:中华书局,2010 年,第 326 页。
② 《明史·食货三》的"漕运"一节对明代漕运包括定额的制定过程有详细的记录和解释。(清)张廷玉等:《明史》卷 79《食货三》,第 1915—1924 页。又见李文治、江太新对这一问题相关史料的梳理。李文治、江太新:《清代漕运》,北京:中华书局,1995 年,第 11—12 页。

截留北运漕粮在山东赈济的要求。① 可见,虽然地方拖欠漕粮的情形时常发生,但政府依然竭力完成漕粮北运的基本任务。万历元年(1573),督漕御史张宪翔奏:"今岁漕粮四百万石,除灾例准改及山东、河南、徐州例不过淮洪,并留常盈仓外,实该过洪粮三百一十万一千九百五石一斗,共船八千五百二十六只。以正月九日起至四月十日,悉数过洪,粮既全运且无闻,较之上年过洪尤早,因归功河漕诸臣焉。"② 万历四年(1576),总督漕运侍郎吴桂芳奏:"应运漕粮四百万石,内除改折截留,并山东、河南、徐州例不过淮外,实该过淮粮二百八十二万八千五百七十五石九斗九升一合。"③ 但法内的额外征收和法外的追加征收迫使漕船大大地增加了装载的粮食量。④ 明中期以来,一些额外和暂时性的漕粮征收变成了常规的耗米加征,"正耗"之外还有名目繁多的附加费用。⑤ 所以,相当分量的漕粮并没有输送到京师的粮仓,其中可观的一部分加入了法外的商品粮食流通。

按明制,漕船大约有 12 000 艘,船身长度在 27—30 米,每船运丁为 10—12 人,在全国大约有超过 120 000 人。至清代,"康熙以前全国漕船凡 14 505 只,雍正以后逐渐减少。雍正四年(1726)为 6406 只,乾隆十八年(1753)为 6969 只,嘉庆十七年(1812)为 6384

---

① 《明孝宗实录》卷 75,弘治六年五月乙酉,第 1433 页。
② 《明神宗实录》卷 12,万历元年四月丙子,第 408—409 页。
③ 《明神宗实录》卷 48,万历四年三月己酉,第 1102 页。
④ 李文治、江太新:《清代漕运》,第 12—17 页;Harold C. Hinton, *The Grain Tribute System of China, 1845—1911*, Cambridge: Harvard University Press, 1970, p. 7.
⑤ 梁方仲:《中国历代户口、田地、田赋统计》,北京:中华书局,2008 年,第 693—694 页。

只,道光十九年(1839)为 6326 只,咸丰元年(1851)为 6296 只"。① 这是因为漕粮由于田亩荒废、田赋征银化而减少,而船只如若破旧则只淘汰不增加。这样的态势到 19 世纪中叶漕运因太平天国战乱中断,并进一步恶化。取而代之的是清政府从效率着眼,不断增加雇佣商船的比例,这在客观上也鼓励了商运的成长。除了船上的运丁,在各个码头、闸口上的拖夫、纤夫也涉入商品经济的活动。

大多数漕船由两个能容纳 2000 石粮食的船舱组成。依清廷规定,每船运载漕粮的限度为 500 石,而且使用期最长不超过 10 年。② 但是李欧娜的研究显示,漕船很少装载超过 300 至 400 石的漕粮,更多的空间被用于装载运丁的私货,即"随船土宜"。③ 从明中期开始,政府公开允许运丁装运私货免税出售。成化时期,每船准带土宜 10 石,嘉靖末放宽到 40 石,万历朝增到 60 石,直至清代道光年间的 180 石。④ 嘉庆皇帝在嘉庆二十二年(1817)末的一道诏令中严令当地官员惩罚运载私货超过 150 石的运丁。⑤ 但这个现象屡禁不止。定额被突破、运丁不停地在沿运码头装卸超载的违禁货物成为公开的秘密。道光十九年(1839),御史寻步月奏称,

---

① 李文治、江太新:《清代漕运》,第 195—201 页。
② 吴琦:《漕运与中国社会》,第 23 页。
③ Jane Leonard, *Controlling from Afar: The Daoguang Emperor's Management of the Grand Canal Crisis, 1824—1826*, pp. 102—103.
④ 李文治、江太新:《清代漕运》,第 482—483 页。
⑤ 嘉庆二十二年冬的一道谕令中讲道:"各帮船应带土宜,如数在一百五十石以内者,照例放行。其有逾额多带者,查明严行惩办。"《清仁宗实录》卷 334,嘉庆二十二年九月庚午,《清实录》第 32 册,北京:中华书局,1985—1987 年影印本,第 413 页。

一些船上装运的私货高达七八百石。① 现代研究证实了船员从私货交易中获取利润,以支撑他们应付法内和法外的负荷。② 总的趋势是私货的比例在不断增加,这同样体现在承担漕粮和其他物品的民运或商运船载私货比重的增加上。

北上航行运载的货物自然以粮食(稻米)为主,辅以宫廷和贵胄所需的贵重物品。瓷器、丝绸、棉布、药品、纸张、茶叶也是京畿居民的重要消费品。这些物品主要是来自经济发达的南方。秋天南返的船只主要运载的是农林产品和原料,如水果、豆、棉花、皮毛、蜡、盐等,用于商业循环。不管是法内还是法外的产品,皆沿河一路贩卖,牵动着两岸的市场,这对原本商品化程度较低的山东的影响特别大,使运河带的经济活力越来越依赖于运河所带动起来的贸易活动。

在运河两岸的市场上,漕船运丁深深卷入法外的粮食走私。康熙四十一年(1702),鉴于运丁售卖行月粮米"于民生不无益",朝廷规定漕船"抵通起卸后所余行月等米听其沿途买卖"。③ 这个政策一直延续了下去。乾隆四十七年(1782)规定为:"向来南粮余米俱准在通变卖,以资日用。现在各省粮艘陆续抵通,旗丁于兑足正供之外,其所有多余米石情愿出售者,仍著加恩,准其就近于通州

---

① 《清宣宗实录》卷326,道光十九年九月辛亥,《清实录》第37册,第1124页。
② 日本学者星斌夫估计私货的装载量占一条漕船的10%—15%。即便这种估计颇为保守,他也认为私货交易是漕运制度得以维持的一个原因。Hoshi Ayao, *The Ming Grain Tribute System*, pp. 45—46.
③ (清)杨锡绂:《漕运则例纂》卷16《通漕禁令·侵盗折干》,《四库未收书辑刊》第1辑第23册,北京:北京出版社,2000年,第637页。

粜卖,于市价民食均有裨益。"①因为运丁被允许沿路售卖粮食以支付归途所需费用,于是他们冒险大规模地插身于粮食流通,牵动了粮价的波动。康熙中期,朝廷一度禁止运丁走私粮食,以致在运河北部地区引起米价暴涨,可见走私规模之大。②

运丁法内、法外的交易活动与粮商的南北长途贸易掺杂在一起。关于私人粮商借由运河进行长途贩运的活动,文献记述丰富。正如《清实录》载:"向来南省各项商贾货船,运京售卖俱由运河经行。"③彼时的运河是一条沟通南北商货的重要渠道。④

运河上贩运的另一大宗物品是盐。盐本属政府垄断,在其严格的管控中由持盐引的商人销售。但因为厚利,盐的走私实际在历史上一直存在,明清时期更是猖獗。明、清政府明令禁止南返的漕船携带盐,但禁令形同虚设。清乾隆时期的许多史料显示,地方官吏伙同盐商和运丁从跨区域走私中谋利。据嘉庆上谕,贩运私盐,"各帮皆然,而江广帮为尤甚。计其所带私盐多至十余万引"⑤。嘉庆十五年(1810),嘉庆皇帝在给内阁的一道谕令中,对漕船南返中出现"官盐之滥售"忧心忡忡,他强调:"各镇于帮船回空之际,实力巡查……如有例外多带盐斤,一面饬令军船归次受

---

① (清)清高宗敕撰:《清朝通志》卷94《食货略十四·漕运》,上海:商务印书馆,1935年,第7298页。
② 李文治、江太新:《清代漕运》,第489页。
③ 《清高宗实录》卷1453,乾隆五十九年五月辛亥,《清实录》第27册,第370页。
④ 李文治、江太新:《清代漕运》,第490页。
⑤ 李文治、江太新:《清代漕运》,第488—489页;《清仁宗实录》卷231,嘉庆十五年六月甲辰,《清实录》第31册,第104页。

兑,一面扣留私带之人,严行惩办。"①18世纪后期开始,日益增长的私盐贸易导致了国库的严重损失。

尽管存在严重的税收偷漏,国家依旧可以从运河贸易中收取巨额税利。在明清两朝的多数时期,钞关税仅次于田赋和盐税;作为国内流通领域中的过税,钞关税是商税中最为主要的部分。明代八个税关中有七个设在京杭大运河的交通要冲之地。② 船只和货物征税的课额在明中后期一度占到全国关税总量的90%,充分映射出运河商贸活动在全国商品流通中的显要作用。③ 七个税关都延续到清代,税额也基本沿袭明制,只是清廷在沿海和沿长江地区新设税关,运河关税的比重因全国关税总额增加而下降。

鉴于在帝国经济网络中的地位,运河商埠是公、私福祉的一大源泉。作为商路主干线,运河上的公、私运输与商业活动促进了沿岸地区市场规模的扩大和商业因素的活跃,而其节奏及变化极大地牵动了广大民众的生产和生活。特别是今属河北南部、山东西部和江苏北部这些原本商品经济水平低的地区,愈来愈依赖运河,生机勃勃的狭长北方运河地带由是堪比同时期的长江三角洲和珠

---

① 《清仁宗实录》卷232,嘉庆十五年七月辛未,《清实录》第31册,第121页。
② 明政府关于钞关的设置以及调整性的增减,虽然出于多种考量,但其与运河运输、贸易影响下的区域商品经济的变迁不无关联。参阅余清良《明代钞关制度研究中的四个问题》,《学术月刊》2009年第11期,第120—130页。
③ 参阅许檀《明清时期运河的商品流通》,《历史档案》1992年第1期,第80—84页。在黄仁宇列出的1570—1590年"来自于工商业的收入"中,"钞关税"份额最巨;其余为:商税、番舶抽分、门摊税、酒醋税、房地契税、竹木抽分、矿银、渔课。黄仁宇:《十六世纪明代中国之财政与税收》,阿风、许文继、倪玉平等译,北京:生活·读书·新知三联书店,2015年,第330页。

江三角洲。① 同时,正如许檀所指出的:运河交通、运转贸易有力地促进了明清时期区域之间的商品和经济联系,成为近代开埠前全国范围内"城乡市场网络体系"形成的一个重要因素。②

大运河纵贯山东西部地区,其上的运输和贸易成为明清时期该区域经济发展的主动力。第一,大运河的运行和维系要求巨大的政府投入,这在给运河地区带来巨大负担的同时,也带来了就业机会。大量的劳力、差役和书吏受雇于水闸、税关、码头和泉河要津口,当然还有管理、监督运河事务和漕运事务的官吏队伍。③ 同时,政府通过兴办旨在保障运河运行的水利工程,涉入了山东西部地区的经济和生活。这些工程的展开,特别是频繁的例行疏浚,需要征调或雇佣当地劳动力,工酬通常用货币支付。总的趋势是有酬雇佣劳力日渐取代强制性征役和使用士兵。朝廷也看到了,运河转输工程可以吸收劳动力,进而减轻随无业人口增长而产生的社会危机。嘉庆二十二年(1817)初,嘉庆皇帝晓谕军机大臣:"即日南漕将入东境,沿河无业贫民,有可营趁谋食之处,并广为筹划,毋令失所。"④不同时期的济宁地方志记载显示,河工配酬是地方政府预算规划的重要部分。

---

① 魏根深指出了中华帝国晚期三个最为发达的区域:长江下游地区(江南)、东南沿海和大运河地带。Jing Su and Luo Lun, *Landlord and Labor in Late Imperial China: Case Studies from Shandong*, p. 7.
② 参阅许檀《明清时期城乡市场网络体系的形成及意义》,《中国社会科学》2000年第3期,第191—202页。
③ 黄仁宇梳理了当时劳役征用的情况。其中,仅山东境内,漕河沿线就征用了14 150名劳力,其中大多数充当"泉夫"。[美]黄仁宇:《明代的漕运》,第33页。
④ 《清仁宗实录》卷326,嘉庆二十二年正月丙寅,《清实录》第32册,第303页。

第二,运河还刺激了农业灌溉系统的发展。① 运河流经的华北平原历来少雨缺水,而政府持续、稳定的人力、物力投入既保障了庞大复杂的运河体制和水利网络正常运行的水资源供应,又有益于农业生产,即使政府时常牺牲地方水利以确保足够的水量支持运河运行。②

第三,公、私运河运输业催生了其他沿运商业性机会。特别是对人口贫困且密集的山东西部而言,发达的运河运输促进了如小麦等价格较高的精细粮食的输出,换以输入大量的价格低廉的高产糙粮。运河带来的雇佣机会吸引了民众聚集,也从而支撑了人口增长。这应该是山东西部尚可维持相对庞大人口的主要原因之一。而且,船舶停靠运河码头,往来流动人口的消费刺激了运河城市和城镇的商业和服务业活动。税关所在地及其他沿运口岸成了大小商品交换集散中心,其对当地以及周围地区产生的市场辐射

---

① 水利工程对中国传统文明来说至关重要。魏特夫(Karl Wittfogel)使用"水利社会"来指称古代中国和其他"东方"社会。[美]卡尔·A·魏特夫:《东方专制主义:对于极权力量的比较研究》,徐式谷、奚瑞森、邹如山译,北京:中国社会科学出版社,1989年,第19—20页。尽管他对"东方"水利体系的高度重视趋于简化其他社会方面及这些体系在时间和空间上的差异性,但在中华帝国晚期,水利问题的确是中央政府经世治国的重要部分。
② 运河对山东西部的环境的变迁产生了很大的作用。其中,运河对作为其"水柜"的湖泊水系变迁的影响尤为显著。水资源充裕时可用作周围地区的农业灌溉。但"保运"的根本原则,对当地的农业经济和生活的直接和间接的负面作用也是显著的,明清沿运地区农田水利设施的失修和水利活动的匮缺十分普遍。参阅高元杰《明清山东运河区域水环境变迁及其对农业影响研究》,聊城大学硕士学位论文,2013年,第154—178页;孙竞昊《明清时期大运河北段水柜的部署和管理:前现代社会人力作用于环境的一个案例》,《浙江大学学报(人文社会科学版)》2017年第3期,第52—54页。

促进了地区经济的商品化转变,从而改变了社会构成。

其中,济宁州所辖地区占据了一个较为狭长的沿运地带:从南边起,其长期的属县鱼台县境内有大约 43 公里的运河段;38 公里在济宁本州;往北 8 公里在济宁卫。① 这是运河全线上水闸最为集中的河段,船舶必须停下来通过水闸,于是运丁顺势就地参与买卖。船舶集中在城南运河和越河(运河支流)地带的闸口,等待过闸和从事交易活动,这使得济宁成为最为繁忙的运河码头之一。

因此,济宁及其周边凝聚了一个庞大的、非农业的有酬劳力群体,直接服务于漕运和其他与运河相关的职业,如船铺、车铺、搬运服务等中介业。他们依地域、职业乃至宗教组成不同的帮会。在济宁这个周转中心,船工、力夫、车夫形成了各种名称的同业行帮,不断地吸引着外来人口。

诸如此类的外来人口及其组织都烙上了商业化和城市化的印记。城市化人口的增加及其身份属性的变动也改变着当地的社会结构和性质。大运河促使了人力资源、商品、资本在济宁的集中与交换。结果如同在其他北方运河城市和城镇的情形一样,一个运河城市取向的经济与社会结构在济宁形成。

---

① 乾隆时期著名的济宁籍士大夫、史地专家许鸿磐写道:"济宁卫河道北自曹井桥迤北巨野县交界起,南至五里营迤东济宁州交界止,计长一十七里八分。济宁州河道北自五里营东济宁卫交界起,南至鱼台县四里湾交界止,计长七十五里,闸十座……鱼台县河道北自济宁四里湾交界起,南至江南沛桥界新庄桥王家口止,计长八十五里,闸三座。"(清)许鸿磐:《方舆考证》卷 21《山东五》,第 25a 页。

三、明清时期济宁的商业化与城市化

一个城市无法从它所在区域空间的和功能的系统中抽离出来,它沿着市场运动伸展,不拘囿于其所在的环境和行政区划。它的力量使得其自身所处的系统成为一个城市网络,即该系统是在城市化的连续统一体中,"其从高度发达的区域核心向欠发达的边缘地带呈'浓度梯度'递减"[1]。作为有机体自身,"城市网络也有自己的节点与汇合处、通道与门户、核心与边缘地区"[2]。从明中期到清晚期,济宁城市和济宁地区正是存在于这样的一个语境或系统里。

本节从城市化、城市形态及城—乡关系的角度窥察明清时期由运河所牵引的济宁经济和社会变迁的过程及风貌,归纳其区域典型性。这样的城市化途径所导致的城市形态的特点,既带有鲜明的个性,也反映出北方运河城市和市镇的一些共性。

(一)漕运、运河贸易与济宁地方经济体系的确立

运河运输与贸易激发了济宁城区和城郊的发展活力。依托于运河上的商品流动,济宁地方市场和商品生产从明中期以来迅猛

---

[1] 参阅萧邦奇(Keith Schoppa)对施坚雅概念的归纳和阐释。[美]萧邦奇:《中国精英与政治变迁:20世纪初的浙江》,徐立望、杨涛羽译,南京:江苏人民出版社,2021年,第21页。
[2] [美]保罗·霍恩伯格、林恩·霍伦·利斯:《都市欧洲的形成:1000—1994年》,第11页。

发展,并且很大程度上是南方导向性的。发达的城市商品交换和生产功能使得济宁与江南的城市产生了诸多相似性。

1.城市空间与市场体系

明清地方文献中的大量信息展现了济宁作为一个活跃的区域市场体系中心和全国性运河口岸的形象。随着运河体系的建立,济宁的商业在明中叶迅速崛起。其繁荣的一个特征集中体现在城外的特定地带。自明初建成砖城以来,济宁城内的基本轮廓没有变更过,济宁城市的实质成长在于它向城外的拓展。外城从明中期以来不断地扩张,其中使用土坯建立起来的外城城墙延伸了城市的防卫系统,并容纳增长着的商业活动。

这种内城和外城功能的区分在明清时代十分普遍。不似内城的整齐、对称的格局特点,外城空间的不规则分布更多地服务于商业的需求。因为地方商业经济的主要驱动力是运河运输及相关贸易,大多数专业市场、贸易活动和手工制作业作坊都集中在南城墙以南和西南的运河和越河两岸,以及其与南门之间的地带。而城墙外的变化也影响着内城。城内的南北大道和东西大道成了主要的商业街。城内的商业繁荣区还有吉市口大街、税务街、小南门街、姜店街、安阜街等。①(参见济宁城图②)城市的商业化在城郊和城区也都得到了体现。

---

① 刘捷编绘的《清代济宁商业分布》图形象地展现了城内外的商业和手工业风貌。刘捷:《明清大运河与济宁城市建设研究》,《华中建筑》2008 年第 4 期,第 153—156 页。
② 通过民国初年《济宁县志》的城区图,我们可以在很大程度上窥测其从前的盛况,因为城市空间框架从明初到 20 世纪 50 年代初之间没有发生根本性变化。

第二章　大运河所驱动的济宁商业化与城市化

　　清初的文献显示,明末济宁内城四周的外城(郭)面积已远远大于内城,南外城尤其是商业聚集区,占地尤为开阔;专类商品的商店集中在城郊的一条或两条街道上,街道的命名多源自工作和生活于此的民众的经营门类,如鞋帽、文具、书籍、衣物和陶器等。《(康熙)济宁州志》列出了处于各自地理位置上的专门店铺和作坊,其中,不少街巷因工、商经营活动的门类而得名,如"南关"的鸡市口街、纸坊街、小纸店街、枣店街、税课街、棺材巷、打绳巷、打铜巷、竹竿巷、油篓巷、果子巷等;而这些主要按行业划分的"市集"集中在城墙内外的这些专业街巷里,19个大类别的市集大都在外城,在"南关"和"南乡"有7个(再加上"四关俱有"的"杂粮市")。① 稍远的乡郊有10个定期的集市。②

　　外城工商空间不断扩张。从《(乾隆)济宁直隶州志》"街衢"一节里可以看到因工商活动成长而增加的专业街巷,如"南关外"的糖坊街、驴市街、炭沟街等。③《(道光)济宁直隶州志》的记载又新增了若干集市。④ 1927年编纂的民国县志依旧列出这些传统商业和手工业街区,并增加了新的街区。⑤ 这些以货品类别命名的专业街道是运河上流动的商业化生产和贸易的投射。商业街道数目和密度的增加标志着市场行为频率的加快,预示着城市化的增长

---

① (清)廖有恒修,杨通睿纂:《(康熙)济宁州志》卷2《疆舆志下》,第8b—10a页。
② (清)廖有恒修,杨通睿纂:《(康熙)济宁州志》卷2《疆舆志下》,第9a—9b页。
③ (清)胡德琳、蓝应桂修,周永年、盛百二纂:《(乾隆)济宁直隶州志》卷2《舆地一》,第22a—23a页。参阅罗仑、景甦对州志所提供信息的归纳和分析。罗仑、景甦:《清代山东经营地主经济研究》,济南:齐鲁书社,1985年,第24—26页。
④ (清)徐宗幹修,许瀚等纂:《(道光)济宁直隶州志》卷3之5《风土志》,第16a页。
⑤ 潘守廉修,唐烜、袁绍昂纂:《(民国)济宁县志》卷2《法制略》,第2a—6a页。

和深化。

如同明清时代北方的其他运河口岸一样,粮食是济宁最主要的交易产品。不似作为官仓重地的临清,济宁主要从事的是私粮交易,其稻米基本来自南方,而小麦和玉米则来自附近区域,它们共同构成了济宁粮食市场的主体。粮商把济宁作为山东西南部的集散中心。当地最大的粮食市场是城南运河西岸的坝口,也是当地最大的运河市场之一。著名的人和粮行成立于1642年,在兴盛时的繁忙季节需雇用近200名劳工,其经营持续到1949年。[①]

得益于在运河上的中间位置,济宁作为中心向周边区域分输来自各地尤其是南方的各种商品,如陶瓷器、茶、盐、糖、纸张等。这些专业店铺和作坊在城外运河河段和越河的两岸鳞次栉比。[②] 清前期纂修的《古今图书集成》描绘了在济宁、兖州附近地区行之已久的大众日常生活:"服食器用,鬻自江南者十之六七矣,此皆诸邑所同。"[③]

[①] 石贡九:《解放前的济宁粮行》,政协济宁市委员会文史资料研究委员会编:《济宁文史资料》第4辑,1987年,第84—87页;王仲荣:《跋山涉水 惨淡经营——人和粮行始末》,政协济宁市委员会文史资料研究委员会编:《济宁文史资料》第4辑,第89—95页。另外在1981年,李南华及其大学同学通过采访曾在旧粮行工作过的古稀老人得知,直到1980年代,济宁还是山东粮食贸易量最大的几个城市之一。见其访问稿《简述解放前夕济宁的粮行》(未刊)。

[②] 从明代中期以来,济宁便开始成为山东西南部杂货业的中心。韩海岑关于20世纪初济宁杂货业的回忆也能够为我们提供更早时期的信息,因为许多当地著名的商铺可以追溯到清代甚至是晚明,而它们的轨迹可以反映出长时期杂货业发展的一般特点。韩海岑:《漫忆济宁杂货行业之兴衰》,政协山东省济宁市市中区委员会文史资料研究委员会编:《文史资料》第4辑,1988年,第158—164页。

[③] (清)陈梦雷:《古今图书集成》之《方舆汇编·职方典》卷238《兖州府部汇考三十》,台北:鼎文书局,1985年,第2212页。

济宁城市的商业根据功能可以划为以下几类:服务于行商的中介机构;服务于四周地区和跨地区贸易的批发商点;服务于城区和城郊的零售点。一些大的商铺设有仓库,储藏货物并提供临时食宿。另外,不少商铺还兼营加工制造业。总体上看,城区和城郊的市场具有批发、零售和分派功能。同时,随着贸易的发达,手工制造业也发展起来。

除了定居人口的工商业经营,运河上来来往往人群的贸易活动也不应忽视。靠运河贸易牟利、谋生的浮动人口积极从事粮食和其他商品交换。1957年,景甦和罗仑到济宁采访运丁在清末漕运停止前的经历,了解到他们在运河贸易中所扮演的富有活力的角色:农历十月,漕船从苏、杭兑米起运,因为运粮免税,运丁等船上人员购置南方土货,在北上途中出售;四月底到济宁,就地销售货物一半以上,至临清时售罄。从通州回空南下途中收购北货,八月到济宁,收购周围地区的土产,然后运到南方售卖。虽然他们在回空航程中被当作民船而需缴税,但依然能从跨区域转卖中取得利润。① 这种说法与明清文献中的散落记载相呼应,可以反映出明清时期漕船人员商业活动的一般情况。这些季节规律性的商业活动也在一定程度上左右了济宁城市市场和区域性商品经济的节奏。

2.城区和城郊手工制造业与区域经济商品化

明清时期长江三角洲地区的工商重镇如苏州、杭州、南京以及

---

① 罗仑、景甦:《清代山东经营地主经济研究》,第29页。

一些大的府、州、县治和市镇都拥有大型的官办和私办丝绸工场，山东的临清也建立了大规模的官办砖厂。然而，济宁的手工业则几乎都是家庭作坊和以师徒为核心的小作坊，仅在皮毛和烟草加工业等少数领域出现了一些较大作坊，且大多数专业店铺集中在南城墙以南和西南的郊区，多兼具产销功能。

大量原料和半成品通过运河从外地运来，大宗产品也销往外地。通过观察市场上的商品类别和每一品类在流通中占的大致比例，我们不仅可以获悉商品的动向，也可以了解当地城区、城郊及其附近地区商品生产的概貌。济宁的市场可以作为管窥大济宁地区产业商品化的窗口，包括种植业、手工业、饲养业、渔业、园艺业等，下面择其端要叙述。

(1) 经济作物专业化经营与商业性农业经济

明清时期农业经济商品化的一个主要内容为经济作物比重的增长。济宁由运河激发出来的制造业和商业对周围地区的种植业产生了巨大影响，并有力地改变了农村经济模式。越来越多的农民减少种植传统糊口和纳税的粮食，代之以种植为制造业提供原料和直接用于售卖的经济作物。除了直接受到运河贸易影响的干鲜果品的生产，商业性棉花、烟草的种植及加工业的发展对区域商品经济而言最为重要。

明初的洪武政令使得棉花种植在山东各地渐次推广，而黄河冲积平原地区的西部逐步成为棉花的主要产区。① 在永乐时期运河重新贯通后,跨区域的南北交流有力地促进了区域性专业分工,而山东运河地区的植棉业正是沿着商品性发展的指向扩大的。特别是一条鞭法实行以来的田赋折银,刺激了棉花以盈利为目的的市场化经营。山东西部棉花种植的发展和棉纺业的落后导致了如徐光启在明末所讲的形势:"今北土之吉贝(棉花)贱而布贵,南方反是;吉贝则泛舟而鬻诸南,布则泛舟而鬻诸北。"② 然而,清初以来,山东西部以家庭单位为主的棉纺织业不断进步,③ 以致棉花从长江中游和河南地区沿运河输入。④ 山东西部的棉织品不仅可以满足地方需要,还有剩余产品可以输往其他地区。⑤ 清代济宁的市场上有两种棉布:从南方或者说从长江三角洲输入的细布和四乡生产的土布。鉴于济宁城乡消费水平的提高,当地对于细布的需

---

① 李令福认为,明前期兖州、东昌、济南三府的"地亩花绒占全省的89%以上"。李令福:《明清山东省棉花种植的发展与主要产区的变化》,《古今农业》2004年第1期,第13页。陈冬生、朱年志等对明代山东西部地区棉花与棉布的日渐商品化的生产历程进行了颇有依据的考稽。陈冬生:《明清山东运河地区经济作物种植发展述论——以棉花、烟草、果木的经营为例》,《东岳论丛》1998年第1期,第75—80页;朱年志:《明代山东水陆物资运输探析》,曲阜师范大学硕士学位论文,2007年,第34—36页。
② (明)徐光启:《农政全书》卷35《桑蚕广类》,北京:中华书局,1956年,第708页。
③ 清中后期棉纺业在山东西部运河地区尤其普及。参阅高元杰《明清山东运河区域水环境变迁及其对农业影响研究》,第213—214页。
④ 许檀:《明清时期山东商品经济的发展》,第333页。
⑤ 许檀:《明清时期山东商品经济的发展》,第327—328页。有一个情形值得注意:嘉庆重修《大清一统志》中济宁、兖州等西部地区的土产未列棉花,或可说明了清中后期当地植棉业的缩小和其他经济作物如烟草等更为盈利的产业的兴起。参阅李令福《明清山东农业地理》,台北:五南图书出版有限公司,2000年,第356—358页。

求在不断增长,其细布交易场所主要在城东南一个狭长的运河南岸的专业市场上。①

烟草是比棉花更有竞争力的作物,其种植规模后来居上。尽管明末就有在山东西部运河地区种植烟草的零星记录,但是直到清康熙年间,兖州府辖地大规模的烟草种植才广为记载。② 乾隆年间,烟草种植在山东中部和西部得以迅速扩展,济宁成了最重要的烟草种植和加工中心之一。《济州臧氏种蜀黍记》一文记录了种烟的利润所在:"方亩之地种烟草三千株……亩得烟叶五百斤,斤得钱十五文。"③《(道光)济宁直隶州志》记载:"今观济州种烟草……大约膏腴尽为烟所占,而五谷反皆瘠土。夫烟,毒草也,谷,养人者也。人之骛利,其忘本一至此乎!"④还载诗讥讽道:"愚民废农偏种烟,五谷不胜烟直(值)钱。"⑤但是,道德说教无法抑制种植烟草高回报率的诱惑,抑商的正统观念不敌市场价值的力量。

行商去乡下采购烟草,汇集到济宁储藏、加工和转运。道光年间的淄川士人王培荀观察到:"济宁环城四五里皆种烟草,制卖者

---

① 山东省济宁市政协文史资料委员会编:《济宁运河文化》,第89页。
② 高元杰:《明清山东运河区域水环境变迁及其对农业影响研究》,第213—214页。
③ (清)盛百二:《济州臧氏种蜀黍记》,载(清)胡德琳、蓝应桂修,周永年、盛百二纂《(乾隆)济宁直隶州志》卷32《艺文拾遗中》,第59a页。依陈冬生考据,盛百二其实大大压低烟草的亩产量,而高抬高粱的亩产量。实际当时1亩烟叶的收益应是高粱的3倍之多。陈冬生:《明清山东运河地区经济作物种植发展述论——以棉花、烟草、果木的经营为例》,《东岳论丛》1998年第1期,第77—78页。
④ (清)徐宗幹修,许瀚等纂:《(道光)济宁直隶州志》卷3之3《食货志三》,第10a页。
⑤ (清)刘汶:《种烟行》,载(清)徐宗幹修,许瀚等纂《(道光)济宁直隶州志》卷9之3《艺文志三》,第95a页。

贩郡邑皆遍,富积巨万。"①济宁周边腹地烟草普遍的种植,为济宁城乡烟草加工业的迅速发展奠定了基础。包世臣在1829年的一篇日记中写下他在济宁的观察:"其出产以烟叶为大宗,业此者六家,每年买卖至白金二百万两,其工人四千余名。"②实际上,当英美烟草公司在19—20世纪之交向山东输入新烟草品种时,整个山东省已经有40%的州县在种植烟草了,其中济宁地区所产颇丰。③

(2) 作为区域中心的加工业

作为大济宁地区乃至整个山东西南部的区域中心,济宁为广大农民提供农副业产品的加工服务。例如,食油、果品的加工和交易,日常用品的生产,酒、醋、绳、瓶、炉、鞋帽以及铁制农具和铜器的制作。产品或售与当地城乡居民,或通过水、陆商路输往外地。这种功能强化了济宁作为城市自身和区域中心的"生产性"能力,与长江三角洲的中心城市具有相似性。济宁还发展起以下富有地方特色的产业,在当地经济生活及跨区域流通中发挥重要作用。

皮毛加工业是济宁的一个主要产业。从元代开始,该行业几乎全由回族人经营,其在明清时期得到了高度发展。原料部分取自山东中部山区和西部平原,更多的来自东北和河北。④ 皮毛产品在沿运河的长途贸易中广为售卖。道光、咸丰年间,马东彪和马西

---

① (清)王培荀:《乡园忆旧录》卷8《山左物产》,蒲泽校点,济南,齐鲁书社,1993年,第455页。
② (清)包世臣:《安吴四种·中衢一勺》卷6《闸河日记》,光绪十四年(1888)刻本,第14b页。
③ 许檀:《明清时期山东商品经济的发展》,第51页。
④ 山东省济宁市政协文史资料委员会编:《济宁运河文化》,第100—101页。济宁地区盛产优良品种大黄牛、青山羊。

彪兄弟开设的著名家族皮毛工厂的雇工达 100 余人。在 19 世纪晚期，大约有 20 家大的工场，"各有银币二十万两以上，雇工百余名"。有的还在苏州和其他城市拥有代理。① 至近代开埠后的 19 世纪后半期，有近 1 万名回族民众聚居在济宁南郊，且多数在皮毛加工作坊和工场里工作。

竹器业是济宁卓有特色的行业。最初，南来的漕运船工借助大量竹竿以通过济宁段密集的水闸，过后便将竹竿就地遗弃，而当地人便用之制成各式各样的竹器。久之，商人也专门从南方贩运竹竿至济宁牟利。竹器业在晚明十分兴旺，其产品主要在山东西部销售。大多数的生产单位是家庭式的小作坊，并兼设零售和批发业务，偶有规模较大的，均受同业行会制约。② 晚清，"元太竹货铺"雇佣了十几个制器师傅，他们下面各有学徒和帮工，还附设了一个店铺。③（图十二、图十三）

---

① 傅崇兰:《中国运河城市发展史》，成都：四川人民出版社，1985 年，第 316—317 页；王守中、郭大松:《近代山东城市变迁史》，第 41 页；山东省济宁市政协文史资料委员会编：《济宁运河文化》，第 101 页。
② 今清、坤岩：《济宁竹器业概览》，山东省济宁市市中区政协编：《文史资料》第 10 辑，第 292—295 页；石贡九：《我所知道的济宁茶叶业、陶瓷业、北果业、竹器业、皮毛业》，政协山东省济宁市市中区委员会文史资料研究委员会编：《文史资料》第 4 辑，第 146—148 页；杨敬仁、冯维伦：《一度发达的济宁竹器业》，政协济宁市委员会文史资料研究委员会编：《济宁文史资料》第 4 辑，第 176—179 页。
③ 参阅罗仑、景甦《清代山东经营地主经济研究》，第 59—63 页。城南运河南岸曾存在 4 个竹竿巷；我在 2001 年夏的访问中曾参观在一项拆迁工程中尚未被拆除的一小段巷区，但翌年也消失了。

第二章　大运河所驱动的济宁商业化与城市化

图十二　竹竿巷街市(1920年代摄)①

图十三　竹竿巷(2001年笔者摄)

---

① 引自山东省济宁市政协文史资料委员会编《济宁运河文化》，第11页。

101

从清中叶一直到民国初年,济宁的酱菜业闻名遐迩。康熙五十三年(1714),旅居济宁的一位戴姓苏州商人成立了名为"姑苏戴玉堂"的酱菜店铺,其制品具有南方风味,咸中带甜。嘉庆十二年(1807),当地最有势力的望族孙家联合冷家买下该酱园,改名为"姑苏玉堂酱园",产业迅速壮大。19世纪中叶,姑苏玉堂酱园的资本积累达39万两白银,有近400名工人在300多个车间里生产50多种产品,成为济宁最大的综合性工场和商业、金融机构,其经营跨及酒、粮、盐、食油、药品等品类,其所发行的钱票在全国都享有信誉。[1](图十四—图十七)

图十四 民国元年玉堂产品获巴拿马太平洋博览会金奖奖牌[2]

---

[1] 参见孙序东《济宁孙氏家世的回忆》,手稿,济宁市政协文史委资料室藏;张正宽、时家驹《京省驰名,味压江南——记玉堂酱园》,政协济宁市委员会文史资料研究委员会编:《济宁文史资料》第4辑,第1—15页;孙序东《玉堂酱园百年不衰的浅谈》,政协济宁市委员会文史资料研究委员会编:《济宁文史资料》第4辑,第16—19页;山东省济宁市政协文史资料委员会编《济宁运河文化》,第113—118页。另外,美国传教士阿姆斯特朗在1891年到济宁访问中了解到有500余人受雇于玉堂。参阅景甦、罗仑《清代山东经营地主底社会性质》,济南:山东人民出版社,1959年,第95页。

[2] 引自山东省济宁市政协文史资料委员会编《济宁运河文化》,第13页。

图十五 "姑苏玉堂"招牌①

图十六 公私合营后的玉堂(摄于1950年代)②

---

① 引自山东省济宁市政协文史资料委员会编《济宁运河文化》,第13页。
② 引自山东省济宁市市中区政协编《文史资料》第12辑《济宁老照片》,2000年,第118页。

图十七　民国元年玉堂酱园发行的钱票①

(3)商业中介与金融机构

与商品化和产品生产的专业化扩张相应的是明清时期济宁金融业的发展。当地诸如酿酒、榨油和皮毛、烟草等加工业需要大额

---

① 引自山东省济宁市政协文史资料委员会编《济宁运河文化》,第14页。

资本的投入,长途贩运同样需要大量资本。金融机构在济宁成为城乡制造业和农业生产商品化的组织者。在济宁及其周围地区,商品化产品从农民的副业到专业化的手工业,与经纪人和商人发生市场联系。外地商帮与本地产业和商业机构经常合作。如其他北方运河城市一样,济宁的批发业、借贷业、钱庄、票号、当铺和牙行都十分兴隆。

如罗仑和景甦的研究所示,本来没有工商家庭背景的当地人建立了经纪人机构。具有"包税商"性质的牙行经营者取得政府行帖,代政府向工商业者收税。[1] 其权势颇大,以至于商人都恐惧自己的利益会遭到侵害。为此,崇祯十二年(1639),地方衙门颁布了若干征税条规,并勒石立碑,如《剔蠹疏商记碑》《除害疏商记碑》,禁止对过往商贾的过度敲诈和勒索,以维持当地经济秩序。[2]

当然,经济领域的情况与吏治也紧密相关。作为商税的一部分,"牙杂税"延续到了清朝。康熙时期,济宁城有18个较大牙行,具有包买包卖代理和钱庄的色彩。[3] 他们还建立了批发业务的行栈以垄断市场,进而左右地方经济,使外地行商不易渗进,加之本地商人资本财力雄厚,外地商人资本难以在济宁控制当地市场,这与山东乃至华北的绝大多数地方不同。[4]

概言之,不断拓展的商业网络和金融体系深刻地影响到了济

---

[1] 罗仑、景甦:《清代山东经营地主经济研究》,第27页。
[2] (清)徐宗幹等辑:《济州金石志》卷4《济宁石三》,道光二十五年(1845)刻本,第75a—75b页。
[3] 傅崇兰:《中国运河城市发展史》,第308页。
[4] 包世臣评论济宁的情形:"西客利债滚剥遍天下,济宁独不能容。"(清)包世臣:《安吴四种·中衢一勺》卷6《闸河日记》,第14b页。

宁及其周边地区的经济生活,进而决定了济宁的城市与区域的空间构造及其功能。济宁地方市场严重依赖运河承担的跨区域贸易,造就了其经济的外向性。南北运河上长距离贸易扩大和深化了生产的区域性分工。济宁最重要的贸易流通对象是南方,这决定了其市场、经济的南方趋向性。

(二)人口与城市化

人口被广泛地作为检测城市化的标尺。弗里斯(Jan de Vries)在《欧洲的城市化:1500—1800年》一书中强调用人口定义城市化的标准,但人口在这里不单指数目。弗里斯认为,城市化可以从一个视角被称为"城市增长"或"人口城市化",关涉的是城市定居民众的"集中"。① 衡量城市化人口的一个核心问题不是城市人口数量的绝对大小,而是相对于整个人口增长的城市人口波动,或者城乡人口比例的变化。这涉及人口是否按职业和生活方式进行了一定程度的重新分组,以及这种重新分组是否反映了由城市活动增加导致的农村人口向城市的迁移,从而代表了该地的城市化进程。在明清时代的济宁及其周围地区,随着大运河带来的经济转型,人口数量在国家稳定的时期不断增长,人口结构更是剧烈变动。这种前所未有的人口变化,显现出济宁及济宁地区城市化的势头和特色。

---

① [美]简·德·弗里斯:《欧洲的城市化:1500—1800》,朱明译,北京:商务印书馆,2014年,第12—15、273—275页。

1.人口的增长和城市化

关于明之前济宁的人口资料十分稀少。① 一个原因在于,济宁所处的行政区划的变动不居。但有一点很清楚:在任城或其他名字下,这个坐落在一个容易受到洪水和其他自然灾害侵袭的传统农业区的行政中心是在元代中期大运河兴起之后才出现人口密集局面的。在元末战乱之后,为了应对地荒人稀的局面,明政府从洪武二年(1369)开始组织从山西和其他地方到山东西部地区的移民。② 这也是济宁史志中很多人物的祖先可以追溯到从山西等外地迁来的原因。③

济宁地方志中的官方文件提供了一个明初以来比较完整的人口变化谱系,但这些人口资料并不连贯,统计标准不一,并且时常有冲突之处,存在人口统计上的严重失实问题,这主要表现为入籍人口的数字往往少于实际人口。其中一个缘由即曹树基所指出

---

① 《(康熙)济宁州志》谈到了元以前本地人口资料的缺乏:"按济宁户口,自元以前无考。"(清)廖有恒修,杨通睿纂:《(康熙)济宁州志》卷3《田赋志》,第5a页。
② 经过朝代更替的战争毁坏后,明初政府在大移民的规划中,从山西、直隶和胶东向以东昌府为中心的山东西部迁入民户。参阅许檀《明清时期山东商品经济的发展》,第22—23页;李令福《明代山东省人口发展的时空特征》,《中国历史地理论丛》1994年第3期,第131—146页;曹树基《中国人口史》第4卷《明时期》,上海:复旦大学出版社,2000年,第257—258页。
③ 根据现有的资料,明初土著稀薄,济宁及附近地区的移民主要来自山西,胶东次之,甚至主要望族都来自山西。参阅曹树基《洪武时期鲁西南地区的人口迁移》,《中国社会经济史研究》1995年第4期,第16—27页。

的,大量女性人口,尤其是没有出嫁的女"小口"被漏记。① 同时,特定时期"逃户""流民"等因素造成的误差也十分显著。② 根本来说,尽管明清时期因赋役变革而导致的户籍制度不断变更,③但由于明、清政府承袭历代编户齐民的思维,其赋税征调和社会控制的根本旨趣削弱了传统户籍制度的人口统计功能。④ 因为难以取得精确数据,本节主要呈现"在籍"人口的大约数目,进行有依据的分析性评估。表一粗略地展示了在一个长时段里变动着的注册人口数据。

表一 明清时期济宁本州(不领县)人口统计⑤

年份	本州		城内和城关 (城区和郊区)		资料来源
	户	口或丁	户	口或丁	
1391	3376	34 166 口	—	—	《(乾隆)济宁直隶州志》

---

① 曹树基:《中国人口史》第 4 卷《明时期》,第 39—43、102 页。卜正民在分析明代中国某些人口统计数据时也指出,女性人口在大多数情况下没有被计算在内。[加]卜正民:《纵乐的困惑:明代的商业与文化》,第 102—107 页。
② 李令福:《明代山东省人口发展的时空特征》,《中国历史地理论丛》1994 年第 3 期,第 131—146 页。
③ 其中一个主要因素是如何炳棣及曹树基所指出的,明中后期以来丁税摊入田亩的趋势使得原来以 16—60 岁作为男丁的人口统计标准不具普遍意义,文献中户口数据已经"全面演化为赋税单位",所以迄至 1776 年的明清官方统计没有囊括全部人口。曹树基:《中国人口史》第 4 卷《明时期》,第 1—4、102 页。
④ 栾成显有根据地指出,明代黄册人口失实的主要症结在于户籍编制与以男丁为纳税对象的赋税征调的考量密不可分。栾成显:《明代黄册人口登载事项考略》,《历史研究》1998 年第 2 期,第 39—53 页。
⑤ 表格信息和制作参阅了傅崇兰《中国运河城市发展史》,第 192—193 页;王守中、郭大松《近代山东城市变迁史》,第 33 页。

续表

年份	本州 户	本州 口或丁	城内和城关（城区和郊区） 户	城内和城关（城区和郊区） 口或丁	资料来源
16世纪70年代某年	—	40 324 丁	—	—	《(康熙)济宁州志》
1609	—	52 038 丁	—	8240 丁	《(康熙)济宁州志》
1644	—	17 590 丁	—	—	《(康熙)济宁州志》
1669	—	22 933 丁	—	—	《(康熙)济宁州志》
1712	—	26 840 丁	—	—	《(乾隆)济宁直隶州志》
1766	50 251	54 851 丁 177 438 口	—	—	《(乾隆)济宁直隶州志》
1785	67 197	377 293 口（203 697 男；173 596 女）	20 958	—	《(乾隆)济宁直隶州志》
1820	173 303	889 350 口	—	—	多种资料①
1840	107 721	503 800 口	21 355	—	《(道光)济宁直隶州志》
1906	—	174 937 丁	—	—	《(民国)济宁直隶州续志》
1911	—	—	17 732	77 322 口	《(民国)济宁县志》②

以上统计表格中，"户"的标准前后变化颇大，"户""丁""口"的依据在实际统计中表现得更为复杂，加之登记、抄录等其他疏

---

① 引自傅崇兰对嘉庆重修《大清一统志》等文献里相关数据的整理。傅崇兰：《中国运河城市发展史》，第193页。但如曹树基等学者所指出的，《大清一统志》的人口数字来源甚不可靠。曹树基：《中国人口史》第5卷《清时期》，上海：复旦大学出版社，2001年，第10—12页。
② 但按照李继璋的估计，清末"本州城乡通共粮户13 375户。又城区居民17 733户，77 430口。乡区人口无确数"。李继璋：《济宁直隶州拟稿·疆域志上·城乡》。

失,产生了不少谬误。但总的来说,这组数字尚能反映历时性的人口变动大势。① 除去特定时期内天灾人祸所导致的人口减少,②济宁当地的人口数量呈现增长的势态。人口的增长固然与明中期以来丁银并入田赋的税制改革有关,但在"摊丁入亩"全面推行而带动起的嘉庆年间人口膨胀之前,其与物质财富的增长、市场的扩张、经济的发展是大致成正比的。③

随着城市化的增长,城市居民越来越多。如保罗·霍恩伯格和林恩·霍伦·利斯所指出的:"从最直观的层面来看,城市化体现的是人口结构的变化。城市人口与乡村人口呈相关性增长。"④城—乡比例是城市化程度的标尺。要观察这种城乡比例的结构性关系,就有必要对人口中城区、城郊和农村地区的比例做更近距离的观察。

---

① 在明初以里甲制为基础编制的黄册里,"户"为政府征敛赋税的依据,是作为登记家庭与人口的单位。但这种户籍与赋税相连的制度从明中期后解体。刘志伟从明清广东地区赋税与里甲之间的关系入手,认为明一条鞭法改革后,"丁""田(粮)"作为计税单位,"户"不再与赋役相连,从而不能代表实在的家庭单位,而只是赋税"催征"的集合,即可以是包含多个现实家庭的宗族。刘志伟:《在国家与社会之间:明清广东地区里甲赋役制度与乡村社会》,北京:北京师范大学出版社,2021年,第225—241页。
② 除战乱等人祸外,天灾也是有些时段人口锐减的一个主要原因。参阅曹树基对明末北方地区自然灾害和鼠疫的论述。曹树基:《中国人口史》第4卷《明时期》,第405—421页。
③ 按照清初核定户籍的人丁编审制度,计纳税的16—60岁的男丁,而不计口。"摊丁入亩"后,计丁变得无意义,人丁编审制度终结,于是计口成为主要形式,保甲户籍制度得以普遍实行,其人口统计于是相对比较确切些。参阅姚秀兰:《户籍、身份与社会变迁——中国户籍法律史研究》,华东政法大学博士学位论文,2004年,第62—63页;聂红琴:《清代前期的户籍与赋役》,《史林》2001年第1期,第79—82页。
④ [美]保罗·霍恩伯格、林恩·霍伦·利斯:《都市欧洲的形成:1000—1994年》,第9页。

表二 约为万历三十七年(1609)济宁本州城市与农村注册人口①

行政属地	地方单位与人口性别	里或图	男	女	总人口	占总人口的百分比(%)
总数		54	52 038	33 210	85 248	100.00
城区(城)		14	8240	5284	13 524	15.90
乡村(乡)	东乡	11	9466	6057	—	—
	南乡	14	13 354	8446		
	西乡	9	10 488	6710		
	北乡	6	10 490	6713		
	总计	40	43 798	27 926	71 724	84.10

除前文所提到人口统计中一些带有普遍性的问题外,表二关于万历三十七年(1609)的统计还有如下问题:(1)因为郊区"城关"没有分列,其人口包含在四乡之内,不算作城内居民,但实际上,城郊人口在晚明时期已经超过城内人口,他们从职业活动和日常生活上看已经或多或少地"城市化"了;(2)在城市人口中,官僚、衙役、书吏及其家眷、仆役的户籍基本都在其家乡地区,但他们却生活、活动在当地城市中,所以在城内居住的实际人口要远远大于注册人口;(3)军事人员,包括卫所辖内的人口不在州、城编户内,尽管他们偶尔也在城内外的人口记录中出现。济宁是明政府设置

---

① (清)廖有恒修,杨通睿纂:《(康熙)济宁州志》卷3《田赋志》,第3a—4a页。

111

卫所之重地,虽然多有变更,而且在清代出现体制性的改革,但始终统辖着庞大的人口,由是也增加了大济宁地区的人口数量。① 靠近州城的居民的日常活动与济宁城市生活的节奏息息相关,且勿论他们中运丁在大运河上的公私兼营活动;(4)流动人口没有计算在内。作为一个"四方辐辏"的交通枢纽和工商中心,有庞大的流动人口活动在城墙内外。

那么明中期以来,济宁究竟有多少人口"城市化"?哪些人口可以算作城市人口?官方统计疏于非注册人口计算,私人记载则可以提供关于居民的一些实际信息。多种资料显示晚明的济宁存在一个庞大的城区与城郊人口。郑与侨《守御记》载:总河大司空陈道亨等官员与士绅紧密合作,在1622年应对白莲教徐鸿儒可能的进犯时,紧急招募"土著","四关丁壮,得数万人,分为九营"。② 这是种描述性说辞,但折射出济宁的人口规模和生活气氛。罗仑和景甦推算明末济宁城区、郊区的人口应不少于10万人。③ 而曹树基的综合研究也得出了相近的数目。④

如表三所示,乾隆五十年(1785)的人口资料更具体地反映出

---

① 关于济宁及其附近地区的卫所设置及其演化,参阅张荣仁《明代兵制与济宁"卫所"的设置及演变》,《济宁师范专科学校学报》2004年第1期,第59—61页;王晓慧《山东运河沿岸卫所研究》,中央民族大学硕士学位论文,2007年,第18—21页。明中叶以来,内地卫所体系衰微,所隶军民多散入当地民籍,而残存的卫所主要承担起漕运职能,并延续至清末,所以沿运卫所编户人口虽然起伏波动,却构成当地人口的一个相当可观的部分。参阅李巨澜《略论明清时期的卫所漕运》,《社会科学战线》2010年第3期,第94—101页;温娜《山东卫所在清代的变革》,陕西师范大学硕士学位论文,2008年,第56—60页。
② (清)徐宗幹修,许瀚等纂:《(道光)济宁直隶州志》卷4之5《兵革志》,第6a页。
③ 罗仑、景甦:《清代山东经营地主经济研究》,第26—27页。
④ 曹树基:《中国人口史》第4卷《明时期》,第304—305页。

了城区、城郊和乡村的分际。其中,"城关"独立了出来。

表三 约为乾隆五十年(1785)济宁城市和农村注册户籍人口[①]

行政属地	地方单位与人口性别	"里社"	庄	户	百分比(%)
总数		108	—	65 644	100.00
城区和城郊	城内	4	—	4917	—
	城关	18	—	15 978	31.83
	总计	22	—	20 895	
乡村	东乡	22	177	10 595	—
	南乡	32	358	13 466	
	西乡	18	283	12 186	
	北乡	14	156	8507	
	济宁卫	—	4	—	
	临清卫	—	35	—	
	总计	86	1013	44 749	68.17

尽管这个表格可以给我们一个关于城市化的更好对比,但它与1609年的统计具有同样的缺陷。另外,乾隆五十年的统计尽管展示了卫所的部分信息,但并没有明确户数。既然全部的户数(如表一所显示的那样)为67 197,那么没有出现的两个卫的户数应该

---

① (清)胡德琳、蓝应桂修,周永年、盛百二纂:《(乾隆)济宁直隶州志》卷2《舆地一·里社》,第24a—38b 页;许檀:《明清时期山东商品经济的发展》,第229页。

是1553(67 197减去65 644),将农村户数增加到了46 302。如此,基于这个新分母,城(城区和城郊)乡比例可调节为3∶7,为1609年比例的两倍。然而,毕竟有一部分缴纳农业税的农业户口是住在城区以内,这种情形持续到现代,如1911年济宁城内1695住户中的1160户属于这种农业户口。① 纵然如此,因为他们的日常生活和家庭副业已经融入城市日常生活的节奏,故而在某种意义上可以被认作城市居民。

我们应该如何评估济宁人口的城市化程度或城市化率?许檀的研究显示济宁在商业和经济的规模上排在临清之后,在山东位居第二。据她的推算,乾隆年间,临清的城区和城郊人口介于15万—20万之间,而省城济南的人口大约为4万。② 曹树基推测乾隆年间临清的城市人口为20万以上,而且早在晚明即达到这个规模;他推测乾隆年间济宁的常住城市人口在4万户以上,人数或达16万。③ 由于19世纪中叶漕运的中断和盐运业的萧条,临清的经济支柱坍陷;而19世纪末和20世纪初的济宁的经济没有大衰败,故其人口未出现锐减的现象。但是,之后无论人口还是经济,济宁都被急速崛起的沿海城市青岛、烟台及处在新交通枢纽上的省城济南甩在身后。

---

① 潘守廉修,唐烜、袁绍昂纂:《(民国)济宁直隶州续志》卷4之2《风土志》,民国十六年(1927)铅印本,第1a页。
② 许檀:《明清时期山东商品经济的发展》,第226—230页。罗仑和景甦对临清人口的估算相对保守一些;临清在明中叶鼎盛时期人口至多为15万;在清朝鼎盛的乾隆前期大概有10万。参阅罗仑、景甦《清代山东经营地主经济研究》,第20页。曹树基估算明万历时期临清人口或达20万,在北方仅次于北京。曹树基:《中国人口史》第4卷《明时期》,第302页。
③ 曹树基:《中国人口史》第5卷《清时期》,第363—365、727—728页。

上面的信息显示了济宁人口以及城市化人口的增长态势。济宁人口扩张与当时山东以及全国的趋势是大致同步的。何炳棣以官方数据为基础,估算山东在洪武二十六年(1393)的"口"为5 255 876。① 魏根深(Endymion Wilkinson)估计,山东人口在1400年大约为500万,到1900年增长到了3500万。② 李令福推算山东人口在晚明(1600年前后)突破了1000万。③ 山东的人口密度在明代中后期在全国排第二,仅次于浙江;在清代则浮动于第三与第四之间,即低于江苏和浙江,有时也低于安徽。④ 山东境内,从明中期到19世纪中叶,西部运河沿线和附近地区的人口增长率及人口密度远高于东部,显示了运河运输与贸易所驱使的商品化和城市化扩张下山东经济重心与人口重心分布的西部优势。⑤ 人口的自

---

① [美]何炳棣:《明初以降人口及其相关问题:1368—1953》,葛剑雄译,北京:生活·读书·新知三联书店,2000年,第11页。按照梁方仲的统计,山东户数在天顺年间(1457—1464)介于617 980—658 900。全省人口数在光绪二十四年(1898)已达37 789 000。梁方仲:《中国历代户口、田地、田赋统计》,第290、364页。
② 魏根深认为,中国全国人口从1600年的2亿增长到1900年的4.1亿。这种人口增长主要发生在中国北部:从1600年的0.6亿增长到1900年的2亿。Jing Su and Luo Lun, *Landlord and Labor in Late Imperial China: Case Studies from Shandong*, p. 4. 魏根深的估计虽然超出学术界的一般看法,但他恰当地指出了人口变动的大势。
③ 李令福:《明代山东省人口发展的时空特征》,《中国历史地理论丛》1994年第3期,第131—146页。李称其推算印证了何炳棣认为"明初到万历二十九年中国北方人口至少已经翻了一番"的总体论断。
④ 按梁方仲推算,1491年前后山东每平方公里人口密度为50.89(全国为16.15),1578年为42.64(全国为18.40),1753年为86.43(全国为24.06),1767年为173.51(全国为49.14),1812为196.01(全国为67.57),1851年为225.16(全国为80.69)。梁方仲:《中国历代户口、田地、田赋统计》,第281、374页。
⑤ 参阅王云在李令福、许檀等相关研究基础上的富有说服力的统计和量化论述。王云:《明清山东运河区域社会变迁的历史趋势及特点》,《东岳论丛》2008年第3期,第47—56页。

然性或生物性增减及其群体性移动都是在一定的社会环境下发生的。虽然有诸多因素可以解释明清时代的人口增长，但一个更重要的问题是增长的人口和其赖以生存的资源之间的关系。在技术和耕地都没有大变动的情况下，中国面对着一个马尔萨斯危机，即当时的中国人如何处理人地紧张关系？首先，我赞成魏根深的观察：在勃兴的市镇里的城市扩张，促进了农业领域的专业化和商业化，提高了农业生产力，从而支撑了增长着的人口。在高度商业化的地区，一些借贷农民变成了追求市场效益的"经营地主"所雇用的"农业工人"。于是，人口增长在刺激农业经济发展的同时，它又为农业生产的专业化和商品化所支撑。①

其次，从济宁城市化的个案中，我们还会得出一个结论：强劲发展的城市经济也滋养了一个很大的，特别是从农业、农村游离出来的群体。在明清时代商品化高度发达的几个地区，农村人口流向城市和市镇通常会对城市化起到促进作用。但是长期以来，在山东西部消化人口增长的压力对生态和经济产生了不容忽视的危害作用。明初以降，伴随着黄河和运河水利工程的繁盛局面，人口的增长逐步导致了耕地的最大程度开发和既有自然资源的耗尽。当洪水等自然灾害发生时，大量人口便暴露在大自然的威胁下，于

---

① 景甦、罗仑：《清代山东经营地主底社会性质》，第 2、38—39、117—128 页。同样地，伊懋可重视两宋以来的商业化及其在明清时期的扩张，尽管他认为缺乏导致革命性突破的斯密动力从而带来了人口—资源"高水平均衡陷阱"。参阅 Mark Elvin, *The Pattern of the Chinese Past*, pp. 312—315。

是农村居民蜂拥进城市和城镇。① 在济宁,城市工商业持续地从周围地区,尤其是其最近的属县吸收劳动力,这在一定程度上减轻了区域人口压力。

人口布局的改变也影响着区域社会环境。移入城市的农村人口和外地迁入者多数居住在城墙外的郊区从事商业和商品生产。在济宁的例子里,我们看到新近城市化的南部、西部郊区是新来者的密集居住地。如表三所示,在18世纪80年代早期,济宁城区与郊区的居住人口比例接近1∶3(4917∶15 978)。除了常住居民,大量农民流动人口来到济宁充当贩夫走卒、码头搬运工,或成为在城墙内外从事各种体力劳动的短工。《(道光)济宁直隶州志》写道:

---

① 冉玫铄把向荒芜边陲之地的"永久移民"与流向城市、城镇的"来自社会各阶层暂时的、职业性的或与谋生相关的人口移动"并列,来说明"人口增长、商品化、城市化"与"人口"的相互关系。Mary Backus Rankin, *Elite Activism and Political Transformation in China: Zhejiang Province, 1865—1911*, p. 8. 何炳棣指出明清时代跨区域的人口移动和不发达地区的持续开垦都富有成效地减缓了人口压力。[美]何炳棣:《明初以降人口及其相关问题:1368—1953》,第160—198页。清代发生过几次从山东到东北拓荒的自发性移民。鲍德威认为,在清政府的鼓励下,很多山东居民渡海到辽东"闯关东";这种事态持续到1937年抗日战争的全面爆发。[美]鲍德威:《中国的城市变迁:1890—1949年山东济南的政治与发展》,第23页。另外,我记得在1970年代初的山东益都县(今青州市)农村,还有贫困人家闯关东,几年后返乡,变得远比当地乡民富裕。相似的例子还见于阎云翔《私人生活的变革:一个中国村庄里的爱情、家庭亲密关系,1949—1999》一书。黄宗智认为在明清和民国时期通过农业生产劳力投入密集化的产出("内卷化"或"内卷化产出")也可以容纳更多人口。他是基于对"贫穷"华北和"富裕"江南的个案研究发论的:尽管在技术和生产方式上没有"质变性的突破"和"转变性的变革",但是密集的劳动投入(在华北空前的为了获得"减弱的边际效益"的高度强化投入)可以坚韧地支撑人口增长。[美]黄宗智:《华北的小农经济与社会变迁》,北京:中华书局,1986年,第8、14—18、161—176页;《长江三角洲小农家庭与乡村发展》,北京:中华书局,1992年,第11—12页。

"济当河漕要害之冲,江淮百货走集,多贾贩,民竞刀锥趋末者众。然率奔走衣食于市者也。"①他们大都可称为"运河居民",直接或间接地依赖、服务于运河运输和贸易。许檀估计明末济宁城区和城郊每年活动着四五十万流动人口。② 他们的数量大于当地注册人口,构成了济宁从事工商及其他有酬职业的主体。因此,在城市边缘地区呈现出较高的人口增长率。

济宁及其近郊持续的繁荣与包括其属县在内的周边腹地的贫困形成了鲜明的对比。城市化吸引了四周农村和更远距离的人口,在济宁附近地区,城市和农村的边界在一定程度上交汇、模糊了起来。当毗近城镇的农村地区融入城郊,城关面积增长,很多居民也相应地转变了职业,表现出程度不等的城市属性。同时,虽然济宁城周边的农村地主——佃农关系依旧是主体,但租佃地主卷入了越来越多的市场活动,适应变化着的经济和生活环境。③ 这种乡村的城郊化是城市扩张的一个结果。

2.城区和城郊居民的社会构成

历史文献并没有提供济宁城区与城郊职业构成的准确具体信息,但《(乾隆)济宁直隶州志》讲到了一个新移民对居住环境选择

---

① (清)徐宗幹修,许瀚等纂:《(道光)济宁直隶州志》卷3之5《风土志》,第17b页。
② 许檀:《明清时期山东商品经济的发展》,第175页。同时参看该页的注3。
③ 参阅景甦、罗仑对于两户山东"租佃地主"的个案资料和分析。罗仑、景甦:《清代山东经营地主经济研究》,第95—114页。另外,魏根深在该书英文版本中对当时租佃地主(rentier landlords)这种土地所有类型的评论也有启发意义。Jing Su and Luo Lun, *Landlord and Labor in Late Imperial China: Case Studies from Shandong*, pp. 33—34, 37。

第二章 大运河所驱动的济宁商业化与城市化

的有趣故事:

> 臧子彦曰:旭窗陈先生,祖南阳人,与高姓祖同来卜居。至济州关南,则百物聚处,客商往来,南北通衢,不分昼夜,高氏祖遂居之。先生之祖曰:"此地可致富,非吾志也。"于是入城,观东南隅,多有子弟效梨园者,曰:"后日子弟必有度曲忘学者。"去之。观西南隅,多有子弟聚赌博者,曰:"后日子孙必有博簺废学者。"又去之。观东北隅,多有子弟乐酣饮者,曰:"后日子孙必有沉湎荒学者。"又去之。至西北隅,见其地人罕,曰:"此可以居矣。"遂卜居焉。……济人至今传之。①

尽管这个故事包含"孟母三迁"式的道德寓意,但主人公的择居经历折射出各种职业的民众在城中工作、活动、居住的空间分布,也表明新迁进者在城内、城外似乎有选择居住地的自由,这意味着城市居民与外来者在一定程度上发生交合的可能性。②

明清济宁城区与城郊社区存在着复杂的、层叠的社会职业结构,以及各种城市社会组织。散见的证据显示,在这个人口稠密的城市里的旅居和流动人口中,商人在经济生活领域里扮演着一个富有活力的角色。其他职业包括官吏及其仆役、士兵、力役、经纪

---

① (清)胡德琳、蓝应桂修,周永年、盛百二纂:《(乾隆)济宁直隶州志》卷2《舆地一》,第23a—23b页。
② 地方志中关于迁居的记载颇多,如郑与侨《自撰志铭》讲到其宗族于1407年迁徙到济宁近郊,属济宁卫籍,"此济族所自始也"。而后家族的一些分支淡出卫籍,移居城里。(明)郑与侨:《自撰志铭》,载(清)徐宗幹修,许瀚等纂《(道光)济宁直隶州志》卷9之4《艺文志四》,第165b页。

人、店铺主、工场和作坊主、宗教人士、乞丐(特别是逃荒的饥民)、盗匪、长短期雇工、伙计、工匠,各色人等,构成了非本籍人口的主体。虽然很难获取城市居住人口职业身份构成的明晰数字和比例,但一个邻县的相关信息或可有参考的价值:一份日文文件记录了1880年对作为兖州府治的滋阳县城的人口结构做过的一个调查。① 根据这个文件编制的表四提供了占全城1/5人口的职业构成情况。

表四　滋阳县城居人口统计材料

职业	户数	百分比(%)	注
衙门隶属人口	140	24.50	衙役、书吏、军户、科举功名者、僧侣以及他们的雇佣人员等
商业与服务业人口	319	55.80	从事各种贸易和服务业的所有商人
工匠人口	64	11.20	多数为小手工作坊主及其雇工
农业劳动人口	49	8.50	城居地主、农民
总计	572	100.00	——

作为兖州府治的滋阳城是一个典型的北方行政中心,它在帝国管理体制中的位阶使其具备了区域行政中心的特征:商业和服

---

① Yamane Yukio(山根幸夫)的表格和分析见于 Gilbert Rozman, *Urban Networks in Ch'ing China and Tokugawa Japan*, pp. 210—211。许檀则根据1910年代题为《滋阳县户册》的一份统计报告列出了一个表格,并进行了有益的讨论。许檀:《明清时期山东商品经济的发展》,第238—241页。

务业的畸重是为了满足城市人口的消费要求;政府系统的人口占1/4,位居第二;手工业薄弱。

与滋阳相比,济宁的内城略小,但外城——郊区要大得多。正因为如此,饶济凡(Gilbert Rozman)将济宁定位于3A级的城市,是山东少有的最高级别城市之一。① 可以肯定的是,济宁的城区与城郊工商业人口要更为庞大,常住的和流动的工商业人口的比重更高,城市社会更复杂。基于济宁工商人口及其活动的概况,我们有理由认为,商品化和城市化支撑了当地的人口增长,特别是城郊人口的增长反映了真正的社会发展。

3.城市里的商人及其组织

如在其他城市一样,外地人口在济宁,尤其是在工商业活动集中的城郊,是当地经济和社会生活中一个突出现象。明清时期经济上活跃的城郊社会主要由非本地户籍的人口组成,特别引人注意的是长期和短期旅居的商人。如何炳棣所描述的,这些外地商人依据共同的家乡地域组成了自己的组织——会馆,这不同于当地人士控制的同业行会。民国成立后会馆大都改名为同乡会。②

济宁地方志没有会馆的记载,大概是由于它们处在官方史志所规范的类别之外。但这些外地人的组织却在当地的经济和文化生活中扮演了不可或缺的角色。散见的资料只能拼凑出会馆活动的一个不完整的图貌。可查的最早的会馆是17世纪20年代建立在城南运河南岸的浙江会馆,该会馆的多数成员从事竹器、丝织

---

① Gilbert Rozman, *Urban Networks in Ch'ing China and Tokugawa Japan*, p. 210.
② [美]何炳棣:《中国会馆史论》,北京:中华书局,2017年,第12页。

121

品、茶、米等诸多来自江南产区商品的贸易。其他成立于17世纪20年代的会馆还包括经营茶、墨、木材的安徽会馆和以纸张贸易著称的福建会馆。乾隆年间由陕西、山西和河南商人合办的三省会馆也建在运河南岸，他们主要经营票号或钱号、草药、烟草、漆器、食油、金属和百货。清代中期出现的还有河南会馆、金陵（或江南）会馆和经营瓷器的江西会馆。这些会馆都坐落在南关郊区。① 各会馆商人经营的商品反映了他们的区域来源，并折射出在全国商品流通网络中生产和交换的区域性分工。多数会馆都从事与南方的贸易。如在其他城市一样，这些外地商人和他们的组织通过商业活动参与当地的公共活动，如修建寺庙、戏台、庭院、货栈、墓地、客栈，以及修缮城墙、码头、堤坝，这重构了济宁南郊的经济基础。这些会馆在1849年漕运中断后萎缩，并在1912年津浦铁路投入使用后衰败。②

华北各地常见的经济类型是来自其他地方的行商主导当地的市场，而本地人占据边缘位置。在包括临清在内的多数北部运河城市和市镇里，以晋商和徽商为主的外地商帮控制了地方市场和经济命脉。③ 行商特别是晋商从金融上统治着山东的农村市

---

① 赵玉正：《济宁城区的私家园林》，山东省济宁市市中区政协编：《文史资料》第10辑，第173—185页；山东省济宁市政协文史资料委员会编：《济宁运河文化》，第128—135页。李华《山东商帮》中讲到在南郊的三个会馆：元宁会馆、浙绍公仁堂、苏州锡箔商之同仁公所。参阅张海鹏、张海瀛《中国十大商帮》，合肥：黄山书社，1993年，第200页。

② 来源于1980年代的访问材料，见于济宁市市中区商业局编《济宁市中区市场资料长编稿》，未刊稿，第40—43页。

③ 明代山东有一句民谣："十九皆徽商。"张海鹏、张海瀛：《中国十大商帮》，第200页。

场。① 然而,济宁的情形不同:这就是地方金融势力与作为地方社会领袖的士绅的结合。一般来说,与江南相比,明清时期北方或华北的士绅精英力量薄弱,而且往往对工商盈利行为持敌意。但济宁的士绅积极地参与当地经济事务并成为城市生活的领导力量,经营玉堂酱园的孙家即是一个例证。济宁的士绅、商人及经营牙行的经纪人等本地精英有效地阻隔了行商的影响,使得包括来自南方的外地资本在济宁手工业及附近地区农副业中扮演辅助角色。

当然,长期来看,本地与外地的界限也在消退;当地居民数量的增加与外地人的本地化是有关联的。与其他北方城市抵制外地人的入籍或者屈从他们的主导不同,济宁社会融合了他们中间的一部分,且将其他部分置于辅助地位。同时,增长着的本地资本还输出到外地。作为山东商帮的一个主要集团,济宁商人在东北、江南和华北其他地方的山东会馆里扮演着重要角色,不但从事长途贩运业务,还投资当地的产业。② 清中期,他们还在盛泽镇创立会馆,且在其他一些江南城、镇也有分支机构或代理人。③

如同其他北方运河城市里的情形,济宁的回族居民在合股集

---

① 张海鹏、张海瀛:《中国十大商帮》,第 200 页。
② 在清末民初的天津和北京,山东商人在丝绸、布匹、茶叶、皮货和饭馆等行业特别活跃。张海鹏、张海瀛:《中国十大商帮》,第 182 页。
③ 参阅《吴江盛泽镇济宁会馆置田建庙碑》(康熙六十一年)、《吴江盛泽镇续修济宁会馆碑》(嘉庆二十二年);苏州博物馆、江苏师范学院历史系、南京大学明清史研究室合编《明清苏州工商业碑刻集》,南京:江苏人民出版社,1981 年,第 326—327、351—352 页;许檀《明清时期山东商品经济的发展》,第 330 页。在多数情况下,济宁商人更多地与本省其他地方的商帮以"齐鲁"或"山东"为名合在一起。

资的商业活动中的表现尤其突出,他们的社区和活动领域使得地方生态更加复杂多样。尽管零散的材料显示,早在宋、辽时期就有一些回族先民在济宁活动并居住下来,但大规模的移民却发生在元代大运河通航之后。从那时起,回族人从北方沿运河南下的过程一直没有间断过。他们大都从事依托运河交通的贸易、生产及服务行业,如前文所说的皮毛业,并逐渐形成了颇具规模的回族居民社区。在16世纪下半叶就有回族人频繁活动的信息,如他们聚集的"回回巷"。① 他们基本都住在城郊,尤其是南郊运河和越河两岸。②

简言之,从济宁的例子中我们可以看到商品化、城市化的发展引发了人口和社会变动。大量的人口涌入城市和市镇以从事商业和商业性生产,这急剧地改变了济宁及周边的职业和社会构成,加剧了社会复杂化。诚然,明清时期济宁等北方运河城市、城镇与江南、岭南的城市、城镇一样缺乏如西欧中世纪末以来的"城市市民阶层"及由他们构成和主导的城市共同体,但城市中大量以工商职业为主体的城市化人口及其社会组织的存在,已经无法用简单的传统农业帝国里政治中心的性质予以定义。这显示出用欧洲经验和标准鉴别工业化以前城市的局限性。而运河运输和贸易对济宁及其区域经济和社会特质的塑造又与江南等其他类型的商业化和城市化有所区别。

---

① (清)王赓廷修,邓际昌纂:《济宁州乡土志》卷3《实业》。
② 马秉新:《济宁回族》,山东省济宁市市中区政协编:《文史资料》第11辑,1998年,第5页。济宁回族依据其传统的职业在近代地方经济中依旧活跃和重要。《(民国)济宁县志》曾描述济宁回族:"回教……其教约有二、三千户,以居住南关为最多。"潘守廉修,唐烜、袁绍昂纂:《(民国)济宁县志》卷2《法制略》,第77a页。

(三)济宁地区的城市化与区域市场体系

济宁的崛起实则是明清时期北方运河地区商品化和城市化的一个缩影。大运河在推动城市化过程中也制约了区域市场体系的类型和特征。

1.繁盛的运河市镇

大济宁地区的城市化不仅表现为既有城市、城镇的扩张和转型,更重要的现象是一系列新市镇的增长和原有城镇的城市化转变。大运河及其辅助性水网的贸易往来将济宁与周围地区联结起来,并使后者成为济宁的腹地。这个从明初一直在扩大的地区逐步发展出一个充分的市场层级体系,在这个区域市场体系内,一系列沿着南北运道以及相关水路的市镇成了济宁功能意义上的卫星城。这似乎粗具"中心地"配置的构架。

"城西南,滨运河"的安居镇距济宁州城9公里。[1] 从明中期到清末,因为"处地扼要,为车船更易之所",安居镇成为一个盐运区域分发中心,"安居盐园惟行销济宁及南运各地方始得卸入"。[2] 其运销地区包括山东西南部、南部,江苏北部,河南东部,安徽北部。镇上其他的重要行业如粮仓、市场和各式杂货店铺、手工作坊都依赖于运河,由运河提供供给并服务于运河运输。在盛清时代,镇上的几个钱庄发行钱票或银票,流通到外地。安居还是一

---

[1] (清)廖有恒修,杨通睿纂:《(康熙)济宁州志》卷2《疆舆志下》,第10a页。
[2] (清)杨士骧等修,孙葆田等纂:《(宣统)山东通志》卷86《田赋志第五》,第60a页。

个文化、教育和城市消费中心,人口繁盛,被称为"小济宁"。天启五年(1625),有4位安居居民考中进士。①

长沟是济宁以北22公里的大镇,其兴隆的商业和娱乐业使其获得了"二济宁"的民间称誉。② 而"州南六十里"运河畔上的鲁桥镇同样"居民稠密,商贾萃集"。③ 其他著名的市镇包括鱼台县的谷亭镇和汶上县的南旺镇,还有为数众多的小镇被称为"店"或"店镇"。④

这些大大小小的市镇很多都是从运河上闸口发展而来的,有些即便不靠近运河,也受到以运河为主轴的贸易机制的牵引。市镇里的工商经营与作为区域中心的州城的经济体系紧密相连而呈现出相似性。这些市镇,居民稠密,且流动人口比重大,手工业经济的地方色彩显著,商业设施齐备,娱乐业也十分发达,饭店、酒肆、商铺、烟馆、赌场一应俱全。通俗文艺亦活泼多样,顾客、赞助人中有不少是行商。⑤ 他们以在济宁的会馆为总部,定期往来于济

---

① 王兆善:《名噪一时的安居盐场》,政协济宁市任城区文史资料委员会编:《文史资料》第11辑,1998年,第34—41页;史仍瑞等:《安居八景》,政协济宁市郊区委员会文史资料研究委员会编:《济宁郊区文史资料》第2辑,1987年,第123—127页。鲁西运河明珠张秋镇也曾享号"江北小苏州",还称"小济宁"。当时流传着一句谚语:"南有苏杭,北有临(清)张(秋)。"张海鹏、张海瀛:《中国十大商帮》,第200页。
② 张显美:《昔日长沟镇》,政协济宁市郊区委员会文史资料研究委员会编:《济宁郊区文史资料》第2辑,第128—132页。
③ (清)廖有恒修,杨通睿纂:《(康熙)济宁州志》卷2《疆舆志下》,第9b页。
④ 文琦在更大的范围内还列出了济宁地区的运河市镇:今梁山县境内的安山镇和寿张集、微山县的夏镇和韩庄。文琦:《明清济宁运河经济与市场体系研究》,青海师范大学硕士学位论文,2013年,第25—29页。
⑤ 参阅朱玉代《新闸漕运与股份合作经济》,政协济宁市任城区文史资料委员会编:《文史资料》第11辑,1998年,第111页;廉成玉、王恩波《运河农村民间曲艺繁华似锦》,政协济宁市任城区文史资料委员会编:《文史资料》第11辑,第139—141页。

宁和周边市镇之间,还购置住所。这些环绕着济宁的市镇验证了其中心性,它们支持着济宁物质、资本和人力资源的统御地位。它们介于济宁与区域内农村之间,直接将自身及其各自范围的农村经济和生活纳入区域市场层级系统,刺激了商品性生产。

2.中心地模式,还是网络模式?

济宁及其周边卫星市镇就其功能而言,好像符合施坚雅的区域市场层级结构。基于中心地理论,施坚雅的地区分析方法从经济独立性和地方城市系统的方面勾画了空间地带,在大小不一的区域内,相互依赖的生态的和社会的变量,例如自然环境、人口、技术、社会经济结构和文化类型,在程度和类别上表现出差异。[①] "以城市为中心点向周边地区提供经济、行政和文化等在空间上需要集中于某一地点的特殊服务。在这些中心城市所构成的等级中,高一级的城市成为中心地区的中心,并以此为核心形成一大区域。"[②]依据中心地理论,施坚雅阐述了一个既定区域的核心—边缘序列,把城市作为经济中心,与行政中心进行区隔:"经济中心地已形成了城市的地区体系,每一体系都是一个多阶次的层级,这种层级因其各组成部分的经济集中程度及其在该区的核心—边缘结构中的地位而存在着内在区别";"人口密集和城市化"的核心与其人

---

① [美]施坚雅:《十九世纪中国的地区城市化》,施坚雅主编:《中华帝国晚期的城市》,第242—288页。
② [美]保罗·霍恩伯格、林恩·霍伦·利斯:《都市欧洲的形成:1000—1994年》,第10页。

口稀疏的边缘形成了一个层级体系。①

按以上标准,对济宁地区的相关考察显示出,济宁及其周边在很大程度上商品化了,而它广大的周围地区作为其腹地而存在。当时区域经济的主要整合力是运河贸易,这使得济宁因其作为拥有广阔腹地的集散中心的功能而成为一个重要的城市。济宁为周围地区提供经济、政治和文化服务,进行功能整合。济宁和其卫星城镇、闸口及附近乡村经由运河联系在一起,形成了一个商业层级网络。商品化和城市化的深化不断地将农村、郊区和城镇拖入一个具备内在功能的地区体系。结果,在山东南部运河段,济宁和它的周围地区形成了一个多层级的核心—边缘地区结构,催生了一个较为松散地联结在一起的前近代运河类型的"区域"。其层级相对完备的等级市场系统使得该区域之经济意义大于行政区划的意义。

然而,这个地区系统也不完全契合施坚雅阐发的中心地模式,因为济宁对跨区域运河贸易有着严重的依赖,它更多的是将其腹地的市镇和农村通过运河与全国市场网络联系起来。从这个意义上说,济宁很像安东篱(Antonia Finnane)所分析的扬州。她建议用网络系统理论取代中心地理论,因为前者"假定某座城市之所以存

---

① [美]施坚雅:《城市与地方体系层级》,施坚雅主编:《中华帝国晚期的城市》,第334—336页。参阅罗威廉对施坚雅模式的理解:"一个区域被定义后并不是指一个固定的和封闭的地区,而是处于不同程度不断嵌套的体系中。"在中华帝国晚期,任何大小的大区、区、亚区都是一个不同程度中心性的多个地方的体系——这个体系是从源于市场动力而非地理条件的以(多个)中心地为系统中心的"相互交换关系"而建立起来的。[美]罗威廉:《导言:长江下游的城市与区域》,载[美]林达·约翰逊主编《帝国晚期的江南城市》,第7页。

在或显得重要,是因为它作为一道门户,将其腹地与一个远距离贸易网络连接起来"。她认为扬州是作为运河运输的国家网络中的一个关节点而存在的。① 网络模式强调的是跨区域贸易在塑造城市与区域经济中的决定作用,从而脱离于区域城市层级的严格限定。

大致来说,济宁地区的多级市场的跨区域联系还是沿循着本地区内部的等级秩序。商品和资本的流动由下至上,从定期的农村集市到市镇再到地区中心济宁。尽管市场的这种形体空间上的安排并不似"施坚雅模式"那般规范,但区域市场体系还是展现出结构和功能上的中心化或集中化。同时,不管中心地模式的实用性有多大成效,像济宁地区或亚地区这样的沿运河地区的开放性远大于内在封闭性。如罗威廉(William Rowe)所指出的,高层级的城市同时具备"跨地区网络系统和地区自身系统"。② 于是,在济宁个案里,把这两个分析模式看作互补的而非对立的应该更有益。这种复杂的特征缘自济宁地区由运河制造的城市化路径。

四、明清时期区域视野和跨区域语境中的济宁

济宁及其他北方运河城市的外在"植入型"的城市化之路规范了一种新的经济形态。这些城市不仅在各自的城区和郊区,而且作为区域中心,在更宽广的范围内获得了重要性,所以对济宁的探

---

① [澳]安东篱:《说扬州:1550—1850 年的一座中国城市》,李霞译,北京:中华书局,2007 年,第 31 页。
② 我同意罗威廉的观点:"这两种模式并不互相排斥,包括本书中所研究的高等级的庞大的中心城市(苏州、杭州、扬州、上海——笔者注),既是区域网络也是区域系统的一部分。"[美]罗威廉:《导言:长江下游的城市与区域》,载[美]林达·约翰逊主编《帝国晚期的江南城市》,第 14 页。

讨应该被置于区域内的城—乡连续体里。同时,济宁还应被置于一个通向其他区域的城市和市镇的更为宽广的网络里,因为其在作为帝国之命脉的大运河上的居中位置,并在山东西部、华北平原和全国的范围内经济往来和市场结构中发挥着重要作用。本节把济宁放在区域和帝国的网络和语境里估量其经济功能和地位,也在与其他北方城市的比较视野里审视运河沿线城市化、城市形态、区域市场体系的共性和个性。

(一)济宁作为一个前现代区域经济体系的非独立性和独立性

尽管明中期至晚清时代的济宁地区在一定程度上表现出了中心地理论所表述的一个层级体系内的机制,但从根源上讲,它的形成并未沿循这样一种逻辑:在本地区内从下而上逐步形成市场和市镇。相反,它起源于一个自上而下的类型:农村市场和市镇被中心城市济宁所驱动,而济宁自身的商品经济却起源于运河运输和贸易。① 这不同于同时期经历着更为普遍和深刻商品化的长江三角洲,长江三角洲农村的蓬勃商品性生产和星罗棋布的基层市场是其地区市场体系的基石,而济宁所在的山东西南部的绝大部分地区本来都不发达。

济宁的崛起和最初繁荣成长,与其贫瘠的腹地几无关系。大致上济宁及其腹地经济的浮动与运河运输和贸易的节奏相吻合。

---

① 关于"从下而上""自上而下"这两种类型,可参阅弗里斯对饶济凡"前近代城市发展"七阶段模式的理论讨论。[美]简·德·弗里斯:《欧洲的城市化:1500—1800》,第10—11页。

一方面大运河转输系统刺激贸易和生产,统合区域化,其商品流通成为当地财富的主要源泉;另一方面也因地方经济过度依赖运河而产生出瓶颈。济宁经济区形成的推动力并不是"内生型"的,即为本地区最基层的经济单位的要求驱使,而是运河上跨区域商品和资本运动的结果。这个城市化的进程,伴随着人口的职业分化,以及携带商品、组织、信息、风尚和资本的职业性移民,在很大程度上重塑了济宁的性格和走向。这个过程奠定了以济宁作为放射核心的大地区的功能和特色,以及受外来因素制约的经济非独立性。

　　济宁及其周边商品化的加深和经济的发展增加了地区内部的"生产性"能力。从明中期开始,为了满足济宁及其腹地商品生产与流通的区域分工背景下的城乡手工业的要求,商品性强的经济作物被广泛种植。山东西部是一个主要的商业棉产区,接着又发展起烟草与其他作物的商品化种植。这种趋势导致了农村市场的扩张,远远超出了作为主粮过剩的偶然交换及基本消费品流通。同时,跨地区的贸易和劳动的分工,如明末布—棉的南北交换,加速了济宁地区内部的农业商品化和农业地区的城市化。在这个过程中,济宁与它的卫星市镇不但领导着商品的市场交易,而且成为雇佣、资本、交换、金融服务和技术传播的渊薮。如此,济宁城市系统的功能接近这么一种状态:"基于大城市社会驱动力的集中,为乡村地区的城市化做好了铺垫。"[1]于是,农村地区受到城市化的影响,而市场力量逐渐地将农村地区城市化或城郊化。

　　伊懋可在分析宋以来的中国农村社会时指出:"与市场的接触

---

[1] [美]简·德·弗里斯:《欧洲的城市化:1500—1800年》,第8页。

日益增长,使得中国农民成为一个具有适应性、合理性、利益导向的小经营者。在农村出现了宽广的新职业。"①像在其他大城市一样,济宁有专门的蔬菜和其他日用品市场,"菜市在东关""鸡市在南关"。② 最邻近的郊区生产主要满足城市与城郊人口的日常消费需求,所以蔬菜、家禽、渔业等副业发展了起来,它们有力地支持了济宁的城市和郊区经济,而其本身就是其中的一部分。在地区市场层级中,农村的市集是最基层的市场节点。尽管缺少更为详细、全面的资料,但在济宁及其辖县的方志中,都有这类市、集、店的条目。③ 农村市场的增长反映着城市化向农村的渗透,反之则在一定程度上支持了城市、市镇的商业和生产。

这意味着地区经济的某种独立性,如施坚雅所说的作为一个"一体化的城市系统"而运行。在这个系统里,城市的网络通过分类、动员和调节的功能,使得劳动、资本和信息有效地启动地区经

---

① Mark Elvin, *The Pattern of the Chinese Past*, p. 167.
② (清)徐宗幹修,许瀚等纂:《(道光)济宁直隶州志》卷 3 之 5《风土志》,第 16a 页。
③ 一些日本和中国历史学者对山东商品经济的研究显示:山东农业市场的兴隆开始于明代中期,在清代中期达到顶峰。许多农业市场起源于寺庙附近定期举办的集市,并与宗教节日有关。山根幸夫曾调查到明代以前山东的不少集市起源于宗教活动。引自 Gilbert Rozman, *Urban Networks in Ch'ing China and Tokugawa Japan*, p. 206。斯波义信同样看到"庙市"、地方祭祀集会以及佛道法会作为宋代江南的集市、市场的起源。[日]斯波义信:《宋代商业史研究》,第 338—380 页。许檀的研究显示:山东省的集市在清中叶约为 2300 个,至光绪年间达到 3000 个;西部平原地区的密度高。全省平均交易半径为 5—8 公里,为半日步行往返的距离。许檀:《明清时期山东商品经济的发展》,第 302 页。文琦举了济宁周围县的乡村集市和庙会的例子,但难以呈现一个全面的场景。文琦:《明清济宁运河经济与市场体系研究》,第 20—22 页。

济。① 在济宁地区,整个地区商品化和城市化从根本上改变了城乡关系,形成了以分层的、分级的市场为基础的地区经济系统。在施坚雅的"区域体系"范畴内,从明中期开始的济宁地区的城—乡连续体可以被认作一个"结合为一体的结构",这考虑了济宁与它腹地多级节点上的互动;这些节点的市场功能上的联系和城市性的水平各不相同,乃是根据它们与济宁的实质关系而非仅仅地理距离上与济宁的远近。② 济宁的经济中心性是将它的腹地化合成一个统一的地区市场层级的根本向心力。

关于城市—腹地关系的中心地理论对地区分析来说十分有益。如施坚雅指出,"城市的形成及其中心功能的增长"在地区发展中至为关键。这就是"地区的各种资源,不光是经济和政治方面的,而且还有社会和文化方面的,都成倍地增加,更有成效地得到开发利用,效率也愈来愈高"的过程。③ 按此定义,济宁城区和城郊及其邻近地区在山东西南部组合成了一个具有核心—边缘结构及功能的区域实体。在这个由运河的经济动力而形成的层级市场系统中,我们可以看到一种典型的北方运河区域结构:紧邻运河的核心地带的城、镇商品化、城市化发达,其邻近地区则作为边缘腹地

---

① [美]施坚雅:《十九世纪中国的地区城市化》,施坚雅主编:《中华帝国晚期的城市》,第242页。
② [美]施坚雅:《导言:中国社会的城乡》,施坚雅主编:《中华帝国晚期的城市》,第306—308页。
③ [美]施坚雅:《十九世纪中国的地区城市化》,施坚雅主编:《中华帝国晚期的城市》,第242—243页。

而存在。①

作为华北平原大区内的一个组成部分,大济宁地区可以被视作一个亚北方地区。然而,济宁的地区界限并不明朗,这个地区的经济导向意味着其地区系统逾出了施坚雅关于传统中国境内大区划分的藩篱。如前所述,运河运输使得跨区域交换变得可能,而且起到关键作用,从而穿透了施坚雅地区模式的整齐规则性。大体而言,在明清阶段,济宁所在地区的整合力和生命力因为运河的活力而空前增强了,而济宁也因其市场基础成为山东西南部的经济核心。在济宁地区内,市场杠杆测量着市场层级体系和网络中各个节点的城市化程度和深度:中心城市、市镇以及大小不一、姿态各异的农村集市。我们可以认为:济宁地区被适度地整合成了一个准现代经济地区,与当时中国其他相对独立的发达经济地区相似(如江南、岭南各大区中的亚区),但不同于为一个统一的全国市场所驱使的现代地区的模式。

(二)跨地区语境中和比较视野中的济宁

在施坚雅所指的"华北大区"或一般意义上的华北平原内,济宁和山东西部是属于边缘地区吗?明清时期,山东西部人口稠密,整体上还处在较低的商品化和城市化程度。但是,如大济宁地区的情形所示,山东西部紧毗运河的地带出现了发达的商品化经济

---

① 彭慕兰指出,在明清两朝的多数时期,由于大运河的推动,包括济宁、临清在内的"黄运"地区属于华北大区的核心部分。[美]彭慕兰:《腹地的构建:华北内地的国家、社会和经济(1853—1937)》,第44页。

和城市化社会。为了更好地评判济宁和济宁地区的地位,有必要将之放到更大的地理和经济背景中去。

1.山东省视野中的济宁和济宁地区

从明清时期地理、经济和文化的角度看,处在华北平原上的山东省由几个特色各异的地区组成。① 如当时全国各地的多数情形一样,山东境内的行政区划更多地着眼于管理和税收的考量,并在省内进行或多或少的干预、调节和统合。然而,政治权力总是随着各种因素的变化调整地区行政结构规划。如此,山东作为一个有机整体的同时也标志着境内经济存在某种贯通性。

饶济凡将开埠前的明清中国城市分为7个等级的谱系,山东省内只有沿运河的济宁、临清和离运河不远的济南被列入3A级城市,即在19世纪中叶之前的华北平原,排在被定为二级城市的京

---

① 许檀从自然条件和经济地理的角度将明清时期的山东分为三个部分:由黄河冲积而成的山东西部、北部平原区;山东中南山地丘陵区;由胶东丘陵和胶莱平原组成的山东半岛。许檀:《明清时期山东商品经济的发展》,第13—17页。彭慕兰着眼市场机制,将清末民初的山东分成三个区域资本市场:北部沿海、核心地区(包括大部分的北部黄河—运河地区)、西南地区(南部黄河—运河地区);但黄运地区作为一个功能整体化的区域而存在。[美]彭慕兰:《腹地的构建:华北内地的国家、社会和经济(1853—1937)》,第110—118页。周锡瑞运用社会经济标尺,将山东区分为六个地区:东部半岛、北部坡地、南部山区、西北部、济宁地区、西南部(从东到西排列)。[美]周锡瑞:《义和团运动的起源》,第6—12页。三位学者都强调了山东内部亚地区/区域的个性。尽管19—20世纪之交发生了大嬗变,彭慕兰和周锡瑞相近的区域划分大致上也适用于晚期帝制时代。然而,在这里所使用的"区域"不同于描写济宁层级市场系统时的"区域",因为源于商品化和城市化的差异,并不是山东各个区域都具备了这样的性质。

师北京之后。① 鲍德威将19世纪的山东分成四个贸易区,分别以济宁、临清、济南和潍县为中心,每个城市都有10万以上的人口,属于饶济凡意义上的"三级"城市。② 周村在该世纪末作为手工业和商业中心也跻身这一行列。③ 所有这些城市都占据交通之便。明清时期的山东,几条纵横的驿路或陆路干线为沿线的商品化、城市化和区域间的经济联系提供了条件。其中,南北驿路在运河以东,与运河平行,穿越山东西部,而有些路段则直接以运河替代。④ 东西大道贯通济南与胶东半岛东部,并有几条支路通达各沿海港口。⑤ 从东到西,三级或四级的城市包括蓬莱(登州府府治)、掖县(莱州府府治)、潍县、益都(青州府府治)、济南及一些县一级和县以下的城镇都在沿路或距离不远。潍县的重要性取决于它在连接西部内陆与东部沿海的战略位置。⑥ 济南的重要性主要源自它作为省治的政治和文化地位,尽管其经济在明清的绝大部分时期都远逊色于济宁和临清。

在山东西部,财富和人口向运河两岸城市、市镇和初级市场的流动,开拓了沿运的城市空间,产生了一个城市化的狭长地带。在

---

① Gilbert Rozman, *Urban Networks in Ch'ing China and Tokugawa Japan*, pp. 205, 209—210. 他还注意到迄至18世纪末山东省城济南依然是一个普通的行政处所。
② [美]鲍德威:《中国的城市变迁:1890—1949年山东济南的政治与发展》,第19页。
③ 王守中、郭大松:《近代山东城市变迁史》,第70—78页。
④ 张玉法:《中国现代化的区域研究:山东省,1860—1916》上册,台北:"中研院"近代史研究所,1982年,第35—36页。
⑤ 王守中、郭大松:《近代山东城市变迁史》,第55—56页。
⑥ 王守中、郭大松:《近代山东城市变迁史》,第88—89页。朱年志对明代山东境内的主要驿路和商路进行了比较细致的描述。朱年志:《明代山东水陆物资运输探析》,第11—13页。

这个地带上,由南至北的著名山东运河城市计有峄县、济宁、聊城(东昌府府治)、德州和临清。它们因傍依运河而发生商品化和城市化的巨大变化,并带动起它们各自临近的边缘地区。在这个生意兴盛的贸易地带上,通俗文化也发展起来。明末小说《金瓶梅》被认为是山东西部运河城镇居民生活的一种现实主义写照。[1]

从总体上讲,如何评估明清时期山东的经济?许檀的研究显示,从明中期到清晚期,山东的农产品加工业取得了长足的发展,并牵引了传统种植业的变革,但专业化生产的重要市镇在山东数量不多。[2] 实际上,这种薄弱环节是当时中国多数大区、区或地区和亚地区经济体共同的现象。例外的情形在长江三角洲、珠江三角洲以及部分北方运河地区,其中,济宁地区和临清地区在山东和中国北方颇为独特。

在明清时期,各省一般不存在独立的商品流通网络。各个地区或亚地区的经济更多的是拥有各自的市场轨道和线路,并进而汇入全国范围的贸易体系。然而,由于同一行政区划的管辖,频繁、规则的省内交流和交换是可能的。在山东境内,东西部之间的贸易是最重要的商业交换,而东部借此连接到以运河为主干的全国南北商业网络中。山东西部境内地区及亚地区之间的交换则属于运河南北跨区域流通的一部分,其中一个典型的例子即是济宁和临清之间的紧密联系。《(乾隆)临清直隶州志》描述了两地的关

---

[1] 一些中国学者认为《金瓶梅》故事的地理背景是临清,尽管作者(托名"兰陵笑笑生")为了比附《水浒传》的情节将故事发生地称作"清河"。参阅王汝梅《〈金瓶梅〉地理环境与临清》,李蓝生、杜明德主编:《运河明珠——临清》,济南:山东省地图出版社,2001年,第187—191页。
[2] 许檀:《明清时期山东商品经济的发展》,第398—400页。

系:"临清为四方辐辏之区,地产麦谷不敷用,犹取资于商贩……其有从汶河来者,济宁一带之粮米也。布帛亦皆来自济宁,舳舻千里,衣粗食粝者取给焉。精美轻赍之物,附粮艘而麕至,盖尤易矣。"①这里透露出当时济宁棉纺业优于临清的信息,更说明市场机制在区域流通中的主导作用。

2.国内市场网络上的济宁和济宁地区及其与海外市场的联系

山东各经济区在"华北大区"的地位怎样？山东西部,如饱受黄河带来的洪灾和饥荒、可视为济宁的广阔腹地的"南黄运"地区,颇似裴宜理(Elizabeth Perry)笔下的淮北,②也是周锡瑞所谓盗匪活动猖獗的温床。③ 但济宁和临清地区的情形不同。

同临清一样,济宁在帝国的经济和财政收入结构中占据重要地位。一方面,明代漕粮征收伊始,山东和河南就是仅有的提供"北粮"的两个省份,④而济宁地区在漕粮的征收和运转上也承担了重要职责。另一方面,济宁是明清时期征收商税额最高的城市之一,这显示了其工商业的规模。⑤ 康熙年间,济宁本州(不领县)的

---

① (清)张度等纂:《(乾隆)临清直隶州志》卷2《建置志》,乾隆五十年(1785)刻本,第35b页。
② 如同裴宜理所研究的淮北,即以"地理和人文条件都险恶著称"的黄淮地区,山东西南部也是"中国洪患、饥荒的中心地区"的一个部分。[美]裴宜理:《华北的叛乱者与革命者:1845—1945》,池子华、刘平译,北京:商务印书馆,2017年,第13页。
③ [美]周锡瑞:《义和团运动的起源》,第5、12页。
④ 关于明代山东漕粮征收的量化资料,见朱年志《明代山东水陆物资运输探析》,第21—23页。
⑤ 除了内部关税,明政府还向零售商收取一种名为"门摊税"的商税。此税于1425年在33个较大的城市推行。[加]卜正民:《纵乐的困惑:明代的商业与文化》,第117页。

年商税约白银1300两。[1] 乾隆十二年(1747),则高达7900两。[2]

更重要的是,作为山东省的一个主要地方产品集散中心,济宁在漕运和运河贸易网络中的战略位置赋予了它在跨区域商品流通中突出的枢纽地位;其南方导向的经济促进了南北经济交换。以乾隆时期粮食的长途贩运为例,根据许檀的研究,山东西南部(包括济宁州、兖州府、曹州府等府、州的大部)每年输出数百万石的小麦、豆类和杂粮到长江三角洲、直隶(河北)、河南和山东西北部(东昌府)。山东西南部持续输出余粮一直到清末。[3]

济宁及其附近地区的外部联系有助于我们思考在中华帝国晚期是否出现近似欧洲近代"民族市场"的国内市场的现象。[4] 明清时期大规模的物资官方运输和地区间商品的差价使得各个地方之间的联系成为可能。大部分长途贸易借助了运河,沿运城市成为这种联系的纽带。会馆的广泛分布标示着发达的长途贸易的模式。明清政府调节政策以适应这种商品化的发展,其中一个重要的变化就是明中期推行一条鞭法以来赋役的货币化,依赖"看不见的手",帝国内多数地区都是在市场的基础上日渐融合、壮大的。

---

[1] (清)胡德琳、蓝应桂修,周永年、盛百二纂:《(乾隆)济宁直隶州志》卷6《舆地五》,第25b页。
[2] 参阅许檀对相关史料的统计和分析:具体而言,3120两系征收自25家布店,1390两系征收自21家绸缎店,100两系征收自4家药店,100两系征收自14家竹木铺,970两系征收自35家杂货铺。许檀:《明清时期山东商品经济的发展》,第172—173页。
[3] 许檀:《明清时期山东商品经济的发展》,第77页。
[4] 正如李伯重所说,"把'民族市场'这个具有特定的欧洲背景的概念搬到中国来,当然是不恰当的",但探讨明清时期是否出现全国范围的国内市场问题还是有益的。李伯重:《十九世纪初期中国全国市场:规模与空间结构》,《浙江学刊》2010年第4期,第5页。

然而,全国范围的经济联系的一般模式还是基本上停留在南方(或者说长江三角洲)的商品化生产和北方的消费市场之间的传统交换关系。这说明,济宁等北方运河城市的经济功能,其商业性还是超过了生产性。可以说:明代中期开始出现了一个整合的、但尚不成熟的全国性市场,经历过明清之际的坍塌、倒退,在清代又更始并深化。

大运河也承接了明清时期以朝贡形式为主的对外贸易,包括济宁在内的运河港口成为对外贸易的中转点。日本商人的角色十分突出。在明代,日本商旅携带了远远超过朝贡限定的私货,并时常引发贸易纠纷。① 总的来说,在明清的大部分时期,日本商船在运河贸易中断断续续地保持着重要性。但是,原始文献中缺乏国际贸易对济宁和其他北方运河城市产生显著直接影响的证据,济宁的跨区域重要性基本还是在于它在国内市场网络和帝国财政体系中的位置。

3.与其他北方运河城市的比较

济宁的崛起代表了北方运河地带城市化和地区经济形态的大势。对其他北方运河城市的分析不仅可以帮助我们更好地理解这种城市化类型的含义,也可以看出这些城市之间的异同。

处在山东西北部的临清是与济宁齐名的运河城市,是一个全

---

① 鉴于法定内外的日本勘合贸易使团入华过于频繁及携带贡物远远超量额,明廷宣德初年开始不得不加以数量和额度的限制,但违禁、摩擦事件仍然不断。这种法内、法外的贸易在明廷后来鉴于倭患猖獗从而实行严格限制和监督时期亦未曾中断过。参阅安作璋主编《中国运河文化史》,济南:山东教育出版社,2001年,第1348—1351页。

第二章　大运河所驱动的济宁商业化与城市化

国性的仓廪要地。元朝改建大运河,会通段运河的效应之一就是1289年会通镇的兴起。明洪武二年(1369),临清县治迁到会通镇。次年,该地建立起明代最大的粮仓。① 随着漕运的进行,临清很快发展起来。弘治二年(1489),它被提升为州。朝鲜人崔溥在1488年初的运河航行中,曾停宿临清,接受来自辽东的一帮商人的宴请。他印象中的临清"在两京要冲,商旅辐辏之地。其城中及城外数十里间,楼台之密、市肆之盛、货财之富、船泊之集,虽不及苏杭,亦甲于山东,名于天下矣"②。利玛窦在1599年也观察到:"临清是个大城市,很少有别的城市在商业上超过它。不仅本省的货物,而且还有大量来自全国的货物都在这里买卖。"③乾隆四十二年(1777),临清被提升为直隶州,与另外一个直隶州济宁对望。从漕运的视角看,临清的城市空间最早来自国家力量的塑造,但运河贸易的一个结果即是位于城郊的临清新城的出现,其鼎盛时期的规模是老城的五倍之大。

如同济宁,临清的崛起、成长和沉浮与漕运紧密相关。丘濬(1421—1495)指出了济宁和临清的不同位置,尤其是水闸设置的不同状况,但视它们具有同等重要性:

> 济宁居运道之中,所谓天井闸者,即《元史》所谓会源闸也……诸水毕会于此,而分流于南北……此盖居两京之间、南

---

① 当砖城在1449年建成后,很快建立起能"容三百万石"的官仓,其中"三仓乃在城西北隅,占地有城内四分之一"。(清)张度等纂:《(乾隆)临清直隶州志》卷3《田赋志》,第42a页。该卷的"解存""仓庾"两节含有自明初以来仓储体系沿革的信息。
② [朝]崔溥:《漂海录——中国行记》,第134页。
③ [意]利玛窦、[比]金尼阁:《利玛窦中国札记》,第337页。

141

北分中之处……通论诸闸,天井居其中,临清总其会,居中者如人身之有腰脊,总会者如人身之有咽喉,腰脊损则四肢莫运,咽喉闭则五脏不通。国家都北而仰给于南,恃此运河以为命脉,济宁居腹里之地,州县栉比,居民鳞次,而又多有旁出之途,惟临清乃会通河之极处,诸闸于此乎尽,众流于此乎会……是凡三千七百里之漕路,此其要害也……①

然而,与济宁相比,临清的粮食交易,尤其是漕粮运输和储藏在商业和经济领域里占主导地位。② 作为最大的漕粮仓储地,临清在明代通常维持着 300 万石的粮储量。在临清的手工业领域里,政府充当了支配角色。15 世纪之初,为了满足明王朝修建城墙的需要,11 个大型砖窑在临清建立起来,直到清末,临清还是北方制砖业的中心。③ 这种局面说明临清的地方经济对国家有着更为严

---

① (明)丘濬:《大学衍义补》卷 34《治国平天下之要·制国用·漕挽之宜(下)》,金良年整理,朱维铮审阅,上海:上海书店出版社,2012 年,第 289 页。康熙初年,知州于睿明在《临清州志》的序文中谈到:"清源(即临清)由县升州,地居神京之臂,势扼九省之喉,连城则百货萃止,两河而万艘安流。或耕或商或游,如织如骛如归。"(清)于睿明等修,胡悉宁等纂:《(康熙)临清州志》卷前"序一",康熙十二年(1673)刻本,第 3b—4a 页。

② Harold C. Hinton, *The Grain Tribute System of China, 1845—1911*, p. 12. 郑民德对大型运河水次仓进行了有益的探讨,认为它们不仅存储大量漕粮,而且还起到诸多重要社会功能。郑民德:《明清京杭运河沿线漕运仓储系统研究》,南开大学博士学位论文,2013 年,第 100—131 页。

③ 王云:《明清临清贡砖生产及其社会影响》,《故宫博物院院刊》2006 年第 6 期,第 61—72 页;严夫章:《明清修建紫禁城用的临清砖》,《故宫博物院院刊》1982 年第 1 期,第 94—96 页。

重的依赖。①

宣德四年(1429),明政府在临清设立钞关征收商税。② 万历年间,在运河和长江征取"船料"的八个最大的钞关中,临清钞关的白银83 000两商税雄踞全国第一,占全国总和的1/4。③ 临清和临清地区的繁荣依赖于其漕运的优越位置,故而国家在漕运政策上的任何变动都会在当地产生一系列的重要影响。从明代中期一直到清代中期,临清在山东的地位比较稳定。④ 但是,许檀和饶济凡分别通过地方文献发现,在清代中叶因为政府减少了大运河上的漕粮运转和储藏,临清城市的繁荣实际上开始萎缩,其关税减少到5至6万两,在各大税关中居于中游。⑤ 与济宁相比,外地商帮在临清的势力非常强大,⑥临清缺乏挑战或制衡他们的本地势力,主导

---

① 韩书瑞也有类似评价:"临清是清廷在运河上的六大仓库之一,所有漕船都在这里集散,这样,临清就成了一个主要的瓶颈路段。"[美]韩书瑞:《山东叛乱:1774年王伦起义》,第103页。
② (清)张廷玉等:《明史》卷81《食货五》,第1976页。从明中期到清晚期的多数时期,临清钞关虽然税额和地位有所变动,但始终在国计民生中占据重要性。参阅黑广菊《明清时期临清钞关及其功能》,《清史研究》2006年第3期,第52—57页;向福贞《明清时期临清钞关的作用及影响》,《聊城大学学报(社会科学版)》,2009年第4期,第57—59页;井扬《明清临清运河钞关研究》,山东大学硕士学位论文,2008年。
③ 许檀:《明清时期山东商品经济的发展》,第164页。
④ 许檀认为直到19世纪晚期临清城市和郊区的人口和商业规模要大于济宁,之后便迅速下降。许檀:《明清时期山东商品经济的发展》,第229—230页。
⑤ Gilbert Rozman, *Urban Networks in Ch'ing China and Tokugawa Japan*, p. 210;许檀:《明清时期山东商品经济的发展》,第136、164页。
⑥ 李宁:《明清时期徽商在山东临清的活动研究》,《德州学院学报》2013年第3期,第107—111页;王云:《明清时期山东运河区域的徽商》,《安徽史学》2004年第3期,第12—19页;王云:《明清时期山东的山陕商人》,《东岳论丛》2003年第2期,第102—105页。

地方经济和社会舞台的是来自外地的官吏和商人。

国家在地方城市化上发挥重要影响的现象在明清时期十分普遍。在山东西部的运河带上,德州从明初的军事基地崛起为重要运河城市也是源自漕运、运河交通和贸易的驱动。① 崔溥在1488年路过时观察到:"河抱城,西而北。城即古平原郡也,土广人稠,商旅所会。"②而东昌府府治聊城尽管很早就是一个行政中心,但其商业和经济功能的增加却也是运河运输和贸易驱动的结果。③ 清嘉庆年间,聊城大约有400家晋商。建于1743年的富丽的山陕会馆屹立至今,该会馆在历史上经历过若干次修缮,其中1803至1809年的修缮一次性耗用了白银49 600两,1845年的一次也花了18 000两。④

如果我们的视野越出山东,会发现海河平原上天津的崛起也彰显着大运河的中枢作用。天津的前身直沽寨原是金朝(1115—1234)后期建立的一个兵营,随着经济和人口的增长,元延祐三年(1316)改名为海津镇。洪武二年(1369),明政府在此设立了三个卫指挥使司,并将之建成了一个土城。漕运的扩大将这个卫城很快变成了一个运河大埠,政府于是相继在此建立了多重的行政、军

---

① 郑民德:《明清德州商品经济的发展及其历史变迁》,《聊城大学学报(社会科学版)》2011年第5期,第48—53页;王滨:《明清大运河与德州城市发展初探》,《安徽文学(下半月)》2008年第9期,第247页。
② [朝]崔溥:《漂海录——中国行记》,第136页。
③ 李海华:《运河变迁与聊城的发展》,山东大学硕士学位论文,2010年,第22—41页。
④ 相关山陕会馆的资料参阅李红娟《聊城山陕会馆碑刻分类及其史料价值》,《聊城大学学报(社会科学版)》2005年第3期,第263—265页;赵生玲《清代乾隆至光绪年间的聊城商业——以山陕会馆碑刻资料为中心的考察》,《聊城大学学报(社会科学版)》2005年第3期,第266—267页。

事、漕运和运河管理机构。弘治六年(1493)改用砖营建城墙,城市格局形成。雍正三年(1725),天津卫更名为天津州;同年,又改为天津直隶州;雍正九年(1731),升格为天津府。在城市功能上,天津也从一个粮食转运、储藏和贸易中心演变成了综合性的工商都会。至道光二十年(1840),其城区、城郊人口接近20万。虽然,不久之后漕运的中断严重摧残了它的繁荣,但在19世纪末它迎来了另一次重生的机遇——从一个内陆水运中心转变成了一个由西方驱动的现代经济背景下的海滨城市。①

以这些北方运河城市为枢纽形成了运河沿岸的城市化地带,这个长带上的各个地区或亚地区因运河贸易而连接起来,却并没有像长江三角洲那样有机地糅合成一个具有较高一体化程度、相对统一的大区。这些地区和亚地区各自的层级市场体系的发展程度不尽一致,而是更多地取决于它们各自核心城市的特性。

(三)北方运河带城市化的动力及其限制

在考察了明清济宁的城市化过程和经济形式以及人口状况,分析了其在区域内的中心作用和跨区域上的中枢功能之后,我们

---

① 关于天津的资料和论述,参阅林纯业《明代漕运与天津商业城市的兴起》,《天津社会科学》1984年第5期,第87—90页;胡光明《开埠前天津城市化过程及内贸型商业市场的形成》,《天津社会科学》1987年第2期,第85—91页;陈雍《明清天津城市结构的初步考察》,天津城市科学研究会等合编:《城市史研究》第10辑,天津:天津古籍出版社,1995年,第25—63页;张利民《从军事卫所到经济中心——天津城市主要功能的演变》,刘海岩主编:《城市史研究》第22辑,天津:天津社会科学院出版社,2004年,第20—37页。

应该可以归纳出构成和左右济宁城市化和城市形态的主要因素,以此反映出同时期北方运河地区城市化和城市形态带有普遍性的特点。这无疑会丰富我们对中华帝国晚期城市多样性乃至工业化以前世界史上城市多元化的认识。

济宁源自运河运输和贸易的"植入型"城市化,与长江三角洲和珠江三角洲的情形大不相同。在长江三角洲,城市空间的扩张源于本地区商品化也即专业化的商品生产和商业系统发达基础上的市场牵引下的经济进步。换言之,起自最基层的商品化是带动地区城市化的坚固基石。这构建起以广大农村市场为起点的自下而上的城市化层级体系,可以用中心地模式来表述。长江三角洲有着一个比较完备的区域市场结构:星罗棋布的农村集市—市镇(多数是县级以下)、县治及多数州治、府治—中心城市(苏州、杭州及南京)。这个区域市场结构可以被称为自身"内生型"的城市化模式。[①] 在这种性质的地区系统内,为数众多的市镇成为江南市场网络中的中坚力量。

济宁的个案显示,在山东西部,甚至可以说在华北平原的运河地区,原本传统农业区的城市化最初是在缺乏本地农村商品化的情况下发生的。正像罗威廉在总结明清时期扬州城市化的经历时

[①] 笔者对这种多层次市场体系的描绘,见孙竞昊《明清江南商品市场结构与市场机制探析》,《华东师范大学学报(哲学社会科学版)》1996年第5期,第91—96页。张海英则是以商路和城市功能为重点,详尽地讨论了各种阶次和类别的层级市场上的商品交换。见张海英《明清江南商品流通与市场体系》,上海:华东师范大学出版社,2002年,第18—171页。李伯重总结中国和西方学者关于城市人口的相关研究,认为江南城市化比例在1620年代及1700年前后可能是15%,远高于其他经济区。李伯重:《江南农业的发展:1620—1850》,王湘云译,上海:上海古籍出版社,2007年,第22—24页。

第二章 大运河所驱动的济宁商业化与城市化

所指出的,一系列的市镇和中小城市出现和成长,与之相对照的是它们周围落后的农村经济,这说明它们的城市化是外加的,而非自然生长。① 虽然缺少本地农村商品性长足发展的基础,但高度发达的水陆交通网络却也可以抚育出城市化所需要的商业和文化。处在南北交流的中间地理位置上的济宁,发展了城市化,并获得了作为大济宁地区乃至更大范围内的中心城市的集中性。而且,与江南的情形相似,济宁等一些北方运河城市、城镇的功能和性质也逾越了传统政治中心的界定,在城区、城郊以及市镇里从事工商业的民众,尤其是在同业行帮、行会和会馆团体中出现了似乎具有某些"市民"阶级色彩的社会组织和结构,尽管无法与中世纪后期以来的西欧城市相比。

一个城市的兴起和衰落,哪怕小幅度的命运起伏,都与"环境和技术撞击之间的平衡"紧密相关。如罗威廉指出,地形和其他生态条件对某些城市有利,对其他城市则可能不利,于是,这些条件的变化可以改变既有的优势,形成新的中心地,而其他地区就相对衰落。② 然而,环境的变化常常源自政府的决定。明清时期,山东西部沿运地区的巨大变化就验证了这点。在大运河的关键河段会通河重新疏通后,明政府放弃了漕粮海运,大运河开始深刻地塑造其流过的内陆地区的经济循环结构和类型,这在山东西部表现得特别突出,济宁的崛起即是一个典型的例子。北方运河沿线商业

---

① [美]罗威廉:《导言:长江下游的城市与区域》,载[美]林达·约翰逊主编《帝国晚期的江南城市》,第6页。
② [美]罗威廉:《导言:长江下游的城市与区域》,载[美]林达·约翰逊主编《帝国晚期的江南城市》,第4页。

和经济的繁荣与城市化发展或扩张实际上是国家干预的结果。换言之，山东西部的经济变迁和发展取决于国家的方针和政策，与此相对应的是明中期以来胶东半岛的经济衰落。《(嘉靖)山东通志》写道："国家承平百余年，休养生息。济南、东(昌)、兖(州)颇称殷庶。而登、莱二郡，沂(州)、济(宁)以南土旷人稀，一望尚多荒落。"①

  运河运输的任何波动都会影响到运河城市和地区的盛衰，必须正视国家政策的调整，以及其他的政治和社会因素作用，也即因全国整体及局部相关政治形势的变化而变化。明政府始终致力于维系这一陆上水路系统。而清政府对沿海运输的某种宽容滋养了东部沿海的经济增长。随着更多费用低、效率高的商船从事南北贸易，清政府逐步减少了对运河的投入。本书第六章将述及，山东西部运河两岸的城乡从19世纪中叶开始急速边缘化，是由于运河交通的衰败和漕粮海运的扩大；与此相对应的是清王朝将战略重心放到沿海之后，受外国技术和资本影响下的近代经济区的崛起。

  概言之，明清时期北方运河城市的兴起或扩张是国家政策的一个副产品，对国家主导的漕运及运河贸易的依赖也造成了它们"交换"胜于"生产"的寄生性，其外在"植入型"城市化道路也决定了缺乏源于自身动力的区域经济的脆性。当然，各个北方运河城市自身的历史、文化差异性也导致它们对国家政策的不尽一致的地方反应。另外，既有的地理、生态、技术等条件也是构成各个城市和地区差异性的因素。总的来说，从城市化和城市形态的角度

---

① (明)陆釴等纂修：《(嘉靖)山东通志》卷7《形势》，第7a页。

看,颇具自身特色的济宁的个案也反映出北方运河城市的一般特点。

本章所探讨的明清时期济宁城市化和城市形态集中于经济和人口领域。济宁市场的导向主要受运河运输和贸易的牵引。从跨区域贸易和经济功能上看,这产生了南方导向的市场联系,也使得其经济结构与南方具有相似性。虽然市场和经济规范了济宁民众的基本生活状态,但其他元素同样参与了这个特色城市的结构的塑造。其中,济宁与江南城市不仅具有相同、相似的商业与娱乐设施,还发展出一种相似的文化景观和精神气质,与一般的正统北方城市形象颇为异趣。济宁之所以被称为"江北小苏州",不仅仅在于其商业的繁华,还因为其城市文化所蕴含着的江南特征。要理解这种不同,需要进一步探讨其由士绅精英主导的文化认同。

第三章 济宁城市形象的塑造

　　历史上中国各地的景观在地理和文化上有极具意义的差异。中国历史上南北方的划分一向受到关注。虽然牟复礼(Frederick Mote)在描述前现代中国时强调其共同特征,而不是区域差异,但他也有力地说明了从宋代开始越来越明显地在精英审美倾向、文人追求、礼仪、社会习俗方面的一些南北差异。① 就像牟复礼对区域差异性的感知一样,历史时期的大量文献也映现出了这种区域性刻板印象的流行,即通常将代表城市的南方与代表乡村的北方相对立。事实上,六朝以降,特别到了明清时期,许多北方人有意识地效仿南方,以此获得一些南方属性的经济和文化上的声望。在这个模仿的过程中,通过大运河实现的物品、人员和思想的便利

---

① Frederick W. Mote, *Imperial China, 900—1800*, pp. 266—267, 299—330, 561, 881—882.

沟通,使一些北方城市在帝国晚期或多或少地"南方化"了。① 本研究案例的关注对象济宁在地理上位于北方,却在明清时期呈现出许多江南城市的特点。

随着经济发展,济宁的文化与教育也繁荣起来。从经济的角度看,经济制约着文化,当经济发生变化,文化也会因应地变化。但从文化的角度看,文化对经济同样发挥重要制约作用。② 不管其出发点如何不同,经济类型与文化实践的内在联系不容置疑,当然,类型相同或近似的经济基础并非一定对应着同样的文化属性。在济宁,伴随着明代中期大运河驱动的市场经济的勃兴,极富特色的地方文化也繁荣起来,这包括士绅刻意营造的精英文化及其影响之下的大众文化。济宁城市的物质外观和文化认同,既与地方的历史传统相关,又依托于繁荣的商业活动和服务设施。特别是,济宁发展成了一个拥有雅致建筑和潇洒气质的具有全国影响的胜地,颇似江南城市。

本章从鸟瞰城市景象开始,展示以士绅为代表的济宁居民如何构建地方特色的文化及社会形象,使得城市空间成为地方认同的舞台,体现出富有特色的物质的和非物质的日常生活风貌。

---

① 梅尔清在《清初扬州文化》一书中指出,南方文化的高声誉使其成为全国范围内具有吸引力的典范。因此,诸如扬州等地"把江南的城市作为其理想和范本",从而使当地精英自觉地以南方风格塑造了城市建筑等物质和非物质文化。[美]梅尔清:《清初扬州文化》,朱修春译,上海:复旦大学出版社,2004年,第162—170页。
② 参阅卜正民等学者对马克思的经济解释和对韦伯的文化解释。Timothy Brook and Hy V. Luong, *Culture and Economy: The Shaping of Capitalism in Eastern Asia*, Ann Arbor: University of Michigan Press, 1999, p. 2.

一、城市文化表征及其构建

在大运河运营和经济增长的推动下,济宁的声誉从明中期开始稳步提升。随着这种新的声誉而来的文化变革,既包括旧资源的革新,也包括新资源的创造。借助于当地的和外来的元素,以精英人士为代表的济宁人自觉地为自己的城市构建了一种新的实体形象。

(一)太白楼

济宁作为一个独特的文化场所,其名声尤其依赖于它的那些著名景致。明清时期,济宁在人们心目中最重要的形象莫过于南城门上的太白楼。很多游客来到济宁,就是由于太白楼"必看"的吸引力。明中期曾经担任按察司佥事的士大夫熊相说:"骚人墨客过是者,每以未获登临为恨。"[1]方志等地方文献保留了游客们写下的大量诗文作品,可见款待他们的当地主人对太白楼及其传说情有独钟。(图十八、图十九)

---

[1] (明)熊相:《太白楼记》,载(清)廖有恒修,杨通睿纂《(康熙)济宁州志》卷9《艺文志中》,第6b页。巫仁恕在辨析"旅行"与"旅游"差异的同时,认为有充分的证据表明,晚明旅游风气和活动在士绅精英和社会大众中都流行起来。参阅巫仁恕《品味奢华:晚明的消费社会与士大夫》,北京:中华书局,2008年,第170页。

第三章　济宁城市形象的塑造

图十八　白楼晚眺①

太白楼以唐代大诗人、酒仙李白(701—762)而得名,李白字"太白"。今天坐落在大运河故道旁建于20世纪50年代初的太白楼上,一篇镶嵌在墙壁上的碑文讲到了李白、杜甫、贺知章与这个景点的关联。的确,地方历史文献里有大量与此有关的描述,而现存的关于太白楼起源的官方叙述最早出现在《(康熙)济宁州志》中:"太白酒楼在南城上,唐李白游任城,任城令贺知章置酒于此,咸通中建楼,往来名人题咏,石碣林立,如聚笏。"②

与太白楼相毗邻,元代出现了纪念李白与贺知章的二贤祠。③ 尽管不久以后它便塌毁了,但在明清两代不断得以重建和修

---

① 引自(清)徐宗幹修,许瀚等纂《(道光)济宁直隶州志》卷首,第21a—22b页。
② (清)廖有恒修,杨通睿纂:《(康熙)济宁州志》卷2《疆舆志下》,第26a页。
③ (明)易澄瀛、卢学礼修,于慎行纂:《(万历)兖州府志》卷22《古迹志》,第12b页。

153

图十九　太白楼古迹(1939年摄)①

缮,这似乎是在强化两位大诗人在此相会故事的真实性。

　　一些文献写到李白本人在济宁城里修筑或购置了一个酒馆。《太平广记》载:"初白自幼好酒,于兖州习业,平居多饮。又于任城县构酒楼,日与同志荒宴其上,少有醒时。邑人皆以白重名,望其

---

① 济宁一中教师马涛提供。

重而加敬焉。"①另一说法是,李白在任城旅居期间,经常光顾一个贺兰氏开办的酒馆。根据晚唐之后的各种历史记载,在861年,李白逝世百周年之后,才子诗人沈光访问了该地,并写下《李白酒楼记》②。之后,贺兰氏酒楼更名为太白酒楼。

以上零散的、不确的记载并不能证实太白酒楼或太白楼的历史存在。直到明初,济宁左卫指挥使狄崇于1370年在南城墙上建造了太白楼。《(乾隆)济宁直隶州志》历数了自那时起太白楼的历史变迁。③ 虽然这个亭阁历经毁坏、重建和复原,但作为济宁当地文化的中心隐喻,它从未变得默默无闻。

为何李白到任城来,厚爱此地?《旧唐书》载:"李白,字太白,山东人……父为任城尉,因家焉。"④济宁作为唐代文豪交谊的重要场所,其形象似乎在明末得到了地方精英前所未有的宣传。济宁籍的著名士大夫徐标(1592—1644)在他的著作中描绘了一个充满活力的地方文化场景,其中包括几位著名的唐代诗人:"尔时高适刺兖州,贺知章令任城,李父为任尉,兄宰中都,故李、杜尝往来吾鲁,于济有太白楼,下有南池。"⑤徐标不是唯一赞美济宁过往文学

---

① (北宋)李昉等编:《太平广记》卷201《才名·李白》,北京:中华书局,1961年,第1512页。
② (唐)沈光:《李白酒楼记》,见于(清)廖有恒修,杨通睿纂《(康熙)济宁州志》卷8《艺文志上》,第3a—4a页。
③ (清)胡德琳、蓝应桂修,周永年、盛百二纂:《(乾隆)济宁直隶州志》卷7《建置一》,第5a—5b页。
④ (后晋)刘昫等:《旧唐书》卷190《李白》,北京:中华书局,1975年,第5053页。
⑤ (明)徐标:《南池赋》,载(清)廖有恒修,杨通睿纂《(康熙)济宁州志》卷9《艺文志中》,第14a页。据《旧唐书》称,李白的父亲曾在任城县为官,但这个记载并不可靠。见(后晋)刘昫等《旧唐书》卷190《李白》,第5053页。

胜景的明代高官,隆庆年间的内阁首辅徐阶(1503—1583)曾为一座据称是贺知章在任城的故居题诗,名为《过贺知章故宅》。①

然而,关于当地古代文学荣誉的这种夸张的主张似乎缺少根据,谨慎的《(乾隆)济宁直隶州志》编纂者质疑了这个故事的真实性,指出贺知章其实从未在任城为官。② 他们注意到,李白的确在大济宁地区度过一段时光:"李白客任城,……居徂徕山日沉饮,号竹溪六逸,楼当是其遗迹。知章亦无令任城。"③不过,大多数当地文人并不直面这个传说的真实性,而是选择避开这个存疑的话题。

在历史上,李白与山东有密切关系是事实,当时有人称呼他为"山东李白"。根据一项现代研究,李白于开元二十五年(737;一说开元二十四年)举家迁徙到山东,并居住了 15 年之久,尽管其间他本人游历四方。④

包括《太平广记》在内的历史文献中有关于李白在任城安家的故事,⑤但都被新的研究所否定。近来研究证实了 18 世纪初提出的猜测,李白从未将他的家搬迁到任城。安旗考证李白写山东的 70 余篇诗文中只有 3 篇与任城有关,即《赠任城卢主簿潜》《对雪

---

① (清)廖有恒修、杨通睿纂:《(康熙)济宁州志》卷 10《艺文志下》,第 7a 页。
② (清)胡德琳、蓝应桂修,周永年、盛百二纂:《(乾隆)济宁直隶州志》卷 12《古迹二》,第 19b 页;(清)黄锡珪:《李太白年谱》,台北:学海出版社,1980 年,第 11—12 页。
③ (清)胡德琳、蓝应桂修,周永年、盛百二纂:《(乾隆)济宁直隶州志》卷 12《古迹二》,第 19b 页。李白与徂徕山的关联来源于《旧唐书》等一般性的说法。徂徕山临泰山,在济宁东北方向,距济宁大约 100 公里。现今还有一处纪念景点。
④ 葛景春、刘崇德:《李白由东鲁入京考》,《河北大学学报(哲学社会科学版)》1983 年第 1 期,第 111—117 页。
⑤ (北宋)李昉等编:《太平广记》卷 201《才名·李白》,第 1511—1512 页。

奉钱任城六父秩满归京》《任城县厅壁记》,认为当时李白寓家之地是在与任城县同属兖州府的府治瑕丘城,距济宁 30 公里。① 至于李白著名的《任城县厅壁记》中的"贺公"显然不是贺知章。李白在 742 年夏天来到都城长安之前,从未见过贺知章;这次见面时,这位年长李白四旬的显宦对他的诗文才华表示赞赏。② 另一研究揭示,贺县令名知止,是贺知章的族亲,大约在天宝年间任职任城,李白应该在这期间拜访了他,并写了颂扬县令的优异治理与任城辉煌文脉的美文。③

(二) 塑造城市形象的文化策略

纵然太白楼的逸闻飘渺,强烈的诗文情愫仍推动了当地人接受这个传说作为历史记忆的一部分。18 世纪初的一篇文章赞颂了太白楼,对这个故事真实性的争论则一笔带过:"则其主宾欢洽,觞咏酬唱,也固无不可,何必季真哉?"④《(民国)济宁直隶州续志》编纂者建议:"姑存其说,以俟来哲。"⑤显然,大多数当地文人都乐意将这个轶事视为"真相",至少在努力增强城市声誉的背景下,将其

---

① 安旗:《东鲁寓家地考》,中国李白研究会、马鞍山李白研究所合编:《20 世纪李白研究论文精选集》,西安:太白艺术出版社,2000 年,第 273—281 页。《任城县厅壁记》与《任城县令厅壁记》为同一文献。
② (清)黄锡珪:《李太白年谱》,第 11—12 页。
③ 钟振振:《关于李白〈任城县厅壁记〉之本事与系年》,《文学遗产》1988 年第 2 期,第 104—106 页。
④ (清)胡德琳:《觞白轩记》,载(清)徐宗幹修,许瀚等纂《(道光)济宁直隶州志》卷 9 之 3《艺文志三》,第 232a 页。
⑤ 潘守廉修,唐烜、袁绍昂纂:《(民国)济宁直隶州续志》卷 9《名胜志》,第 1a 页。

157

当作事实。这个例子表明,明末的文人雅士运用济宁的文学遗产来创造想象,以建构地方景点的精神旨趣。此外,以李白在任城出现过的这个"事实"为基础,他们把太白楼作为推动本地文化优势的核心修辞。①

游览济宁的外地人也一味地渲染这些未经证实的记载,他们中不少是明清时代写诗赋词的名士,甚至还有南巡经过的清代皇帝。康熙帝与乾隆帝曾数次驻跸济宁,每次都游览当地名胜,留下诗歌和墨宝,称颂李白、杜甫在济宁的旧事,表彰当地深厚的儒学传统。

除了太白楼,济宁的许多热门景点也都被赋予了文学和文化的意义。例如,南池(又称杜池、少陵池)昭示了杜甫与该地区的关系——无论杜甫来访的传说如何不真实。(图二十、图二十一)《(康熙)济宁州志》谈道:"南池在南城白楼下,洸、泗两水所经……蓄荷数亩。杜甫与许主簿泛舟南池,有诗。"②

---

① 太白楼的修建历史与清代扬州的文选楼相似。梅尔清探讨了扬州精英和寄居者如何戏剧性地"发明"扬州文选楼与伟大的古典文豪萧统(501—531)之间的联系。参阅[美]梅尔清《清初扬州文化》,第84—87页。
② (清)廖有恒修,杨通睿纂:《(康熙)济宁州志》卷2《疆舆志下》,第26b页。事实上,历史上有两个南池,都在南城墙外。按照李继璋的说法,古南池是杜甫受邀泛舟之处,地处被毁的唐代任城南门外。后来的南池出现在明初济宁城重建后,是截至民国时代沿着南城墙和运河的景观组合体的一部分。李继璋:《济宁直隶州拟稿·疆域志下·名胜》。

图二十　南池荷净①

图二十一　南池遗迹(摄于1930年代)②

---

① 引自(清)徐宗幹修,许瀚等纂《(道光)济宁直隶州志》卷首,第17a—18b页。
② 引自山东省济宁市政协文史资料委员会编《济宁运河文化》,第7页。

159

通过攀附史上最伟大的诗人,太白楼等地方名胜的价值被竭力推崇起来。显然,济宁人选择了有利于城市声誉的历史成分,而忽视了对其合理性的怀疑。为了与历史上伟大的诗人建立关系,太白楼等纪念遗址被济宁当地文化的推动者所利用。这些景点之所以获得盛名,不是由于它们的物质构造或形象,而是由于它们所得以代表或传达的文学、艺术、文化联系。①

出于同样的原因,为了强调济宁的文化色彩,当地居民也以其他方式强化过往的辉煌。济宁比邻孔孟故里,济宁居民认为其家乡在圣贤的光泽下,长期以来将所在之地称为"圣贤之乡""礼仪之邦"。同样,在明清时期,大量的寺庙、墓葬、祠堂、宝塔、石碑和牌坊以往昔当地杰出人物和知名寄居者的名字命名,表达了济宁人对辉煌过去的怀念。特别是,每部方志都会用长长的列表,记述在该地区居住或长期寄居的著名人物,强调他们与该地的联系,使用诸如"圣迹""古迹""宦迹"等称谓,从而表现出济宁人对古代文化血脉的感知。②

历史文献竭力渲染当地长期以来的美誉,包括文明发达的地位以及丰富的遗产,这并非毫无根据,因为济宁处于古代中国领先的经济文化核心区之一,在明代之前的大部分时间里保持着不低

---

① 从柯律格关于一个园林的盛名依赖于其起源上的文化遗产的观察,梅尔清把这种文化展示的适应性引申到广泛的游览胜地。[美]梅尔清:《清初扬州文化》,第27页。
② 例如,《(乾隆)济宁直隶州志》给出了相关陵墓的长列表,时间范围从传说时代到晚近时期。见(清)胡德琳、蓝应桂修,周永年、盛百二纂《(乾隆)济宁直隶州志》卷15《古迹五》,第1a—43b页。

于县治的地位。① 明清时期的济宁人声称,他们的家乡拥有悠久的历史传统,尽管其早期历史是模糊的,但却被富有想象力的传说和夸张的故事丰富化了。《(民国)济宁县志》追溯济宁的变迁:"济宁于古,其地则鲁,去曲阜不百里,而先贤遗迹若任氏、高氏、樊氏、颛孙氏多出于其乡。沐浴圣泽久,故积厚而流光。"②可事实是,从汉末到明初,鲜见济宁籍人士赢得全国性声誉。中国北方频仍、惨烈的战乱和人口流徙,不断地改变着地方上的人口密度和居民结构:"元季乱后,土著无多,人民率由山右迁徙来此者。"③故此,明清时期,济宁居民在追述当地作为孔孟之乡的儒学传统的同时,也乐意纳入外来的文人骚客,如李白、杜甫,以此凸显济宁与众不同的城市认同。

这种带有"宣示性"的人造景致和文化遗迹可以勾起浪漫的联想,取得构建城市形象的某种"文化想象性"。④ 因此,太白楼等名胜的意义不仅在于其实体的存在,而且在于它所代表和赋予的当地文学与文化的结合。从这种努力中,我们可以看到,济宁精英如

---

① 包括济宁地区在内的黄河下游,属于冀朝鼎所称的中华帝国早期"基本经济区",它延续到了(尽管呈缓慢衰落的趋势)第一个千年以后。冀朝鼎:《中国历史上的基本经济区与水利事业的发展》,第12—14页。
② 潘守廉修,唐烜、袁绍昂纂:《(民国)济宁县志》卷4《故实略》,第1b页。
③ 潘守廉修,唐烜、袁绍昂纂:《(民国)济宁县志》卷4《故实略》,第1b页。
④ 李欧梵在对1930年代上海城市文化的分析中,认为一些外形构造和物质文化成分象征着"现代性"的观念和意识。参阅[美]李欧梵《上海摩登——一种新都市文化在中国(1930—1945)》,毛尖译,北京:北京大学出版社,2001年,第53—96页。相似地,邵勤在南通的个案研究中,认为一些看得见的媒介能够"展示"现代性。Qin Shao, *Culturing Modernity: The Nantong Model, 1890—1930*, pp. 5—6. 尽管通常用"可想象的和可展示的"来描述现代性,这一话语也可以用来定义前现代的济宁。

何兴致勃勃地构建和培育一个与绚丽的历史遗产相关联的地方文化形象,并利用这种形象来提升自己家乡的名望。①

(三)公共空间里的太白楼及其他景致

太白楼、南池是公共集会的地点和文化及社会活动的舞台。例如,太白楼不仅是文人雅士举行聚会、吟诗作赋的场所,亦是当地居民驻足凭栏的最佳去处。特别是在例行的节日时,太白楼是最重要的公共聚集场所。九九重阳节时,当地的文人雅士聚饮,登太白楼远眺,怀古论今。尽管民国的建立带来移风易俗的新习尚,新文化运动又暴风骤雨般地摧毁了旧的传统,但是这个习俗一直沿袭到近现代。1919年11月3日,即农历重阳节那天,当地士绅领袖潘守廉(1845—1939,北洋时期末代总理潘复的父亲)特意"集济上耆老侨寓名流"二十人,包括退休的山东省咨议局议长杨毓泗(1864—1921),"作登高之会,把酒赋诗,一时称盛"②。

太白楼也是当地文人和官员招待宾客的理想场所。诗人们尤其喜欢在此聚会,常见的场景是诗会。他们站在太白楼的台榭上,鸟瞰运河与城郊的景象,饮酒赋诗,谈古论今。在他们大量诗赋的标题中,出现了"邀客""聚饮""饮别""唱和"等词语,表明了这些访问者的身份特征。这些文化活动在风景如画的地点举行,不仅

---

① 河南东北部的精英们通过颂扬本地区遥远的历史事迹,同样塑造了当地"文化中心"的形象。参阅 Roger V. Des Forges, *Cultural Centrality and Political Change in Chinese History: Northeast Henan in the Fall of the Ming*, Stanford: Stanford University Press, 2003, pp. 11—14, 118。
② 潘守廉修、唐烜、袁绍昂纂:《(民国)济宁县志》卷4《故实略》,第35b页。

促进了社会交往,也培育了城市在区域之外的公共形象。

太白楼等景致见证了当地的文化历程。1600年,利玛窦一行从南京出发到北京,大部分旅程都是在运河上行船。途经济宁时,利玛窦听说故旧李贽(1527—1602)正应邀做客于运河总督刘东星(1538—1601)府上,便去拜访他们,并居住了数日,游览了城内外名胜。利玛窦和李贽重续他们前一年在南京初识的情谊,刘东星与其夫人表达了对基督教的倾心。这次欢聚使利玛窦感到"愉快高兴,以致他完全觉得自己是在欧洲的家里,或者跟他的朋友在他教会的教堂中,而不是在世界另一面的异教徒中"①。这沿着运河的传教事业的开端,极大地鼓舞了利玛窦日后在北京传教工作的雄心。

明清之际的战乱使济宁陷入了相当长的一段衰败期。但随着新王朝统治的稳固,漕运得以恢复,运河贸易开始复苏,济宁再次繁荣起来。明朝已经成为过去式了,生活还得继续。清初,结束南方流落生活回来的郑与侨接待了来访的岳麓书院山长李中素,两人感叹王朝更替的物是人非,李作了《郑确庵先生招饮太白楼》的五言长诗,有"况复时代遥,安肯更体贴。惟我与诸君,长吟振遗迹"②的句子。

到了近代开埠后,太白楼依旧是当地重要的公共场所。康有为在1916年造访济宁,受到众多地方官员与士人的款待,其中有最后一任的清朝济宁直隶州知州、时任民国济宁道道尹邓际昌

---

① [意]利玛窦、[比]金尼阁:《利玛窦中国札记》,第385—386页;(明)李贽:《续焚书》,北京:中华书局,1974年,第91—92页。
② (清)廖有恒修,杨通睿纂:《(康熙)济宁州志》卷10《艺文志下》,第54a—54b页。

(1856—1930),隐退回乡的山东省咨议局首任议长杨毓泗和潘守廉等。康有为在他们的陪同下游览了太白楼,并留下题字。①

太白楼与其他名胜虽然在明代之前已然出现,但其获得文化盛名却是在明清时期。可见,这些物质遗产在时代大变迁中获得了新的文化意义。而在具备高文化素质的济宁士绅积极从事地方城市文化建设的同时,其活动的形式和风格也趋向于精致、卓越的江南类型。所以,基于勾连南北的特殊位置及地方精英的创造性努力,济宁这座古老的北方城市焕发出盎然的"南方化"生机。

二、园林、江南式景观、旅游文化

明清时期的济宁居民不仅致力于修缮和恢复历史遗迹和建筑物,还在城市和郊区修建起新的精致建筑。城墙内外流行的花园建筑与其他人造和自然景点,赋予了济宁的风景以独特的江南风格,有助于扩大和提升其文化声望。

(一)江南水乡般的城市景色

迄至明初,济宁只是作为一个被称为任城的古城而知名。济宁的崛起通常被认为是大运河大规模复兴的结果。《(康熙)济宁州志》收录的一篇文章将济宁的重要性和繁荣归因于其地理位置和物质环境:

---

① 刘广新:《康有为与济宁》,政协济宁市市中区委员会文史资料委员会编:《文史活页》第 1 辑,1991 年,第 33—47 页。

济宁壤接邹、阜,封域脉络,联续泰、峄、汶、泗诸山川,含英蕴华,隐郁停伏,至济乃发而南驶,与黄河会流,成汪洋巨津。下吕、梁,入清、淮,注之海。是以我国家肇造洪基垂二百年,济之英贤杰士后先接迹,视东省诸郡邑为独盛!

继而描述环绕济宁的河渠湖泊之水网,并留下了"济固多才之地也"的感慨。① 这段文字通过对区位优势、水资源、人才等因素的观察,描述了从明初开始当地人如何将济宁的生态条件与城市文化和社会重要性联系在一起:历史遗产、河湖水系、名士贤人等,构筑了城市的特有形象。

《(乾隆)济宁直隶州志》将济宁人的生活空间与花园联系在一起:"州素号繁华,人物风雅,园亭池馆之胜甲于诸州。"② 许多优美的花园、府邸和名胜沿着与大运河相连的水道建成。清中期的一首流行诗歌,用"小苏州"来描绘济宁的水滨景象:

《济宁州竹枝词》
(清)林之鹩
济州人号小苏州,城面青山州枕流。
宣阜门前争眺望,云帆无数傍人舟。

---

① (明)郑真:《重修济宁州学宫记》,载(清)廖有恒修,杨通睿纂《(康熙)济宁州志》卷8《艺文志上》,第31b—32a页。
② (清)胡德琳、蓝应桂修,周永年、盛百二纂:《(乾隆)济宁直隶州志》卷13《古迹三》,第1a页。

城中阛阓杂嚣尘,城外人家接水滨。
红日一竿晨起候,通衢多是卖鱼人。①

在明清济宁的城市景致图案上,城墙也是富有特色的形象的一部分。像其他城市一样,济宁城墙的建造也是出于安全防御和政治权威等方面的功用考虑。明代的卫所分布在城外的近郊,卫所与其他守备军士部署在运河与驿路要津,构成济宁城市防御的缓冲地带。然而,城墙也构成了文化与旅游的资源。济宁的城墙上有四处门楼,其中南门塔楼尤为巍峨壮观,还有大大小小的建筑如角楼、亭阁矗立其上,既为防卫,又为美观之用。(图二十二)实际上,太白楼、浣笔泉、南池,以及其他的名胜如运河祠,都坐落在南城墙内外或城外运河岸边。以南门城楼为中心,聚集着这个城市最著名的文化、旅游、宗教景观。(图二十三)

图二十二　古南门城楼②

---

① 潘守廉修,唐烜、袁绍昂纂:《(民国)济宁直隶州续志》卷23《艺文志》,第24a页。
② 引自山东省济宁市政协文史资料委员会编《济宁运河文化》,第7页。

图二十三　运河风情(1942年)①

(二)城市园林

城市花园文化的出现,是济宁城市空间结构发生变化的新标志。随着商业化和城市化的进程,私人花园的建设在宋代变得流行起来,并在明代的许多城市和城镇中更加盛行。② 苏州、杭州、扬州等长江下游城市以其秀美的园林而闻名。③ 这种习尚向北延伸

---

① 引自政协山东省济宁市市中区委员会文史资料研究委员会编《文史资料》第4辑"附图"。
② Joanna F. Handlin Smith, "Gardens in Ch'i Piao-chia's Social World: Wealth and Values in Late-Ming Kiangnan," *The Journal of Asian Studies*, vol. 51, no. 1 (Feb. 1992), pp. 55—81.
③ 尽管扬州位于长江以北,但由于它在大江南区域的重要地位,安东篱还是将扬州列为江南城市。[澳]安东篱:《说扬州:1550—1850年的一座中国城市》,第31页。

至济宁,使其城市景观与江南城市相似,并具有类似的功能,吸引了外部游客的进入。所有现存的清代和民国初期济宁地方志都强调了城市园林的意义,其中《(康熙)济宁州志》与《(乾隆)济宁直隶州志》包括带有说明性诗歌的图像,在城市环境中展示当地的"名胜"。郑与侨在其回忆晚明济宁园林的《名园记》序言中感叹道:"不出园,而济可知;不出济,而天下可知。"①作为明朝遗民,郑与侨对亭园的追忆可能有所夸张,但其言显现了晚明济宁盛行而卓著的园林文化。

济宁的园林是由士大夫、地方士绅,以及富商在宅邸内建造的。地方志中许多园林所有权变更的记载表明,这些园林可以买卖。②《(康熙)济宁州志》列出了三十三个著名的园林(分类为"园亭"),如拙园、避尘园、大隐园等,其中大部分是在明代修建的,但至清初大都只存其名了。从清初的文献记载中可以看出,著名的济宁园林都属于本地士人,如明代中后期的郑真、靳学颜(1514—1571)、靳学曾(1516—1564)、孙景耀、杨洵(1592年中进士)、徐标等,其中靳学颜拥有三处。③ 通过将这些已不复存在的园林与名人联系起来,地方志编纂者提升了他们家乡昔日的声望。④ 对著名文人雅士的强调,也意味着还有其他富裕的非士绅家庭所拥有的园

---

① 引自李继璋《济宁直隶州拟稿·疆域志下·园亭》。
② 园林成为商品,而"园林的个体单元"可以在商业发达的城市频繁转换。[英]柯律格:《蕴秀之域:中国明代园林文化》,孔涛译,郑州:河南大学出版社,2018年,第74页。
③ 廖有恒修,杨通睿纂:《(康熙)济宁州志》卷2《疆舆志下》,第49a页。
④ 廖有恒修,杨通睿纂:《(康熙)济宁州志》卷2《疆舆志下》,第49a页。同样地,在明中叶的苏州,十二位著名园林的拥有者中有八名曾担任过重要官职。[英]柯律格:《蕴秀之域:中国明代园林文化》,第12页。

林,并没有被放入官方记录。建造园林和相关游憩建筑的风尚自然也会诱使富人在城市投入巨资。①

大多数园林宅邸在明清之际的战乱中被毁坏殆尽。② 在新政权确立了稳定的统治秩序后,一些旧的园林得以重建,也有新的园林出现。按李继璋的说法,虽然毁弃不断,但花园的建设并未中断,直到太平军及之后的捻军肆掠这一地区。时至1920年代,该地仍保留有几处著名的花园式府邸。③ 一位老人回忆他在1940年代曾光顾十几处私家花园,彼时风采依旧,有些构筑年代可以追溯到清初。④ 其中有一处远近闻名的花园式建筑群,保留至今。⑤

与江南都市形象塑造的广泛趋势一致,济宁精英同样创造和展示了流行一时的城市园林文化。济宁花园建筑采用拱门、塔楼、凉亭、桥梁和假山等方式来突出景观,投射出江南风格。与通常被描述为雄伟、封闭、对称的北方建筑模式相异,济宁花园的设计是精妙、开放、不拘一格的。⑥ 这些华丽的特征受益于该地区丰沛便

---

① 据韩德林(Joanna F.Handlin Smith)的说法,著名的晚明士绅官员祁彪佳(1603—1645)以及他的家族和当地朋友曾投资其家乡山阴和邻近地区的住宅园林。通过"交叉的行政边界",这些活动帮助当地精英建立了"社会网络"。[美]韩德林:《行善的艺术:晚明中国的慈善事业》,吴士勇、王桐、史桢豪译,南京:江苏人民出版社,2015年,第124—127页。

② (清)廖有恒修,杨通睿纂:《(康熙)济宁州志》卷4《秩官志》,第53a页。

③ 李继璋:《济宁直隶州拟稿·疆域志下·园亭》。

④ 赵玉正:《济宁城区的私家园林》,山东省济宁市市中区政协编:《文史资料》第10辑,第173—185页;山东省济宁市政协文史资料委员会编:《济宁运河文化》,第161—169页。

⑤ 袁静波:《济宁苊园史话》,手稿,济宁市政协文史委资料室藏,1983年。

⑥ 参阅《济宁运河文化》"园林"一节中关于数十处古代园林的详尽描述。山东省济宁市政协文史资料委员会编:《济宁运河文化》,第161—169页。

利的水资源,丰富的水资源、大运河景观及稠密的自然和人工水道网构成了济宁的江南风格。(图二十四)济宁城市景观以水景特色为标志,这些人工建筑创造出与江南城市景观相媲美的缤纷景象。

图二十四　西苇渔歌①

郑与侨记述道:"济城四面高柳环植,遥望严阵,如在翠幄中。"②这是通过对江南花园和建筑元素的引用而呈现出来的风景。其视觉形象的轻柔诗意和婉约情趣给济宁增添了一种才子佳人的味道,符合城市社会"举止优雅"的气质。梅尔清在清代早期的扬州也发现了同样的现象,扬州在实体上是一座长江以北的城市,但其精英试图把江南的文化声望应用于他们的城市:"所谓的南方特质在建筑形式、景物名称等方面得到彰显。通过与长江三角洲地区的其他城市对比,这座城市的江南属性得到强化。"③在全国追逐

---

① 引自(清)徐宗幹修,许瀚等纂《(道光)济宁直隶州志》卷首,第19a—20b页。
② (明)郑与侨:《济宁遗事记·胜迹记》。
③ [美]梅尔清:《清初扬州文化》,第190页。

江南城市风格的风潮中,济宁在时尚方面的表现十分耀眼。

济宁的南方式园林风格不仅体现在精巧的牌坊、塔、亭台、楼阁、桥梁、假山等景观上,在普通民居方面同样别具一格。许多普通建筑都是用竹子建造的,展现了园林式的优美,特别是在南部郊区,它是这个城市由寄居者主导的商业和工业活动的中心。最著名的是竹竿巷,那里多用途结构的建筑物不仅是产品制造和贸易业务的场所,也用于生活居住。由兼具住宅、制造、贸易功能的建筑集合而成的竹竿巷具有沿运河江南城市、城镇的典型风格。济宁南郊许多其他专业化街衢,同样充满了强烈的商业氛围,也展现出南方的建筑风格。①

尽管有这些南方特征,济宁的城市景观主要还是北方风格,甚至是京师的风尚,这仍然显示出一个北方行政中心的性质。② 混融的建筑特征可以通过城市在区域交流网络中的中间位置来解释,

---

① 1980年代中期,一位当地老人对20世纪初济宁杂货市场的回忆也提供了一些早期的资料。在南郊,特色店铺和手工业工厂一排排分布在运河岸边。许多商业和住宅建筑在定位和风格上都明显南方化,至今仍有南方式建筑风貌的遗存。韩海岑:《漫忆济宁杂货行业之兴衰》,政协山东省济宁市市中区委员会文史资料研究委员会编:《文史资料》第4辑,第158—164页。
② 清代扬州的园林住宅揭示了类似的例子。孟悦把扬州视为清代"城市内景"的代表,就像通过园林反映出来那样。她强调北京等北方大都市的宫殿般的厅堂,比苏州和杭州的典型江南园林式建筑更高更宽。Yue Meng, *Shanghai and the Edges of Empires*, Minneapolis and London: University of Minnesota Press, 2006, pp. 142, 144—145。安东篱还注意到清代扬州园林"故意仿效北京建筑"的一些例子。[澳]安东篱:《说扬州:1550—1850年的一座中国城市》,第173页。梅尔清从她的清代扬州案例中阐述,北京稳步取代江南,成为新的全国性文化中心,在18世纪,北京——而不是江南——是其他城市模仿的主要对象。[美]梅尔清:《清初扬州文化》,第190页。

特别是通过大运河的南北路线。① 在城墙内,济宁的空间布置与其他行政城市,尤其是北方的行政治所并无二致。济宁的城市规划是方方正正的标准设计,南北、东西大道勾勒出城内的基本格局。商业聚落与官署衙门区块分开。作为一个重要的州治,北方风格的衙门建筑群是城市景观的主要标志。但是,有些建筑还是含有一些南方风格元素,如部分的不对称结构设计、夹杂在建筑群中的竹地和池塘等。② 这种视觉效果可见于济宁各个地方志中官衙的示意图。这种不呆板的形貌反映出南北文化影响的交合。

(三)城郊景色与大运河

沿着附近的运河和河湖所建的祠堂、庙宇和庄园,济宁的秀美景致延伸到了城外。③(图二十五—图二十七)所谓"任城八景"分布在城内外及这条风景带上。④ 州城西边是著名的商业与文化市镇安居,隔着人称"西湖"的马场湖,与州城相望。徐标的《安居记》

---

① 然而,何德佳(Věna Hrdličková)认为,因为扬州位于南北之间的分界线上,其园林结合了北方的"男性气概"和南方的"优雅气质"。Věna Hrdličková, "The Culture of Yangzhou Residential Gardens," in Lucie Olivová and Vibeke Børdahl, eds., *Lifestyle and Entertainment in Yangzhou*, Copenhagen: Nordic Institute of Asian Studies Press, 2009, p. 75.
② 山东省济宁市政协文史资料委员会编:《济宁运河文化》,第219—221页。
③ 山东省济宁市政协文史资料委员会编:《济宁运河文化》,第179—194页。
④ 潘守廉修,唐烜、袁绍昂纂:《(民国)济宁直隶州续志》卷22《艺文志五》,第4a页;李吉岩:《任城八景》,政协济宁市任城区文史资料委员会编:《文史资料》第10辑,1996年,第102—123页;夏忠润:《济宁市郊区名胜古迹略谈》,政协济宁市郊区委员会文史资料研究委员会编:《济宁郊区文史资料》第2辑,第114—118页。

描绘了它的田园般风光，与湖东面的太白楼、南池、普照寺的热闹场景形成了明显的对照。① 被称为"小济宁"的安居镇及周边也有模仿济宁的"八景"。②

图二十五—图二十七　运河帆影(摄于1940年)、古运河码头、城外古运河③

---

① (明)徐标：《安居西湖记》，汪文廉、褚庆台整理，政协济宁市任城区文史资料委员会编：《文史资料》第11辑，第164—170页。
② 史仍瑞等：《安居八景》，政协济宁市郊区委员会文史资料研究委员会编：《济宁郊区文史资料》第2辑，第123—127页。
③ 引自山东省济宁市政协文史资料委员会编《济宁运河文化》，第5页。

在济宁地区,景点沿着运河向南延伸到湖区。而且运河本身就是一道风景线和游览胜地。① 人们泛舟运河,观赏两岸风光,驻足古迹名胜。正如马戛尔尼使团南下途经济宁之际所描述的:"有许多小船停泊,我们到达一个同名的大湖,其中有许多帆船在行驶。此湖的东侧,运河仅被一个大土堆分开。在西面,整个地区,一望无涯全是一片连续的湿地即沼泽,散布着水池水塘,此时正值莲花盛开……一片繁忙、积极和交通的生动景象。"②二十多年后(1816),由威廉·皮特·阿美士德(William Pitt Amherst)勋爵带领的另一个英国使团在运河航行中,也惊叹于济宁附近湖区的美丽风景,随行的首席医官克拉克·阿裨尔(Clarke Abel)在其《中国旅行记》一书中写道:"如画般的景色,使得库克先生画下了南旺湖颇具特色的写生画。"③(图二十八)

(四)旅游文化

自然的与人工的景点使得济宁成为知名的游览胜地。但是,它们的意义远远超过简单的观光游览。安东篱的扬州研究表明,在园林这种特殊社会空间里,社会礼仪与文人雅士的文艺创作和

---

① 卜正民描绘了1629年中秋节前后的有趣瞬间:年轻的浙江士人张岱在沿运河北行的途中,心血来潮地造访镇江金山寺。[加]卜正民:《为权力祈祷:佛教与晚明中国士绅社会的形成》,张华译,南京:江苏人民出版社,2008年,第43页。
② [英]乔治·马戛尔尼、约翰·巴罗:《马戛尔尼使团使华观感》,第415页。
③ [英]克拉克·阿裨尔:《中国旅行记(1816—1817)——阿美士德使团医官笔下的清代中国》,刘海岩译,上海:上海古籍出版社,2012年,第139—140页。

图二十八　南旺湖(库克上尉绘,菲尔丁刻)①

交游活动得以展开。② 同样地,济宁的这种空间也影响着地方文化与社会生活。像太白楼与其他历史遗迹一样,济宁的园林与其他公共景点不仅充当了沟通社会上层的文人、官员们聚会的场所,而且还连接了远来的同道。通过这种观赏活动,他们的名字与济宁一起传播开来。

济宁的园林和景致优美的建筑当然是为了个人的乐趣而建,但这种乐趣反过来表明了社会消费的新趋势。柯律格(Craig Clunas)认为,这一发展反映了明末典型社会价值观和习俗的重大变化。城市精英可以将大量资金用于"奢侈的物质文化",从事"奢

---

① 引自[英]克拉克·阿裨尔《中国旅行记(1816—1817)——阿美士德使团医官笔下的清代中国》,第 140 页。
② [澳]安东篱:《说扬州:1550—1850 年的一座中国城市》,第 174—177 页。

靡"的娱乐,而不是将资源用于典籍研习、土地占有,甚至商业经营方面;这种态度无疑与晚明的经济模式和社会结构有关。① 这种"奢侈消费"或"奢侈投资"发生在高度商业化的城市社会。②

这种精英消费是在济宁蓬勃发展的园林文化的背景下进行的。中华帝国晚期的私人花园允许园主在柯律格所说的"公共景观"中竞争和展示财富、品位、权力。③ 从更广阔的视野来看,巫仁恕提供了关于晚明士绅"消费文化"如何为社会竞争做出贡献的丰富数据,这些社会竞争包括公开展示、社会地位和阶层识别。④ 因此,这些风景秀丽的人工景点向外界展现了济宁独特的外观,使其成为旅游胜地。

三、商品化城市生活

城市旅游业需要服务业,并刺激着消费主义。在济宁,观光旅游与商业娱乐密切相关。郑与侨描绘了从南城墙上的太白楼望去的热闹景象:

---

① [英]柯律格:《长物:早期现代中国的物质文化与社会状况》,高昕丹、陈恒译,北京:生活·读书·新知三联书店,2015年,第106—142页。
② 据柯律格介绍,关于在晚明修建一座苏州园林的确切费用,几乎没有什么证据留存,但"有来源说,成百上千盎司的白银花在池塘和假山的布置中"。[英]柯律格:《蕴秀之域:中国明代园林文化》,第55—60页。对于奢侈消费的社会环境,巫仁恕阐明了如商品经济和国内外市场扩张、城市化的发展、家庭收入增长和享乐主义思想等因素,形成了"消费社会出现的背景"。巫仁恕:《品味奢华:晚明的消费社会与士大夫》,第40—55页。
③ [英]柯律格:《蕴秀之域:中国明代园林文化》,第77—79页。
④ 参阅他在《品味奢华》一书中相关的描述和讨论。巫仁恕:《品味奢华:晚明的消费社会与士大夫》,第96—114、190—203、294—295页。

高踞城颠,下临运道,千帆上下,一一自檐槛间去。东望大泽,如几案间物。西眺平湖,镜光遥展。湖外诸山,岩岫参差。峰峦近远……古南池,乃少陵趋庭时偶憩之所在。南城东便门外,负城面漕……前为坊,进为广庭之间,再进为桥……池之南岸,以垣界之。垣外皆妓女居停,多丝竹音。遵岸西行,直达广庭。庭宏厂,内外环列名人碑碣。浏览之余,官舫漕艘,来与目会。漕河对岸,毂击骑联,应接不暇。回卧员亭下,天风习习,荷香尽扑鼻矣。①

　　郑与侨绘声绘色地介绍了景点、诗文意蕴、交通网络、商业以及娱乐场所。一些风景、宗教或文化地点都带有商业印记。济宁"八景"之一的王母阁,是济宁城第三大庙会的场地。② 城市和郊区的商业化都市环境为当地民众与游客提供了舒适的设施和膳宿,也为城市的文艺和文化的社交提供了场地。

(一)繁华的商品化环境

　　济宁发达的商业化设施与条件包括专门店铺、市场、贸易场

---

① (明)郑与侨:《济宁遗事记·胜迹记》。他指出,济宁有许多的石碑在明末被用作防卫武器。
② 据李联棠1933年的田野调查报道,王母阁庙会由于土匪猖獗的原因而于1918年终止。李联棠:《王母阁庙会》,载李文海主编《民国时期社会调查丛编·宗教民俗卷》,福州:福建教育出版社,2005年,第230—231页。除了宗教、文化和娱乐功能,明清时期的庙会也具有商业意义。见姜守鹏《明清北方市场研究》,长春:东北师范大学出版社,1996年,第126页。

所、庙会等。在新近城市化的郊区,茶馆、餐馆、船舶租赁铺、游船公司、戏院、理发店、洗衣房、旅馆、酒店、当铺和专营水果、食油、眼镜、钟表生意的店铺,鳞次栉比。济宁居民热衷于时尚,这些业务迎合了他们的喜好。① 高级公共娱乐场所包括酒肆、浴室、鸦片馆、珠宝店、香料店、化妆品店,不少兼具零售和批发业务。公共娱乐场所有唱歌、戏法、杂技、说书、占卜等活动,艺人们在城墙内外的舞台表演,或沿街头巷尾卖艺。妓院是运河沿岸城镇中的一大"景观",尤其是在济宁。娼妓主要来自周边地区,而高级艺妓则来自南方。② (图二十九)

图二十九 清末的妓女③

---

① 山东省济宁市政协文史资料委员会编:《济宁运河文化》,第126—128页。
② 远敬:《济宁解放前的"妓女"和"妓院"》,政协山东省济宁市中区委员会文史资料研究委员会编:《文史资料》第4辑,第258—272页。
③ 引自山东省济宁市市中区政协编《文史资料》第12辑《济宁老照片》,第18页。

流行的娱乐生活与文人雅士的追求有所重合,比如饮茶。济宁是南方所产茶叶最大的全国集散中心之一,饮茶在济宁人的日常生活中尤为流行。茶馆集中在南部城墙和运河之间,以及附近的运河闸口。既有大小不一的茶楼出售茶水并提供社交场所,还有开设在戏园、餐馆和旅店中的茶室。有些是提供给专门的顾客的。渔民、脚夫、苦力、小贩、商人、捐客、牙商、文吏、衙役、讼师、说客,以及棋手、民间艺人、戏迷或票友,乃至文人都有他们喜欢的茶馆,所以这些茶馆成为社会网络中的节点,也成为济宁以市场繁荣为基础的城市流行休闲文化的组成部分。①（图三十）这种浓厚的茶文化氛围使济宁赢得了另一个别号——"小北京",众所周知,北京的茶馆文化闻名遐迩。②

图三十　旧时茶馆歌妓(摄于1930年代)③

---

① 饮茶之风传至济宁是在明代。而济宁是鲁西南最大的茶叶集散中心,也是茶馆的集中地。参阅山东省济宁市政协文史资料委员会编《济宁运河文化》,第124—128页。
② 山东省济宁市政协文史资料委员会编:《济宁运河文化》,第296—298页。
③ 引自山东省济宁市政协文史资料委员会编《济宁运河文化》,第16页。

(二)享乐主义习尚

济宁的城市消费模式与当时江南城市的享乐主义和商业主义合拍,如前所述,它的这种特质在全国范围内享有声名。① 济宁地处连接南北的交通路线中间点,这一关键地位使它能快速吸收这些流入的文化、产品和人口。济宁居民热衷于追求最新风尚,而城市的奢华条件满足了他们对南方流行服饰和器物的追求欲望。

济宁所在的地区素称孔孟之乡、礼仪之邦。地方文献表明,在明中期之前的济宁居民认同农耕的道德规范,其中包括勤俭节约的美德、安土重迁的习性。② 明中期以来,这种意识戏剧性地发生了改变,与此同时,消费成为其城市和近郊闻名全国的特征。③《(康熙)济宁州志》收录了明末著名的本籍士大夫杨洵和王国桢写的两篇序言,他们目睹并表达了对济宁习俗嬗变的担忧。两人都

---

① 陈宝良认为,从明中叶开始,苏州由于富裕和繁荣的商业在全国范围的时尚中起到领头羊的作用;时尚沿着商品的轨迹而流布。见陈宝良《明代社会生活史》,北京:中国社会科学出版社,2004年,第15—16、24—25、44—45页。明朝的"苏样"概念(苏州风),依据费丝言的解释,是"时代思想中的品味与时" 的同义词。Si-yen Fei, *Negotiating Urban Space: Urbanization and Late Ming Nanjing*, Cambridge: Harvard University Press, 2010, p. 15. 在清代扬州,苏州风格在当地建筑和文化标志中非常醒目。[美]梅尔清:《清初扬州文化》,第195页。
② 类似的记录和讨论在明代晚期文献中普遍存在。例如卜正民引用17世纪初歙县知县张涛(1586年进士)的话,他对王朝的衰落表示哀婉,并将其归咎于商业的兴起,同时又将明初的简单稳定的农业社会秩序理想化。[加]卜正民:《纵乐的困惑:明代的商业与文化》"引言",第10—11页。
③ 像许多研究中华帝国晚期领域的历史学者一样,卜正民着重关注正德年间,它被明末的作家们广泛归咎为明朝社会向商业和消费的颓废转变的转折点。[加]卜正民:《纵乐的困惑:明代的商业与文化》,第158页。

解释了与商业和城市发展相关的文化变迁。王国桢称："济之民风，昔称淳朴。今者告讦公行，刁顽成俗。"①在对过往时代理想化的缅怀中，杨洵将城市享乐欲望的兴起归结于永乐年间由运河贸易引发的经济变迁："纷奢之习颇为耗蠹之资，而估贩之赢不胜络绎之扰。居恒以声华诧境外，而柄中实甚。所为砥柱其颓风而节缩其物力，是又在上之人耳。"②清初郑与侨描述了商业和奢靡之风对葬礼的影响：一口棺材可能要费银数百两之多，还要加上礼物和宴会的费用。③《(康熙)济宁州志》的编纂者将追求享乐归罪于道德堕落："呜呼，风俗犹江河也，趋日下矣，伊于胡底？济以醇谨之俗，不数十年而径庭若斯！"④20世纪初，随着中华民国的建立，社会习俗发生了许多变化，但"惟婚丧用费不无稍侈云"⑤。在传统士绅精英的眼中，奢侈的生活方式自然是对儒家农业社会道德的叛离。方志编纂者的抱怨也意味着他们自己和其他社会成员正置身于这种商业化引发的奢华世界里。在这种情况下，园林的巨额开支只不过是精英享乐之风的一种体现。

道德批评背后，是对高度商业化的城市现实的认知。《(康熙)济宁州志》的编纂者将清初享乐之风的延续并愈演愈烈与贸易活动联系起来："济宁当水陆之冲，四方舟车所辏，奇技淫巧所集，其小人游手逐末，非一日矣。"⑥姑且将道德或意识形态的偏见放在一

---

① （清）廖有恒修，杨通睿纂：《(康熙)济宁州志》卷前"旧序一(王国桢)"，第2a页。
② （清）廖有恒修，杨通睿纂：《(康熙)济宁州志》卷前"旧序二(杨洵)"，第3a—3b页。
③ （明）郑与侨：《济宁遗事记·俗尚记》。
④ （清）廖有恒修，杨通睿纂：《(康熙)济宁州志》卷2《疆舆志下》，第19b—20b页。
⑤ 潘守廉修，唐烜、袁绍昂纂：《(民国)济宁直隶州续志》卷4之2《风土志》，第9a页。
⑥ （清）廖有恒修，杨通睿纂：《(康熙)济宁州志》卷2《疆舆志下》，第18b页。

边,这种讨论揭示了一个蓬勃发展的商业化的城市环境:城市民众竞相争逐市场利润,忽视旧的限制奢侈的规范,而这种新的趋势随即带来了文化和社会问题。在这些后果中,某些有损声誉的习俗在公众中被描述得更为明显。济宁知州吴柽(1693—1706年在任)曾列举了济宁习俗的诸多弊端,它们都与商业有关:当地店主与政府的衙役和胥吏合伙欺骗行商;城市流民和游手好闲的年轻人成帮结伙在街上滋事生非,酗酒,斗殴,污言秽语,举止放浪,穿着不当;这些城里的市井流氓诱惑了其他年轻人,引诱、调戏妇女。① 而妓院创造了既嘈杂堕落又眼花缭乱双重意义上的场景。这种纷杂情形是城市化和商品化的一个副产品。在这样一个商业化的社会,节俭、简约、积蓄、谦和等品行在社会上被认为是没有价值的,这进一步确定了城市"南方特征"的形象。②

晚明和清代的作者们表现了城墙之内及附近区域的颓废生活与周边地区简单的"传统"农村生活所形成的鲜明对比。《(道光)济宁直隶州志》以这种方式描绘了济宁州属县的习俗:

> 金乡:俗朴风古,士专弦诵,民务耕织,士大夫婚礼不论财,丧次不用浮屠,乡民则不然。嘉祥:俗尚淳厚。民多务本,惟鲁少文,宁野之风犹有取焉。鱼台:地多沈斥,其俗谨厚畏法。③

---

① (清)徐宗幹修,许瀚等纂:《(道光)济宁直隶州志》卷3之5《风土志》,第21b—24a页。
② 从梅尔清对清代扬州的描述中可以看出,"颓废、诱惑、淫荡"在当时被称为典型的南方特性。[美]梅尔清:《清初扬州文化》,第202页。
③ (清)徐宗幹修,许瀚等纂:《(道光)济宁直隶州志》卷3之5《风土志》,第25b页。

在地方志编纂者的描述里,济宁属县的素朴风尚更符合儒家原则,是理想化的乡村社会。尽管他们似乎不愿意承认,这样的乡村气质多缘于较少的商业活动和较低的城市化水平。

晚明前所未有的商业化和城市化激发了消费主义和享乐主义,最近的研究已经表明,江南城市在这方面处于领先地位。[1] 这种倾向不仅限于江南,也可以在其他商业蓬勃发展的地方找到。然而,江南却是风尚和色彩的引领者,如"苏(州)样""扬(州)样"成为代表流行、时髦的用词。[2] 我们应该在这种沟通的背景下理解济宁的南方化生活方式。

济宁的社会风尚,包括发型、美食、服饰都体现了某种江南都市风格。如前所述,喝茶和流行娱乐的时尚与文人的追求融合在一起。受南方习俗影响,济宁居民嗜好绿茶,这在山东比较特殊。茶馆提供奢华的服务和文雅的礼节。济宁的美食也是如此,无论对当地人,还是外来游客,济宁的食谱多样而精美,其富有特色的烹饪调和了南北风味,是鲁菜旗下的分支。著名的玉堂酱菜,不同于一般北方的纯粹咸味,而是咸中带甜。奢华的餐馆吸引了远近

---

[1] 参阅王家范《明清江南消费风气与消费结构描述》,《明清江南史丛稿》,北京:生活・读书・新知三联书店,2018年,第25—45页;孙竞昊《明清江南商品经济与消费结构关系探析》,《齐鲁学刊》1995年第4期,第55—60页。卜正民《纵乐的困惑》一书从另一方面充分揭示了全国性的潮流,但也以江南为重点。[加]卜正民:《纵乐的困惑:明代的商业与文化》,第89—276页。

[2] 正如范金民所言,从明后期至清中期绵延了近三个世纪之久的苏州风尚,不仅是一种炫耀性的风尚,而且还是品味和身份、意蕴和境界、风雅和脱俗的象征。范金民:《"苏样"、"苏意":明清苏州领潮流》,《南京大学学报(哲学・人文科学・社会科学)》2013年第4期,第123—141页。

食客,提高了济宁的高消费名声。直到20世纪初,济宁二十多家主要餐馆仍以其独特的菜肴而闻名。① 此外,街道和小巷中经济实惠的小吃和点心摊也给普通居民带来了美味。②

济宁统御了区域文化和风俗,使周边地区的人们效仿济宁人的习尚。如前所述,安居镇又名"小济宁",长沟镇又名"二济宁"。济宁的辐射性影响在文化上颇符合中心地体系:"城市将一种流行语言的本地和地域性变体以法律形式确定下来,从而完整地表述出一套涵盖教育、文学及系统思想的优良传统。"③同时,作为大运河沿岸的港口城市,它不仅糅合了各种文化成分和风格,而且在运河等贸易线路的文化传播中也添加了自己的特色,适应了"愈来愈显示出多元化的",但处在"一个主流文化得到清楚界定、其他文化依附于它为前提"的城市"网络体系"中。④

(三)商品世界里的俗文化与雅文化

历史文献显示,济宁拥有与江南城市相似的活跃城市文化。运河运输和交通、交流将北方和南方流行的文化元素融合在一起,并将它们融合到济宁的特定展示形式中。

济宁是一个闻名遐迩的戏曲和曲艺中心,其沿运河的位置意

---

① 山东省济宁市政协文史资料委员会编:《济宁运河文化》,第118—126页。
② 山东省济宁市政协文史资料委员会编:《济宁运河文化》,第298—302页。
③ [美]保罗·霍恩伯格、林恩·霍伦·利斯:《都市欧洲的形成:1000—1994年》,第11—12页。
④ [美]保罗·霍恩伯格、林恩·霍伦·利斯:《都市欧洲的形成:1000—1994年》,第12页。

味着来自北方和南方的表演风格会在这里相遇并有所融合。观众包括当地人和外来游客,运河上的流动人口也喜欢看表演。济宁城里所谓"土山",是清代到民国初期通俗文艺表演的首选地。土山不是一座真正的山丘,而是一座略呈圆形的阶地,源于隋代开挖旧运河遗留下来的两个土丘。① 南北宽150米,东西长300米,位于城东南角外,南城墙与运河之间。舞台大部分都是用竹竿、冷杉木板和芦苇垫搭成的,这种设置是民间表演的典型场所。书摊、食品摊、礼品摊、药店、茶馆、餐馆围绕在表演场地四周。② 这里提供的娱乐活动包括戏曲、评书、歌曲、杂技、武术、木偶戏和游戏。一篇回忆文章中作者讲到,在1920年代孩提时与父母一起造访土山,这是父母亲对他的奖励,他被允许在那里玩游戏、观看节目、吃零食。③

高档的剧院位于城市的主要商业街道上,京剧的表演在晚清时期占主导地位。巨大的观众市场吸引了许多著名的演员和剧团,还有优秀的当地演员和剧团到济宁演出。这种情形一直持续到20世纪上半叶。④ 1927年,北洋政府最后一任总理、济宁籍的潘复邀请了多位京剧名角前来为其父潘守廉祝寿,此一盛事是济宁

---

① 黄茂琳:《"土山"杂谈》,政协山东省济宁市市中区委员会文史资料研究委员会编:《文史资料》第1辑,1985年,第137—148页。
② 王铮:《漫谈消失了的济宁土山》,济宁市政协文史资料委员会编:《济宁文史资料》第7辑,1990年,第174—187页;山东省济宁市政协文史资料委员会编:《济宁运河文化》,第248、327—329页。
③ 胡力夫:《我童年的摇篮——济宁》,手稿,济宁市政协文史资料室藏。
④ 王同:《济宁解放前的京剧艺坛》,山东省济宁市市中区政协编:《文史资料》第10辑,第203—207页。

近现代文化和政治声誉达到顶峰的一个标志。①（图三十一）

图三十一　潘复②

流行文化不仅在济宁,而且在其附近的城镇也非常繁荣。如安居镇既有富丽堂皇的剧场,也有供戏曲和说唱表演的简易舞台。20世纪初期,傀儡戏很流行,其以廉价的入场费赢得了广大观众。③ 此外,许多小剧团和个体艺人游走运河,以民谣歌唱、说书、

---

① 孙伯台:《潘复为父做生摆"堂会"》,方伯廉整理,山东省济宁市市中区政协编:《文史资料》第10辑,第265页。
② 引自山东省济宁市市中区政协编《文史资料》第12辑《济宁老照片》,第88页。
③ 史仍瑞等:《安居的木偶戏》,政协济宁市郊区文史资料委员会编:《济宁郊区文史资料》第5辑,1991年,第132—134页。

杂技、插科打诨等民间文艺形式为当地及流动的人口提供文娱服务。这些情况一直延续到民国时期。

中华帝国晚期的城市文化包括精英关心的自我修养及其对大众道德素质的关切。士绅不仅渴望获得更高层次的精神生活,城市的商业化发展也提升了他们的高雅文化追求。私人藏书楼与园艺文化一同出现。一些富裕的士绅学者从经销商那里购买并收集稀有书籍和艺术品,就像他们的江南同侪那样。[1] 例如,在晚明和清代,这些文人消遣包含了关于汉代碑刻的鉴赏,《(乾隆)济宁直隶州志》记载:"汉碑之存于今者,可屈指计。而济州之存者,有五。"[2] 每部济宁地方志中的当地文人的传记都涉及关于汉代碑刻的知识和收藏。财富在获取文化收藏品的过程中是多多益善的。不管他们是否喜欢,中华帝国晚期的士绅学者显然并未与改变了济宁文化的商业活动相隔绝。

(四)流寓人口的融入

《(万历)兖州府志》的作者、晚明著名文人于慎行(1545—

---

[1] 正如卜正民所指出的那样,随着明中期商业印刷出版业的蓬勃发展,大量的私人藏书在江南地区并不罕见。[加]卜正民:《纵乐的困惑:明代的商业与文化》,第140—144页。

[2] (清)胡德琳、蓝应桂修,周永年、盛百二纂:《(乾隆)济宁直隶州志》卷16《古迹六》,第1a页。虽然这个说法似乎有些夸张,但确实近一半保存完好的中国汉代碑刻是在济宁发现的。尽管在济宁地方文献中记录的汉代碑刻半数以上都逸失了,然而济宁市(包括曲阜)现存的汉代碑刻与新发现的残片加在一起,符合"中国汉碑半济宁"的说法。参阅宫衍兴《前言》,《济宁全汉碑》,济南:齐鲁书社,1990年,第1—3页。

1607），描述了济宁在交通路线上的战略地位、商业的繁荣及其政治和军事的重要性，他感叹道："济宁在南北之冲，江、淮、吴、越之货毕集其中，一名都也。河道、军门屯重兵其上，兵使部郎佐之。五方之会鹜于纷华，与邹、鲁间稍殊矣。"①其优越的城市生活吸引外地人迁入济宁。"济州南北之交，而物产人物之盛甲于齐鲁，于是名公巨卿、文人墨士往往安其风土，而寄迹焉。故侨寓特多。"②在几乎每一部现存的地方志中，都有一个称作"侨寓"的传记门类，记载了不少名人的父辈或祖辈或因经商或因为官到济宁及邻近地区，从而迁居到济宁。

致仕官员及其后代，其家族在地方社会中获得的地位起点高。从明末的若干案例可以窥知，许多官员的子孙把济宁作为他们的新居住地，因为他们更习惯于高端的城市生活水平。如方大裘，浙江婺城人，崇祯十年（1637）进士，曾在山东担任官职，致仕后在济宁度过了晚年。虽然他去世后被安葬在故乡，但他的一个儿子仍留在济宁，并娶了当地一个士绅大户的女儿。同样，"其先确山人""以乱徙辽左"的刘毓秀，"官至山东按察使，奉命招抚川陕有功，卒葬济宁"。③ 他的两个儿子刘淇和刘汶定居于济宁，后来成了知名

---

① （明）易澄瀛、卢学礼修，于慎行纂：《（万历）兖州府志》卷3《山水志》，第18a—18b页。
② （清）胡德琳、蓝应桂修，周永年、盛百二纂：《（乾隆）济宁直隶州志》卷28《人物六》，第10a页。
③ （清）王赓廷修，邓际昌纂：《济宁州乡土志》卷2《流寓》。

的学者。同样,王天佑是驻济宁的一名守备,"后裔遂为济宁州人"。① 外地商人及其子弟定居下来的情形同样常见,事实上,许多"本地"商人都有非本地的先祖。

这些知名"侨寓"的迁入和入籍反映了济宁的移民趋势和城市化的深化。除了士绅学者和富裕商人,商业化发展带来的充足就业机会也吸引了普通劳动者。郑与侨评论没有户籍的人口徙入济宁的"三百年来"的情形:"济宁商贾杂处,南人冒入党庠者甚多。"②这些来自南方的人多是没有土地的商人和工匠,他们与南方的联系促进了济宁带有南方化的文化空间的构成和特质。总之,在一个高度商业化的环境里,不同来源、阶层、倾向的人构成了济宁的城市社会,塑造了其经济和文化风格。③

四、大众气质与信仰

在集中商业化和快速城市化的条件下,日常生活不稳定、流动、变化的特征造成了思想世界的混乱,推动了济宁民间信仰的发

---

① (清)胡德琳、蓝应桂修,周永年、盛百二纂:《(乾隆)济宁直隶州志》卷22《宦迹下》,第39a页。根据其他记载,清初一些在山东任职的官员致仕后选择定居于济宁,如曾任济南道的杨陛、沂州总兵的惠占春等。潘兆遴:《知非琐言·亲戚师友》,清钞本。

② (明)郑与侨:《济宁遗事记·胜迹记》。

③ 由于大运河是朝贡使团的官方路线,一些外国人也对济宁优越的城市条件印象深刻。琉球国贡使阮大鼎于乾隆三十年(1765)从北京朝觐的归途中卒于德州。尽管德州是一座县治和重要的运河港埠,他还是被葬在济宁,便于往来拜祭。(清)徐宗幹修,许瀚等纂:《(道光)济宁直隶州志》卷5之2《秩祀志》,第60a页;(清)胡德琳、蓝应桂修,周永年、盛百二纂:《(乾隆)济宁直隶州志》卷15《古迹五》,第30a页。

展。本地与外来思想的冲突与融合,以及旧式的和新颖的实践,增加了当地文化在城市空间中的复杂性和活力,创造出了一种地方文化个性。丰富多彩、生动活泼的地方认同与山东和华北广大地区的特征差别显著——这些地区的商业化和城市化水平总体上来说远低于江南,与正统的儒家价值观和等级制度,①抑或非正统信仰和实践更为密切相关。

(一)士人相对自由的人格

生活在孔孟思想诞生和发展的核心地区,儒家经典的研究在济宁的主流知识和文化传统中至关重要。这个传统反映在本地士人在科举上的成功。总河靳辅(1633—1692)在《重修济宁学碑记》中,自豪地回顾了儒学在济宁的悠久历史,同时也表达了对当地的儒学遗产将因为城市生活的商业化而丢失的担心。②《(万历)兖州府志》编纂者也对传统山东农村乡土风俗的消亡表示了担忧:"江淮货币、百贾会集。其民务为生殖,仰机利而食,不事耕桑。"③

---

① 关文斌分析了帝国晚期天津蓬勃发展的大众文化,认为这种商业主义、享乐主义、城市性的精神与"农村与城市之间没有区别的儒家思想"不符。[美]关文斌:《文明初曙:近代天津盐商与社会》,第133—138页。
② (清)胡德琳、蓝应桂修,周永年、盛百二纂:《(乾隆)济宁直隶州志》卷8《建置二》,第41b页。许多学者讨论了明末的儒家信仰危机。例如,黄仁宇在《万历十五年》中分析了李贽的经历和思想。[美]黄仁宇:《万历十五年》,北京:中华书局,2006年,第178—205页。卜正民深入讨论了在明中后期的商业世界面前,士绅价值观的混乱,这个商业世界为他们带来了财富和其他乐趣。[加]卜正民:《纵乐的困惑:明代的商业与文化》,第169—251页。
③ (明)易澄瀛、卢学礼修,于慎行纂:《(万历)兖州府志》卷4《风土志》,第6a、12a页。

济宁的相关历史文献,既印证着北方人似乎应该恪守传统的保守性态度,也反映了商业化风习对当地的浸润,特别是活泼的南方因素。然而,这种矛盾映照出济宁士绅内心的纠结和调试,即将"北方"的和"南方"的思想旨趣融合起来。地方志赞美为儒学做出贡献的士人,同时也凸显当地文学艺术中的自由奔放性格。在回顾当地文化的发展历程时,《(康熙)济宁州志》写道:"任城建为国,列为郡县,名贤踵续,历三代后又千有余年。艺文断自李、杜,然皆客游兹土。"①从历史上看,高歌"我本楚狂人,凤歌笑孔丘"的李白式的放浪不羁的生活方式和天马行空的诗歌风格确实与儒家思想的规矩不甚谐和。

这种"艺文"精神将济宁与以曲阜为传统象征的正统山东文化区别开来。济宁士绅们似乎也意识到济宁处在曲阜的正统儒学的笼罩下。然而,在济宁士绅的心目中,对孔子和李白的尊崇并非截然对立:两位"名贤"代表着不同的文化方面和层面,济宁的名人中既有正统儒家学者,也有文学才子。李白诗歌中所体现的自由浪漫气质,通过流行的礼仪渗透,塑造了平民的日常行为。在济宁的日常生活里,即使白丁也具有绅士文人般闲雅从容的风度。②

(二)大众心理与宗教文化

尽管正统士人通过援引济宁作为"圣贤之地"的地位,试图对

---

① (清)廖有恒修,杨通睿纂:《(康熙)济宁州志》卷8《艺文志上》,第1a页。
② 傅崇兰提到,清末民国时期来到济宁的外国人对济宁居民的这种风尚印象颇深。傅崇兰:《济宁古代简史》,山东省济宁市市中区政协编:《文史资料》第10辑,第27页。

群众文化产生影响,但这在商业和交流对城市习俗和居民思维方式的影响面前显得有些苍白无力。如上所述,不少精英家族本身就经营工商业,而对附近地区的人来说,济宁人像南方商人一样聪明和世故,与简单朴素的山东人形象完全不符。①

道光年间的济宁知州徐宗幹(1796—1866,1820年中进士),将当地民众信仰描述为具有南方倾向:"查济州毗连南省,民俗素好淫祀,城乡旧建庙宇甚多。"②佛教、道教、伊斯兰教的许多教派和民间神灵都被精英和平民广泛地祭拜,佛教寺院、道观、清真寺等宗教场所不仅是城、镇居民聚集的公共空间,还吸引了来自周边村庄甚至远方的朝拜者。这种丰富多彩、斑驳陆离的信仰文化契合了运河沿线流动人口的复杂混合状况。

从方志和其他文献的记载可知,士绅精英广泛参与了佛教活动,如捐赠、赞助、结社、聚会和仪式。③ 在中华帝国晚期,士绅精英往往将佛教与儒家思想相提并论。其中一个原因是佛教在各阶层中都获得了大量皈依者,这为士绅在地方社会宣扬权力提供了一个优越的平台,这种权力与国家的利益和意愿有所不同。④ 明清时

---

① 即使是今天,附近乡镇的居民也惯称济宁人为"济宁猴子",来描绘他们的聪明、通变,甚至是狡猾的性格。同样,临清居民的商业特征也给他们带来了"临清猴"的称谓。
② (清)徐宗幹:《庙地改拨书院经费议》,潘守廉修,唐烜、袁绍昂纂:《(民国)济宁直隶州续志》卷7《学校志》,第5a页。
③ 参阅(清)廖有恒修,杨通睿纂《(康熙)济宁州志》卷2《疆舆志下》,第3b页;(清)徐宗幹修,许瀚等纂《(道光)济宁直隶州志》卷5之2《秩祀志》、卷5之3《名胜志》,第1a、8a页。
④ 卜正民对晚明地方社会的这个特征做了广泛而深入的论述。[加]卜正民:《为权力祈祷:佛教与晚明中国士绅社会的形成》,第33—39页。

期,儒家士大夫崇敬佛教是普遍状况。济宁的富庶为佛教事业的发展提供了财力支持,知识界的热忱也提升了它的影响力。

对佛教的盎然兴致是济宁士绅长期以来的传统。郑与侨在《见闻续记》一书自序中声明落笔于济宁的一座寺庙。不少士绅著文来维护或讴歌佛教。在清朝中期,著名的玉堂孙氏家族的第一位官宦孙扩图(1717—1787)曾撰文捍卫佛教:"儒者不谈佛家轮回之说,为其惑人耳。其有此理,固可必矣。即如文人学士,大都多系再来笔墨艺事。资性固各有远近,亦前生带来几分。即同一术业,忽分难易,岂非曾已习过乃能事半功倍耶。乍然为之,自然无分而甚难也。"①

济宁有好几座历史悠久的名刹,吸引着当地及周邻的居民。与此形成鲜明对比的是,根据晚明的记录,在邻近的曲阜县没有一座佛教或道教的寺庙。②虽然曲阜作为孔子的家乡,可以算作一个特例,但其较低的城市化水平和农业为主的经济也可能无法维持多种宗教的全面繁荣。可以说,济宁的物质富庶和文化宽容气氛滋养了宗教的繁荣和多样化。至1950年前后,历经近现代战乱动荡的济宁,依然有多所著名的佛寺、道观屹立于城内外。③

济宁的多元信仰与不同的文化、地理、族群背景相对应。例如,元明以降,伊斯兰教沿运河广泛传播,回族人口急剧增长,济宁

---

① (清)孙扩图:《一松斋集》卷8《随笔》,清同治十年(1871)刻本,第29a—29b页。
② (明)易澄瀛、卢学礼修,于慎行纂:《(万历)兖州府志》卷25《寺观志》,第1a页;(明)陆釴等纂修:《(嘉靖)山东通志》卷20《寺观》,第1a页。
③ 赵玉正:《昔日济宁城区著名的佛教寺院述要》《昔日济宁城区著名道教庙宇宫观》,载氏著《我记忆中的济宁古城》,济宁:济宁市中区文化广电新闻出版社,2013年,第113—130页。

等运河商埠的皮毛加工业及其贸易几乎都被回族业主垄断。为了服务于穆斯林社区,几座富丽堂皇的清真寺矗立在城市和郊区。① 最宏伟的清真寺是始建于明初的东大寺和西大寺。② 17世纪,著名的阿訇常志美(约1610—1670)为伊斯兰教在山东西部和河南东部地区的传播做出了杰出贡献。他出生于中亚的撒马尔罕,起名为穆罕默德,九岁时被一个前来明廷朝贡的使团带到了中国。然后他留在陕西学习伊斯兰教,结业后应济宁众多的穆斯林人口的需求而至。他与当地一个常家的女儿结婚,并依此取了中文名字。作为一位知识渊博的阿訇,他创立了伊斯兰教育中的"山东学派",并且他用波斯语写作的书籍也传入中亚。除了扩建西大寺,他还积极参与当地的救灾和其他慈善项目,赢得了回族和汉族民众的尊重,从而提高了伊斯兰教的公众声誉。在他的葬礼上,济宁州同知写了挽联。他的门徒包括回族和汉族,其中一位是全明义,传说他曾是一位明朝王子。常志美和全明义的陵墓一直留存至20世纪60年代中叶。③

城隍庙在济宁城市社会中非常重要。济宁的城隍庙建立于1369年,即明王朝建立的次年,它随着时间的推移经历了修缮和重

---

① 萧鹤声、唐承涛:《济宁的回族和伊斯兰教》,政协山东省济宁市市中区委员会文史资料研究委员会编:《文史资料》第4辑,第189—212页。
② 山东省济宁市政协文史资料委员会编:《济宁运河文化》,第152—161页。
③ 刘化冰:《大教宗常志美》,政协济宁市市中区委员会文史资料委员会编:《文史资料》第7辑,1992年,第78—81页;马秉新:《济宁回族》,山东省济宁市市中区政协编:《文史资料》第11辑,第21—24、26—28、152页;安作璋主编:《山东通史·明清卷》,北京:人民出版社,2009年,第363—365页。

建,但在1928年北伐军的"反迷信"运动中终遭毁坏。① 一篇回忆文章讲到,20世纪20年代的一场大规模的城隍出游,甚至吸引了来自邻县的游客。② 也有为祭祀大运河和黄河而建立的华丽寺庙,其中包括河神、运河神以及龙王等神祇,这彰显了水利事务在当地生活中的重要性。③ 郑与侨观察到:"吾济四十年来,竞建庙宇。工艺辈,各窃其近似者祀之。"④另外,济宁百姓喜欢宗祠,特别是士绅家族,他们希望借此宣传他们的祖先渊源。⑤ 这种情况表明了济宁居民对家庭背景及精英特殊性的看重。许多大众宗教惯于把主要的教义和传统的神秘因素融合在一起,如阴阳五行、地方传说和祖先形象。因此,济宁有大批职业和业余神职人员、占卜者和风水师,表现出了宗教信仰和实践的蓬勃活力。⑥

多元神灵和超自然崇拜在济宁的存在,与其流动和宽容的社会环境有关。早在1880年,一位在济宁做过调查的德国天主教传

---

① 吴国柱:《济宁城隍庙的兴废》,政协济宁市任城区文史资料委员会编:《文史资料》第13辑,2000年,第146—163页。
② 萧少兰:《忆济宁城隍出巡》,山东省济宁市市中区政协编:《文史资料》第10辑,第277—279页。
③ 关于运河神的相关记录见胡德琳、蓝应桂修,周永年、盛百二纂《(乾隆)济宁直隶州志》卷10《建置四》,第4b—5a页。
④ (明)郑与侨:《济宁遗事记·胜迹记》。
⑤ (清)胡德琳、蓝应桂修,周永年、盛百二纂:《(乾隆)济宁直隶州志》卷8《建置二》,第49b页。
⑥ 韩书瑞对明清北京寺庙的详细分析表明城市宗教信仰的多样性,包括官方社坛、佛教、道教、祖先崇拜、伊斯兰教、基督教以及其他各色宗教。在日常生活中,佛教与道教的表现时有重叠,但没有一方"占主导地位"。[美]韩书瑞:《北京:公共空间和城市生活(1400—1900)》上册,第53—63页。

教士就感慨道:"这里是一个比在济南更好传教的地方。"①诚然,中国地方社会是一个多神崇拜的世界,但济宁的信仰体系很大程度上是由北方与南方文化元素的交汇、融合所塑造的。与此同时,济宁的宗教活力不由让人联想到杭州、扬州等江南城市的情形。当时在社会上充分施展精英能动性的儒家士大夫,其信仰世界也常常是多元的、斑驳的。② 而这种多元性存在于弥漫着平和理性气氛的城市社会里。

(三)秘密会社

尽管济宁的宗教呈现多元的局面,但是广泛活跃于山东西部腹地特别是山东和河南边境地区的白莲教、红枪会、义和拳等异端教派,在济宁城市及其近郊地区的影响却都微乎其微。③ 异端教义、旁门左道只在济宁周边贫瘠的乡野有些零散活动,搅动起些许波澜。各种会道门中,白莲教在山东西部根基最深,十分盛行。虽然它在明初被视为非法,但依然在地下广泛传播,并在明末重新焕发活力。然而,它的影响力只是触及济宁辖县的农村地区,这与一

---

① Jaspers S. Mcllvanie's Letter of July 5, 1880,山东省档案馆藏,卷宗号 J109—01—12。
② [加]卜正民:《儒家士大夫的宗教:董其昌的佛教与徐光启的基督教》,孙竞昊译,《中国学术》2004 年第 5 期,第 174—198 页。
③ 周锡瑞对义和团运动的研究表明,落后的鲁西地区为反叛思想的滋生提供了文化土壤。参阅[美]周锡瑞《义和团运动的起源》,第 12—16 页。

些认为神秘教派主义对流动人口具有吸引力的传统看法相悖。① 济宁下辖几个县的商业化与城市化程度都低,士绅势力弱小,没有形成强有力的地方社会,是典型的穷乡僻壤。山东的另一运河都市临清几次遭战火之蹂躏,也与当地缺少强大有力的士绅力量有关。②

乾隆四十三年(1778),乾隆皇帝在一项诏令中提及东昌府冠县的一次逮捕事件,这是关于义和拳活动的一条早期记录。③ 乾隆五十一年(1786),乾隆皇帝的一条诏令讲到了在山东和直隶的八卦教活动。④ 19 世纪初,秘密社团活跃在山东、河南、直隶的交界或各自的偏远农村。1813、1814 年,天理教的势力在山东西南部十分活跃,频频起事,波及济宁直隶州的辖县金乡和鱼台。⑤ 1813 年,在金乡的一支天理教揭竿而起,知县吴堦(1756—1821)集合在地兵勇,与济宁派来的援军一起很快击败了叛乱武装的主力,余众西遁。⑥ 但总的来说,活跃在鲁西的这些具有煽动性或叛乱性的宗

---

① 参阅[美]孔飞力《中华帝国晚期的叛乱及其敌人:1796—1864 年的军事化与社会结构》,谢亮生、杨品泉、谢思炜译,北京:中国社会科学出版社,1990 年,第 39—41、177—179 页;[美]裴宜理《华北的叛乱者与革命者:1845—1945》,第 92—95 页。
② 参阅[美]韩书瑞《山东叛乱:1774 年王伦起义》,第 86—156 页。
③ 《清高宗实录》卷 1072,乾隆四十三年十二月乙丑,《清实录》第 22 册,第 395 页。这条材料表明了 1899—1900 年拳民出现的多重起源。根据周锡瑞和路遥的资料,1896 年,直隶人赵三多将梅花拳的一个分支发展成为反叛性质的义和拳。[美]周锡瑞:《义和团运动的起源》,第 144—149 页;路遥:《山东义和团调查资料选编》,济南:齐鲁书社,1980 年,第 245—252 页。
④ 《清高宗实录》卷 1262,乾隆五十一年八月壬寅,《清实录》第 24 册,第 991 页。
⑤ 嘉庆皇帝的诏令中频繁地出现秘密社会的叛乱案件。参阅《清仁宗实录》卷 282,嘉庆十九年正月乙亥,《清实录》第 31 册,第 857—859 页。
⑥ 安作璋主编:《山东通史·明清卷》,第 132—144 页。

教活动,对于济宁未有大的影响。

尽管如此,在一些特殊时期,若干温和或适度的民间教派在大济宁地区也吸引了一些信徒。罗教是一个与佛教有联系的异端教派,从明朝中期开始就在漕运的运军中传播,它在大运河沿岸的济宁郊区产生了一些影响。① 作为白莲教的一个分支,在理教滥觞于清初,但从清中期开始便淡化了反清情愫,而将重心转向道德修养和清规戒律。它直到19世纪后期才在济宁站稳脚跟,并在充满了社会动荡和转型的20世纪初有所发展。② 以大运河为依托的雇工主要由运军和码头搬运工组成,形成了一支越来越有影响力的流动力量,部分原因在于他们的教派纽带。活跃在运河上的清代行帮中,势力浩大的安清帮(也称清帮、青帮)在清初由山东西部的船工组成,在受雇于朝廷后,其漕船在清中期一度达到近2000只。③ 至清中晚期,以安清帮为中心,最终形成了青帮。④ 济宁方志中关于秘密宗教活动的记录很少,但民国早期的一些回忆提到了青帮残余的一些活动,依此可追溯其在该地区早期的踪迹,但他们在运河地区的辉煌时代随着运河运输的衰退而消失。⑤ 由于这

---

① 李文治、江太新:《清代漕运》,第272—287页;安作璋主编:《中国运河文化史》,第1386—1387页。
② 孙辰:《"在理教"在济宁》,政协山东省济宁市市中区委员会文史资料研究委员会编:《文史资料》第4辑,第247—257页。
③ 济宁曾是安清帮重要的基地,成员遍及各色人等。其势力在民国初期衰微。李鼎茂:《安清帮在济宁的概况》,山东省济宁市市中区政协编:《文史资料》第10辑,第131—141页。
④ [美]韩书瑞、罗友枝:《十八世纪中国社会》,陈仲丹译,南京:江苏人民出版社,2008年,第45—46页;山东省济宁市政协文史资料委员会编:《济宁运河文化》,第248页;安作璋主编:《中国运河文化史》,第2354—2355页。
⑤ 山东省济宁市政协文史资料委员会编:《济宁运河文化》,第248页。

些宗教或准宗教团体没有真正挑战社会秩序,对城市内部的人民日常生活几乎没有什么影响,所以它们没有受到严密的监督,也几乎没有受到政府和士绅的压制。麻烦在20世纪初才出现——一种新的混融式教派"一贯道"在济宁城乡中兴起,时值战祸连绵的乱世。实际上,这个教派在争夺权力的竞争中受到各种政治力量的支持和操纵。①

在明清时期的江南城市里,士绅精英建立了文化霸权,主导了当地文化的精神取向,所以正规宗教的活动盛行,而边缘的异端派别和活动微乎其微。② 由此比照济宁,务实的、温和的、相对稳定繁荣的生活与文化语境,确保了济宁城镇居民对广阔的山东西部经常性的波动和颠覆性叛乱的疏离,有力地排拒了激进主义思想和极端行为。

一些学者用"大运河文化"一词来描述山东西部运河城市的多元性文化景象和特征。③ 在各个运河区域,本土和外来文化元素碰撞、竞争和融合,沿着运道的各个地域形成了具有相通性的混融文化。由于济宁在南北运河路线上的居中位置,济宁对外来影响高度开放。像其他北方运河城市、城镇一样,济宁将自身历史遗产与

---

① 1905年,济宁人路中一成为反动教派"一贯道"的第十七代祖;1930年,另一个济宁本地人张光璧成为该派的领袖。参阅安作璋主编《中国运河文化史》,第1964—1967、2363—2365页。

② 济宁的这种情形与江南理性的城市文化氛围和特质颇为相似。[加]卜正民:《家族传承与文化霸权:1368年至1911年的宁波士绅》,孙竞昊译,《中国社会经济史研究》2003年第4期,第92—104页。

③ 这个观点强调了运河城市的文化交流与融合,因为它们通过运河运输吸收了不同区域的文化因素,从而在特定地区显示出跨地域的特色。参阅山东省济宁市政协文史资料委员会编《济宁运河文化》,第245—251页。

外部的各种成分融合在一起,形成了一种多元的城市文化。其中,来自江南的文化特征和社会因素在构建济宁的地方认同中发挥了至关重要的作用。在崇尚理智规则的城市文化语境里,济宁的南方性城市生机体现在其物质景观、人文精神、社会成分,以及日常生活的方方面面中。在这个意义上,济宁在帝国晚期是一座"南方化"或"江南式"的城市,尽管其坐落于地理上的北方。这个丰富多彩的文化图案符合运河城市流动人口复杂混合的特点。总之,给济宁带来可识别的标志是其城市景观和社会风尚,而这在很大程度上归因于运河对其经济和社会的影响。[1]

---

[1] 科大卫的研究所展示的明清时期佛山城认同的形成,与济宁的情形有一些相似性。佛山作为一个商品经济取向的城市,其所标识的形象"超出普通的贸易之地";其士绅尽管势力远小于济宁,但却也通过文化活动和公共工程左右了城市社区。David Faure, "What Made Foshan a Town: The Evolution of Rural-Urban Identities in Ming-Qing China," *Late Imperial China*, vol. 11, no. 2 (December 1990), pp. 30—31.

第四章　济宁城里的士绅和其他居民

官方主导的大运河推动了济宁经济与生活的商品化和城市化。同时,在商品化的城市日常生产和生活中,地方精英扮演了积极的领导角色。在济宁各类居民中,具有高度教育和文化修养的士绅积极从事城市文化活动,享受着广泛的商业化设施条件,而且在工商活动中积极作为。大众看到的名胜和花园不仅仅作为观光景点而存在,而且也是精英们得以展示自己的地位并在公共场合施展权力的舞台,其拥有者在地方文化和社会网络中得以确立霸权。

济宁精英追求并能够在公共生活中建立地方霸权,是基于其所构建的强有力的士绅社会。他们担任公共领袖角色,堪与其江南的同侪比肩——在明清时期,特别是在江南,士绅从事地方公共事务,左右了公共场域的思想风向。本章探讨济宁士绅在城市身份认同构建中的作用,还涉及在以士绅为中心的城市共同体内扮演各种角色的其他居民群体的机构、组织、活动,及其存在的共同取向,目的在于从社会文化的(sociocultural)视角解剖济宁城市社会的性质。

一、士绅社会与地方权力结构

济宁位于毗邻孔孟之乡的传统儒家中心地区,自古以来就是众多文士的故乡,虽然它是在大运河鼎盛的明清时期才臻至史上教育和文化顶峰。《(康熙)济宁州志》引录著名济宁籍士大夫杨洵撰写的序文,其中谈到永乐年间会通河的疏浚修复对济宁崛起所起到的关键作用:"济自是商舶流通,文物浸盛。而汶、泗诸水得交汇,萦绕其间,灵气秀钟,人文蔚起,即概诸兖属莫敢望焉。"[1]随着商品经济和交通通信的蓬勃发展,济宁成为明清时期中国北方同级政区地方士绅精英人数最多的地方之一。一些显赫的士绅家族持续几代统御着地方精英生活,同时,一些富商也逐渐挤进了精英阶层。这种情况使济宁更接近江南的城市,而不是大多数北方城市。

(一)跻身士绅之路

济宁文化的繁荣首先体现在中国传统的知识阶层——士绅在人口数量和密度上的优势。明中叶开始,济宁居民在科举考试中取得了巨大的成功。据《(康熙)济宁州志》里的相关记载,洪武三

---

[1] (清)廖有恒修,杨通睿纂:《(康熙)济宁州志》卷前"旧序二(杨洵)",第3a—3b页。

十余年间(1368—1398)济宁本州只出过1位进士,当然这与科举举措反复以至于中断12年之久也有关系。在明初的近一个世纪(1368—1464)里,济宁也仅仅出了12位进士。但是,从1465年到明亡的1644年,则出现了53位进士,几乎是每3年一轮的科考就产生1名进士。终明一朝,共计产生243名举人,其中65人后来考中进士。① 虽然他们的户籍都在济宁本州,但多数人的具体住址无从考索。然而,即便来自毗近的城镇或乡村,他们或者在济宁城里的官学肄业,或者参与城里的文化与社会活动,或者在城内、城郊拥有房产和生意。经济和文化繁荣活跃的城市生活为士绅队伍的成长提供了坚实的基础。总的来说,济宁科举功名者的比率在明清时期远高于全国平均水平,在山东乃至整个中国北方居于翘楚地位。②

如导论中所述,功名及第者的数量通常与地方士绅权力的强弱相应。虽然科场上的成功者从官场去职后,才开始在家乡真正扮演地方领袖的角色,但在官学注册的各级应试者可以享有不等的权益,获得劳役豁免以及津贴和补贴等优待,享有在特殊仪式、社交礼节、法律程序、赋税徭役等方面范围颇广、程度不等的绅权。在济宁的案例中,清初郑与侨根据明末黄册关于济宁本州的

---

① (清)廖有恒修,杨通睿纂:《(康熙)济宁州志》卷5《学校志》,第16a—29b页。
② 周锡瑞注意到,1851—1900年,济宁及附近几个县"每5万人中有2.91个举人,大致相当于胶东半岛的水平"。[美]周锡瑞:《义和团运动的起源》,第12页。但他的统计材料是清末,对应于山东西部运河地区急剧的边缘化和退步,这时胶东半岛的经济和文化迅速崛起。另外,从整个中国来说,根据何炳棣的研究,山东省"平均每百万人口的进士数"在明代排在第8,清朝则为第7。[美]何炳棣:《明清社会史论》,第285页。

统计材料估算:"吾济五十四里,人二万丁,除优免三千丁外,实一万七千十五丁。"①与邻近的作为鲁王府处所的兖州相比,济宁不是世袭贵胄的聚居地,所以这 3000 人中的大多数可以推断为在官学注册的学生或已经通过初级科考的儒生。作为有望踏上宦途的候选人和告归乡里的退职官员,他们及其家庭是济宁士绅阶层的主体。其他的部分,则多是由富而绅的人。

与济宁强大而富有活力的士绅相比,其属县或附近的州县获得较高科举阶位的比例却很低,如表五所示。

表五　1844—1863 年间济宁本州和其属县科举功名者统计②

等级\地方	济宁本州	金乡	嘉祥	鱼台	总计(人)
进士	11	0	0	2	13
举人	25	4	3	4	36
贡生	19	15	13	13	60
总计	55	19	16	19	109

从表中我们可以看出,济宁与三个属县差距最小的是级别最低的贡生数量,而这是由于该阶位的名额是根据人口基数按地域摊分的。这些农业占绝对支配地位的县十分贫瘠,且容易沦为战乱的牺牲品。因为济宁城乡差别的基本格局自明代到民国时期未

---

① (清)胡德琳、蓝应桂修,周永年、盛百二纂:《(乾隆)济宁直隶州志》卷 5《舆地四》,第 4a 页。
② (清)卢朝安纂修:《(咸丰)济宁直隶州续志》卷 2《选举志》,咸丰九年(1859)刻本,第 34a—36a 页。

变,所以尽管这些资料取自清朝后期,对我们通观明清全貌还是有参考价值的。

(二)著名士绅和世家及其社会网络

中外不少学者都视明朝中后期为士绅队伍及其影响急速扩大的时代,但这种论断主要是着眼于江南等南方地区,忽视了包括山东在内的北方地区。这种观察粗略来看是合理的。如丹麦学者李来福(Leif Littrup)在关于16世纪山东县级以下的准官僚体系的研究中所指出的:"这一被广泛认作'精英'在地方社会的影响开始增长的时期",在山东却很少发现"能够确保某些家族的势力持久化的制度性谱系"。[1] 卜正民同样认为,与拥有"大的、精致的士绅家族"的经济发达的江南相比,山东缺少一个"有力的、受过教育的士绅群体";而如处在江南最南端的"大县"——作为宁波府治的鄞县,持续兴盛的名门望族享有地方权威和全国影响。[2] 这种情形在江南的城市和市镇里十分典型。通常,他们在科场和宦途上取得成功的程度决定了他们的等级,并成为他们致仕返乡后的一个重要资源。其他因素诸如家世、学术造诣、文学才赋、经济能力、个人

---

[1] Leif Littrup, *Subbureaucratic Government in China in Ming Times: A Study of Shandong Province in the Sixteenth Century*, Oslo-Bergen-Tromsø: Universitetsforlaget, 1981, p. 32.

[2] 参阅卜正民关于诸城和鄞县士绅社会的相关描述。[加]卜正民:《为权力祈祷:佛教与晚明中国士绅社会的形成》,第241—288页。

的表现和风格、社会活动等,也影响了他们的实际地位。① 另外,一些大家族可以累世延续其在地方社会的影响。在这方面,位于北方的济宁与江南的城市有相似性。

经过元末战乱,济宁的人口构成主要以移民为主。许多士绅家族的祖先在明初迁到济宁城及其周边地区定居。随着城市化的发展,移民趋势持续不断,这意味着新家族在不断地汇入当地的士绅阶层。虽然济宁士绅家族来自不同的背景,但他们有着共同的发展道路和公共行为。

要了解地方政治,有必要了解当时地方最重要的士绅及其家族,从而认识他们在地方政治和文化中符号性和实质性的影响力。明代最早具有全国性影响的济宁士绅是被郑与侨誉为"先达文莫如靳少宰"的靳学颜(1535年进士,官至侍郎)和于若瀛(1552—1610,1583年进士,官至巡抚)。② 他们科举功名、宦绩卓著,诗文美名远播。③ 靳学颜在退休后还积极参与和领导与地方政府合办的赈济等地方公共事务,成为济宁士绅传统的奠基人。④ 其"弟学

---

① 周锡瑞和冉玫铄对其所编辑的论文集中的一些研究有如下总结:"(士绅的)地方威权可以在一个相当长的时期内维系而不必依仗科举功名和官衔";"地方精英的延续性"与"士绅—官员精英中的转化移动性"同时存在。Joseph W. Esherick and Mary B. Rankin, *Chinese Local Elites and Patterns of Dominance*, p. 307.
② (清)徐宗幹修,许瀚等纂:《(道光)济宁直隶州志》卷8之2《人物志二》,第27a—29b页。
③ 《明穆宗实录》载:"学颜为人淳谨,内行修洁,文学、气节俱为士论所重云。"《明穆宗实录》卷58,隆庆五年六月辛卯,第1415页。
④ (明)王圻:《刻靳两城先生集序》,靳学颜:《靳两城先生集》,万历十七年(1589)刻本,第1a—4b页。

曾,山西副使,治绩亦有闻"①。他去世后,受到隆庆皇帝特别下诏表彰。②

明代后期,济宁涌现出更多在地方乃至全国范围内都有重要影响的官员、士绅及家族。另外一个成为后代士大夫楷模的是徐标,他出生在距济宁城只有9公里的工商名镇安居镇,幼年便以聪颖、懂事称誉乡里,并在天启五年(1625)中进士。之后他在明季风雨飘摇的岁月中,树立了正直、勤廉、干练的形象。1644年,时任兵部侍郎的他在李自成占据山西、准备进攻京师的前夕殉难。③ 同靳学颜和于若瀛一样,徐标的事迹和著述被后人在追述当地士绅传统时颂扬。

杨洵家族的显赫影响则跨越了明清两个朝代。杨洵在万历二十年(1592)中进士后,曾担任过知府一级的若干官职。退归后,曾编纂州志,并在地方公共事务中积极作为。④ 其子杨士聪,崇祯四年(1631)进士,官至"翰林院检讨"。据称,当李自成攻陷北京,他决定殉国,并令妻妾亦自缢。而他本人被仆人阻拦,但他的两个妾身亡,女儿被溺死。他稍后逃回济宁,并继续流亡到南方。在清政权稳定后,他拒绝出仕新王朝,并最终死在南方。⑤ 其身后有《甲申核真略》《玉堂荟记》等传世。杨士聪的儿子们号"五杨",回到原

---

① (清)张廷玉等:《明史》卷214《靳学颜传》,第5668—5671页。
② 《明穆宗实录》卷58,隆庆五年六月辛卯,第1415页。
③ (清)徐宗幹修,许瀚等纂:《(道光)济宁直隶州志》卷8之2《人物志二》,第43b—45a页。
④ 其相关生平事迹参阅(清)廖有恒修,杨通睿纂《(康熙)济宁州志》卷2《疆舆志下》,第43a页;(清)王赓廷修,邓际昌纂《济宁州乡土志》卷2《人物录》。
⑤ (清)廖有恒修,杨通睿纂:《(康熙)济宁州志》卷6《人物志上》,第47a—49b页。

籍后,也在清初因家世和各自的诗文、经学成就建立起很高的威信,以至于"四方名士至济者,无不过焉"。① 其中杨通久"与其两兄薄游江淮,流连山水,放逸诗酒间。及归,复理旧业。顺治十二年成进士"②。于是,在朝代兴替后,杨氏家族的地位和影响仍得以延续。

按郑与侨所书《自撰志铭》,郑氏宗族于1407年迁徙到济宁近郊,属济宁卫籍,"此济族所自始也"。而后家族的一些分支淡出卫籍,移居城里。郑与侨所属的一支曾出现两个进士和若干个官员,从而融入当地主流士绅圈层。郑与侨的父亲郑耕在生员考试中曾名列兖州府榜首,但在与侨5岁时去世。③ 与侨年轻时曾被举为"孝廉",在崇祯九年(1636)37岁时中举,但在次年的进士考试中落第,原因是"以文触讳"。此后,他将精力转向经世之学,"益究心兵、农、礼、乐、政、刑,以及山川扼塞险要,古今成败兴衰,无不博览"④。他几度充任附近官衙的幕僚,参划政事,并积极参与地方赈济、民兵等公共事业。如前所述,作为明末济宁的主要地方领袖之一,人到中年的郑与侨曾参与谋划和领导了推翻李自成部队短暂占领的"举义"。

尽管新王朝结束了他作为地方领袖的角色,令他成为被归于"隐逸"的旧朝遗民,但他并没有完全从士绅圈层活动中淡出。因

---

① (清)徐宗幹修,许瀚等纂:《(道光)济宁直隶州志》卷8之3《人物志三》,第28a页。
② (清)徐宗幹修,许瀚等纂:《(道光)济宁直隶州志》卷8之3《人物志三》,第7b页。
③ (明)郑与侨:《自撰志铭》,载(清)徐宗幹修,许瀚等纂《(道光)济宁直隶州志》卷9之4《艺文志四》,第165b页。
④ (清)胡德琳、蓝应桂修,周永年、盛百二纂:《(乾隆)济宁直隶州志》卷28《人物六》,第5b—7a页。

为他被视为当地历史和文化的最重要代表人物,所以常受邀到各地周游,也被远道而来的客人拜访。由于他的社会活动和对当地历史的撰述,他备受时人和后人尊崇。他的曾孙郑其谊也成了当地一位知名学者,编纂了《郑氏家谱》。孙扩图在文集中收录了为他所作的传记。①

这些士绅交往频繁,互动紧密。史志的记载虽然散落,但尚可拼成他们活跃在地方公共舞台上的生动画面:士绅们结成诗社,成立文会,联姻结亲,一起筹划、管理公共事务。② 这些结社、联谊等日常活动成为连接地方士绅圈层的纽带。而且,这种凝聚力在特定的历史时刻可以发挥出扭转乾坤的作用。郑与侨在他的文字中多次提到的挚友任氏兄弟,自其祖上任杰在明初到济宁任"府学教授",任氏便开始在济宁繁衍。作为郑与侨的同龄人,任孔当、任孔昭也是当地精英群落里的名流。任孔当在崇祯十三年(1640)取得进士,然后赴山西任知县。他在李自成攻陷山西后逃回济宁。任氏兄弟在1644年那次推翻大顺政权短暂占领的暴动中也扮演了领袖角色。③ 济宁士绅在这次事变中之所以能够火速集结和行动,是与他们日常生活中的紧密联系和频繁互动分不开的。

任孔当与郑与侨携全家南下,也一起加入过史可法领导的扬州保卫战。之后便在南方流落,最后回到家乡。但他隐居在一处寺庙中,拒绝出仕新政权。比较有趣的是,他的弟弟、曾参与反抗

---

① (清)孙扩图:《一松斋集》卷1《郑文学小传(子附)》,第9a—9b页。
② 于若瀛在《两城先生全集序》一文中提到其父与靳学颜年少时"同笔研",复与靳学曾"称同年友,又缔联姻娅"。(明)于若瀛:《弗告堂集》卷20,第3b页。
③ (清)王赓廷修,邓际昌纂:《济宁州乡土志》卷2《人物录》。

大顺军的任孔昭在顺治十八年(1661)考中新朝的进士,并在四川担任过知县。① 于是,任氏家族成员得以延续象征性的和实质的影响——或者作为旧政权的遗民,或者作为新政权的官员。

在清代,济宁玉堂孙家与诸城刘家是山东两个最煊赫的家族。② 两个家族连续产生了几代显宦,后者以刘统勋(1700—1773)、刘墉(1720—1805)父子最为知名。孙家的祖先在明初由山西洪洞迁移到山东西部的夏津县,后来搬到了济宁。明末孙瀛州获得了生员头衔。③ 其曾孙孙扩图在乾隆十年(1745)考取进士,之后在一个知县任上赢得很好的口碑。④ 孙扩图的儿子孙玉庭(1752—1834)在乾隆四十年(1775)获得进士,在长达四十年的官宦生涯里,他在地方政府和中央政府里都担任过高官,如两江总督、体仁阁大学士等。⑤ 他的长子孙善宝也曾担任两江总督。⑥ 三子孙瑞珍在道光三年(1823)考中进士,先后官至礼部尚书和工部

---

① (清)廖有恒修,杨通睿纂:《(康熙)济宁州志》卷6《人物志上》,第58b—59a页;(清)王赓廷修,邓际昌纂:《济宁州乡土志》卷2《人物录》。
② 卜正民研究了明清时代的诸城,认为其虽然不是经济发达的地方,但享有长期的文化传统,其士绅社会的势力大于山东的平均水平。[加]卜正民:《为权力祈祷:佛教与晚明中国士绅社会的形成》,第251—263页。
③ (清)孙玉庭:《敕授文林郎浙江钱塘县知县晋封儒林郎翰林院检讨加二级显考适斋府君述略》,《延釐堂集》之《延釐堂文集》,同治十一年(1872)刻本,第35a页。
④ (清)徐宗幹修,许瀚等纂:《(道光)济宁直隶州志》卷8之4《人物志四》,第3a页。
⑤ (清)徐宗幹修,许瀚等纂:《(道光)济宁直隶州志》卷8之4《人物志四》,第7b—10a页;(清)杨士骧等修,孙葆田等纂:《(宣统)山东通志》卷172《人物志第十一》,第30a页。
⑥ (清)杨士骧等修,孙葆田等纂:《(宣统)山东通志》卷172《人物志第十一》,第31a—31b页。

尚书。① 接下来的孙家一代达到了家族荣誉的高峰。孙玉庭的六个孙辈都考中了进士并在仕途上取得成功。其中,孙毓溎是道光二十四年(1844)的状元,曾担任多个省级高官。他在返籍养病期间,于1856年受命组织团练,抵御捻军。② 另一位孙辈孙毓汶(1834—1899)在咸丰六年(1856)的进士考试中高中榜眼,并在19世纪末的晚清政局中位高权重,曾担任军机处、总理各国事务衙门的要职,是为西太后倚重的"后党"。③ 孙毓溎的一个弟弟虽然科场上未达进士及第,但其在学术造诣、地方防务、公共慈善中的成绩同样为他博取了声名。有了这样的官宦背景,孙氏家族在清中后期的济宁精英社会里就居于领导地位。孙家聪明能干的子弟也经营族产和玉堂酱园,并有力地支撑了他们的公共活动。

孙玉庭曾为一位潘姓的老夫人写下寿辰祝辞:"潘为吾济旧有族,家世阀阅。"④但潘氏家族是在晚清和民初才臻至巅峰的。根据潘守廉的说法,其家族于万历年间从山西迁移到济宁,当时,有潘氏先人在山西担任过知县。从那以后,这个家族十代里都有官学生。⑤ 潘守廉的祖父潘遵启、父亲潘从矩和他本人都参加过科举考

---

① (清)杨士骧等修,孙葆田等纂:《(宣统)山东通志》卷172《人物志第十一》,第31b—33a页。
② (清)杨士骧等修,孙葆田等纂:《(宣统)山东通志》卷172《人物志第十一》,第42b页。
③ (清)杨士骧等修,孙葆田等纂:《(宣统)山东通志》卷172《人物志第十一》,第35a—36a页;方伯廉:《清末达官显宦孙毓汶》,政协济宁市郊区文史资料委员会编:《济宁郊区文史资料》第5辑,第111—118页。
④ (清)孙玉庭:《戴母潘恭人八秩寿序》,《延釐堂集》之《延釐堂文集》,第14a页。
⑤ 潘守廉:《对凫缘影》"自序",民国二十三年(1934)铅印本,国家图书馆藏。

试;其独子潘复(1883—1936)少年得志,成为清末的最后一批举人。① 潘守廉在1889年通过进士考试后,在河南担任过知县与知州的官职。致仕返乡后,他成为清末民初济宁的主要地方领袖,这也与其子潘复在北洋时期显赫的宦途有关。

因此,从明中叶到20世纪初,济宁一直存在着一个强大而相对稳定的士绅阶层,其中有许多经久不衰的大姓豪族为其支柱。正是他们在科举考试、财富积累、社交网络、地方社会活动中的持续成功,使这些士绅精英家族的地位得以延续数代。

这些地方精英家庭交往频繁,通过婚姻、文学结社、参与公共工程形成同盟。大士绅家族与其他门当户对的家族联姻。孙玉庭与曾经担任知府的张淑渠的独女结婚。张氏家族在明朝是一个世袭千户。张家在明末迁到济宁,并在清前中期由于产生出几位进士和官员从而转变了家族的军事背景。张淑渠的夫人是一位担任过巡抚和侍郎的高官女儿。②

此类亲缘联系是凝结济宁士绅社会的纽带。在他们的日常文化生活中,诗社发挥了强有力的作用,这一点在地方志的"人物志"中得到呈现。同时,这也推动他们与全国士人网络建立联系。即使18世纪清廷的政治压迫相当严酷,文学结社依然是时尚。③ 当地精英的文化活动增强了士绅社会的共同体功能。

---

① 潘守廉修、唐烜、袁绍昂纂:《(民国)济宁直隶州续志》卷12《人物志一》,第42a页。
② (清)孙玉庭:《诰授朝议大夫山西潞安府知府张潜斋先生墓志铭》,《延釐堂集》之《延釐堂文集》,第23a—24a页。
③ 关于当地活跃的诗社活动,可见(清)徐宗幹修,许瀚等纂《(道光)济宁直隶州志》卷10之1《杂稽志上》,第21a—21b页。

与此同时,通过其成员的官宦生涯和文化交游,上层精英家族也与全国的官僚和精英网络相连。孙扩图在当时的士人交游圈中十分活跃。他在山东省掖县担任教谕时,结识了潍县知县郑板桥(1693—1766),他们在登州府的一次乡试中发生争吵。然而,当退休的郑板桥于 1754 年访问杭州时,时任湖州府乌程县知县的孙扩图,邀请郑板桥访问湖州名胜,并热诚地款待了这位"老友";郑板桥后来为孙扩图写了两首诗,以纪念这次愉快的旅程。① 孙家的几代人在全国官场中建立了广泛的网络。林则徐(1785—1850)与孙氏家族的三代人都有过友谊。19 世纪 20 年代早期,林则徐获得的两项任命,正是由于孙玉庭的有力推荐。道光三十年(1850),在林则徐去世前,时任户部尚书的孙瑞珍还荐举林则徐回归官场。而孙瑞珍的儿子孙毓溎也与林的关系比较密切,二人曾经有诗词唱和。② 孙家全国范围的交往活动意味着他们与外部文化、社会、政治势力的联系。

(三)士绅与商业和商人

如众多研究者所指出的,明清时期城市社会结构变化的一个重要内容是富商构成了一个非士绅阶层的重要精英群体,这也刺激了士绅本身的兴趣和性格。尽管"商"和"工"的定义不同,但

---

① (清)孙扩图:《一松斋集》卷 8《随笔》,第 18a 页;(清)郑板桥:《赠济宁乌程知县孙扩图二首》,《郑板桥集》,北京:中华书局,1962 年,第 211 页。
② 刘家本:《林则徐与济宁玉堂孙氏》,政协济宁市任城区文史资料委员会编:《文史资料》第 10 辑,第 160—162 页;(清)杨士骧等修,孙葆田等纂:《(宣统)山东通志》卷 172《人物志第十一》,第 42b 页。

"商"通常包含商人、手工业者及高利贷者等从事金融业务的中介人士,而排斥了为基本生存而劳动的小商小贩和普通工匠。这种趋势在济宁充分地表现出来了。正如冉玫铄所描述的:在明清时期,"商品化鼓励商人和乡绅融合成一个充满活力、人数不断增加的精英阶层,他们的权力建立在田产、贸易、高利贷和科举功名的不同组合上"。①

济宁的情形正是如此。济宁的大多数城市士绅都是在四乡、周邻地区拥有土地的城居地主,要么将土地出租给佃户——这是一种传统的方式,要么派他们的家人或代理人来管理农业——这是一种新的形式。② 然而,与肆力田亩的北方士绅的流行形象不同,济宁士绅踊跃参与城镇市场活动;商人也挤进了精英圈子,促使了士绅—商人的复合体的形成。孙家就是个典型的例子。在18、19世纪,孙家拥有超过3万亩农田,并经营著名的玉堂酱园——最初与冷家商人合营,后来成为唯一所有者。③ 在这样商业环境中,如此大体量的土地占有需要依靠其市场化利润来维系。商品化农业或商业中的家族产业收入使得士绅精英能够扩大其土地所有权,展示了士绅地主的传统形象,这也通过其家庭成员在科举考试和官宦生涯的成功而得到加强。依据清代济宁第一望族孙家亦绅亦官、亦商亦农的案例,魏根深指出:"商人、田主和官员在晚期传统中国社会的功能经常是由具有相互调节和适应的、共同

---

① Mary Backus Rankin, *Elite Activism and Political Transformation in China: Zhejiang Province, 1865—1911*, p. 7.
② 景甦、罗仑等人依据实地调查指出了清代山东土地经营的这种新模式。景甦、罗仑:《清代山东经营地主社会性质》,第49—92页。
③ 景甦、罗仑:《清代山东经营地主底社会性质》,第94页。

伦理的同一些人(或家庭成员)来承担。"①

富有的商人与士绅的耦合,促成了所谓绅—商一体化。济宁的这种情形与江南相似,而在北方却不甚普遍。如在商业同样繁荣的临清,弱小的士绅无法与财力雄厚的外地及本地商人相提并论;而在山东另一工商大镇潍县,强大却保守的士绅把商人排除出地方精英阶层。② 而在济宁浓厚的商业氛围里,商人成为公众关注的一个焦点,在社会生活中发挥着越来越重要的作用。③ 济宁的地方志多次记录了富裕和有教养的捐助者在地方公共项目中的巨额花费,并将"商"与"官"和"绅"相提并论。

与江南的情形一样,士绅与商人之间转换的记载在济宁志书中并不鲜见。尽管地方志并没有单独为商人立传的传统,但关于商人的信息还是可以从散见的材料中窥见一斑。因广施善举被赞为"虽圣贤不过如是"的刘小怀,"弃儒为贾,远近莫不服其信义"。④ 在《(乾隆)济宁直隶州志》里,晚明商人王国宾事略被列为"孝义"一类:其"幼多能,以家贫徒业治生……所居临运河,水暴

---

① 见其为景甦、罗仑《清代山东经营地主底社会性质》英译本写的序言。Jing Su and Luo Lun, *Landlord and Labor in Late Imperial China: Case Studies from Shandong*, p. 37.
② 关于潍县地方精英的这种情况,参阅王守中、郭大松《近代山东城市变迁史》,第85—93页。
③ 王守中、郭大松的研究表明,潍县长期的文化传统和在山东东西交通与贸易线上的关键位置使其在明清时代成为商人与士大夫汇聚之地。然而,尽管受益于工商业带来的财富,富有权势的士绅却刻意与商人区别开来。王守中、郭大松:《近代山东城市变迁史》,第85—93页。
④ (清)胡德琳、蓝应桂修,周永年、盛百二纂:《(乾隆)济宁直隶州志》卷27《人物五》,第36a—36b页。

涨,国宾首倡筑堤,民受其利"。① 同时,该方志亦对其子王道明有详细记述:"博学多才,天启七年举人,试礼部,以策犯魏珰,罢归……结社城南,谈艺不倦。"②王国宾的另一个儿子王道新和一个孙子王宏在顺治三年(1646)参加了清朝第一次进士科考,成为"同榜进士"。③ 在回族社区,米、唐、马等望族可查至晚从清中叶开始就具有商人背景。④ 这些有趣的家族身份地位转换案例印证了周锡瑞和冉玫铄的观察,即从贸易中积累财富是精英家族崛起的重要途径,而教育和拥有土地对维持精英地位更为重要。⑤

在浓厚商业氛围里,鉴于科举考试的困难,还有不少富人依靠财力购得功名或官爵借以提升自己的地位。⑥ 商人地位的提高越来越被士大夫认可。地方官员为了自己的官宦生涯的顺利,需要与包括商人在内的有影响力的当地精英建立良好的关系。⑦ 1896年,济宁知州凌芬的一则救灾轶事颇有典型性。由于他没有去拜

---

① (清)胡德琳、蓝应桂修,周永年、盛百二纂:《(乾隆)济宁直隶州志》卷27《人物五》,第5b页。
② (清)胡德琳、蓝应桂修,周永年、盛百二纂:《(乾隆)济宁直隶州志》卷26《人物四》,第18a页。
③ (清)徐宗幹修,许瀚等纂:《(道光)济宁直隶州志》卷8之3《人物志三》,第5a—6a页。
④ 马秉新:《济宁回族》,山东省济宁市市中区政协编:《文史资料》第11辑,第157—164页。
⑤ Joseph W. Esherick and Mary B. Rankin, *Chinese Local Elites and Patterns of Dominance*, p. 311.
⑥ 何炳棣把政府售卖官爵作为明清时期社会身份变动的一个原因。参阅[美]何炳棣《明清社会史论》,第52—58页。
⑦ 张仲礼观察到,出于共同的利益,绅士和官吏之间的串通因彼此经常互访和馈赠而勾结得更紧。朝廷对于这种风气深为不满,不许可绅士和地方官吏之间关系过于紧密。张仲礼:《中国绅士研究》,第39页。

访孙家,玉堂酱园的总经理陈守和拒绝向政府出售救灾物资。而在凌芬拜访陈守和之后,孙家慷慨地捐赠了物资。① 有影响力的商人也积极参与公共事务和慈善活动。1898年,政府饥荒救济预算的一半转给了玉堂,委托酱园总经理陈守和管理,以便有效使用。这项措施获得了当地民众的认可。②

概言之,以富裕、开通的士绅为主体的精英构成了济宁地方权力结构的显著特色。他们充分利用自己的社会地位和物质财富,积极寻求在公共场合展示自己地位的方法。另外,需要指出的是,在这个地方士绅—精英集团中的下层,是以生员为主体的队伍。如陈宝良结合中、西、日的有关研究后所分析的那样,既然科场失意,仕进无门,士绅只得将精力投入"社会性行动",广泛地参与地方事务。③

二、城市精英在地方公共场域里的社会活动

对明清时期的地方士绅而言,官方授予的头衔只是将他们的身份法定化。他们实际的社会影响则通过切身参与地方事务得以实施。类似于江南的情形,济宁士绅积极地将他们的钱财和社会资源投入到公共事业上以获取地方上的霸权。他们的活动遍及文

---

① 朱缙卿:《凌官轶闻》,政协济宁市郊区文史资料委员会编:《济宁郊区文史资料》第5辑,第137—147页。
② 李继璋:《济宁直隶州拟稿·建置志下·仓储》。
③ 陈宝良在《明代儒学生员与地方社会》的下编"儒学生员与明代社会"里对此做了比较全面的论述,并集中探讨了他们的政治性行为。陈宝良:《明代儒学生员与地方社会》,北京:中国社会科学出版社,2005年,第258—286页。

化、教育、慈善等多项领域。

（一）权力的文化和教育展现

  观光或游览是士绅精英营造公众形象的一种方式。本书第三章详细描述了济宁士绅如何重塑城市物质的和文化的形象，以展示他们在公共视野中的力量。太白楼和其他著名公共景点及私人园林、宅邸为社交聚会提供了平台，当地士绅和远道而来的士人可以互动。他们借助这些交游圈，播布各自的诗文、书法、绘画，并将他们的名字与前贤联系起来，从而在更为广阔的空间里扩大他们的声誉。

  士绅精英也努力通过富有地方特征的游览观光和文化建构来定义自身身份。比如，他们积极赞助景点名胜以及佛寺道观的修复工程，如梅尔清在研究清初扬州文化所指出的，这类捐献行为可以在精英社会内基于共同的文化与政治价值"进行调解和重新整合"。① 于是，在景点的出场和聚会有助于士人阶层基于"文化认同"而产生一种共同的群体意识。② 同时，在这些特殊的社交场景里，士绅们垄断文化，通过文化霸权树立起他们作为地方精英、领

---

① 参阅梅尔清对平山堂的社会功能的叙述。[美]梅尔清：《清初扬州文化》，第147—148页。
② 梅尔清通过对清初扬州4个名胜景点的社会性阐释，认为士人精英形成了拥有共同文化遗产的同一阶层。[美]梅尔清：《清初扬州文化》，第4页。

袖的形象。① 基于这种身份,济宁精英广泛参与其他公共社会活动。

济宁士绅主导着当地的教育事业,与官方机构和机制相辅相成。作为士人学术和社交的场所,书院在当地文教和社会生活中占据了煊赫的位置。明代先后有讲德书院、南洲书院、正德书院、济阳书院等。清朝又有新的书院包括仁城书院和济宁书院。② 这些书院的名称宣示了儒家道德和当地文化遗产的含义。它们总体上属于私学性质的书院,尽管其不少创办人和赞助者是河道、州等衙门的官员,他们还受邀讲课,监督指导。书院具体的经营者是士绅,如靳学颜在退休后主持过讲德书院。

虽然与官学以科考为最高目标不同,培养本地年轻士人依然是书院的一个重要工作。③ 例如,郑与侨追溯到明中期当地著名的学者杨泰灿、陈太昌主持的一所书院,培养了一大批科考及第者,

---

① 卜正民在其宁波士绅的个案里成功地阐释了士绅竭力开发文化资源而建立起地方霸权的努力。参阅[加]卜正民《家族传承与文化霸权:1368年至1911年的宁波士绅》,《中国社会经济史研究》2003年第4期,第92—104页。
② (清)胡德琳、蓝应桂修,周永年、盛百二纂:《(乾隆)济宁直隶州志》卷8《建置二》,第52a—57a页。在这些书院中,正学书院在清代时易名为三省书院,又名为曾子书院,最为著名。(清)胡德琳、蓝应桂修,周永年、盛百二纂:《(乾隆)济宁直隶州志》卷8《建置二》,第54a—56a页。
③ 何炳棣认为:"明代书院主要关注的是哲学论述,准备考试只是附带的事。"[美]何炳棣:《明清社会史论》,第248页。但济宁和一些北方书院的例子证明经学研读和科考训练也同样是重要内容。实际情形正如穆四基(John Meskill)的研究所展示,为了适应学生的"多种需求",明代书院的课程包括礼仪、文学、考试、政论、治理、书法、艺术等多种科目。John Meskill, *Academies in Ming China: A Historical Essay*, Tucson: University of Arizona Press, 1965, pp. 38, 58—61.

并激励了本地的士风民气。① 如同一些公共和私人的景点,书院也被广泛地用于制造舆论、交换意见、游说官吏甚至党争。② 这样,书院不仅加强了士绅社会共同体的凝聚力,也成为与当地官员沟通的一个便利渠道。

然而,年轻的士人大都在官学注册。如上所述,作为经济、文化发达和衙门集聚之所,明代济宁的州学因其学生在科举应试中的成功而闻名。济宁是卫所重镇,卫学也十分发达,培养出很多科举佼佼者。

此外,与书院的授业群体以文人为主不同,基层教育可以直接惠及普通大众。地方志的"学校"和其他类目里有大量关于士绅对济宁城里和城郊义学、族学、乡学、庙学、社学捐赠与资助的记载。其中,具有官方背景的社学直接涉及更广泛的基层。③ 官府与士绅的紧密合作促成了社学在济宁的繁荣。一些精英被列入地方志,主要是因为他们参与了这样的"善举"或"义举"。

基层教育与社区的宗教和社会仪式是连在一起的。明太祖早在王朝建立之初就规定每里必建社坛,每年祭祀两次。士绅们广

---

① (明)郑与侨:《济宁遗事记·胜迹记》。
② 自古"清议""公论"出于学校。明代结社与书院及学校密不可分,并成为党争的一大渊薮。但一逮明末,学政废弛,士人各式各样的社盟纷起,而社盟成员通常集体发声,干预政治。参阅陈宝良《明代儒学生员与地方社会》,第382—386页。
③ 洪武十六年(1383),明朝廷还"诏民间立社学,有司不得干预。"参阅(清)龙文彬《明会要》卷25《学校上》,第411页。罗友枝认为:社学"只为一小部分学龄人口提供教育。在明朝和清朝,入学的男童主要就读于族学、村学(需要缴纳学费),以及富裕人家所开设的私塾"。参阅[美]罗友枝《帝国晚期文化的社会经济基础》,[美]罗友枝、黎安友、姜士彬主编:《中华帝国晚期的大众文化》,[加]赵世玲译,北京:北京师范大学出版社,2022年,第12页。

泛参与官方主持的祭祀与基层的文教和宗教事务,更为直接地进入公众眼底,并借官方光环炫示自己的身份,这扩大了他们的公共知名度,还加强了他们与地方政府的联系。

(二) 社会福利事业

明清时期,文化与教育活动只是士绅社会公共项目的一部分。他们的高声望也依赖于对民众日常生活更密集和广泛的参与,他们在社会福利事业上的贡献尤为普遍、深刻地影响了大众生活。于若瀛在《嘉议大夫应天府府尹雍野李公行状》一文中讲到,其亲家李尧民(1574年进士)致仕返乡后置办"义田""义学""义冢",这都是日常生活里屡见不鲜的现象。①

在这些活动中,士绅精英更多地参与了地方权力关系的建构。由于王朝政府的地方行政机构只到达县一级,里甲或保甲的效力取决于地方精英的协调与合作。② 同时,在保持地方社会运作的过程中,宗族成为地方政府和家庭之间的纽带。③ 通过在这样一个领域内的个人和集体性活动,势力大的士绅宗族、家族及其机构的成

---

① (明)于若瀛:《弗告堂集》卷24《嘉议大夫应天府府尹雍野李公行状》,第23a页。
② 李来福关于明代山东基层政府的研究显示,明初的里甲首领在小型案件中被认可行使等同司法的权力,并能够借此谋利。Leif Littrup, *Subbureaucratic Government in China in Ming Times: A Study of Shandong Province in the Sixteenth Century*, pp. 58—60.
③ 宋怡明使用"lijia household/lineage"(里甲户/宗族)描述晚期帝制时代国家确立的里甲编制与社会宗族的叠合,因为政府的户籍与税收制度与自然宗族组织趋于协和,并且进而促使后者的组织化和内在固化。Michael Szonyi, *Practicing Kinship: Lineage and Descent in Late Imperial China*, Stanford: Stanford University Press, 2002, pp. 182, 198—199.

员寻求取得公共事务的霸权。特别是在士绅权力很大的商业和文化发达的地区,国家权力似乎退居到一个次要的角色。① 济宁就是这样一个地区。

通常来说,大规模的赈灾救济工作主要由政府承担,但很多慈善工程的管理则实际由熟谙风土人情的地方精英执行。没有士绅的支持,政府的工作收效不彰。士绅捐资、督导和管理栖流所、养济院、普济堂、育婴堂、留养局、义冢、粥厂等常设的或临时的、独立的或联合性的非政府机构,并作为政府的合作者和代理人。地方文献通常将政府和非政府的社会福利类别结合起来。根据郑与侨记载,在崇祯十四年(1641)冬的大饥荒中,"济城内外,立粥厂数十处,所养约数万口。绅衿公设保赤社于普照寺,收童赤数百人,以老妪抚育之"②。

《(乾隆)济宁直隶州志》详细罗列了由政府开办并由当地精英管理的育婴堂和普济堂:既有综合性的服务,也具备有效的管理制度。③ 1873年,知州王锡麟会同官绅等集资设厂施粥。④ 地方精英还成立了自己的慈善组织,并在当地政府的支持下从事活动。后来,一个大规模的救助工程——济宁栖流所由当地士绅督办。1838年,一些德高望重的地方精英通过提供粥厂继续资助栖流所。

---

① 参阅周锡瑞和冉玫铄对长江中下游士绅在地方社会的各方面占有支配地位的分析。Joseph W. Esherick and Mary B. Rankin, *Chinese Local Elites and Patterns of Dominance*, pp. 17—21.
② (明)郑与侨:《济宁遗事记·灾异记》。
③ (清)胡德琳、蓝应桂修,周永年、盛百二纂:《(乾隆)济宁直隶州志》卷7《建置一》,第57a—57b页。
④ 潘守廉修,唐烜、袁绍昂纂:《(民国)济宁直隶州续志》卷1《五行志》,第11b页。

在地方官员的不断赞助下,地方领袖将其运作到了20世纪50年代初。来自士绅和其他富户及官员的持续捐款、耕地的租金、艺人慈善表演的收入,以及非定期的政府津贴,共同维系了济宁栖流所的日常运作。1923年,其财力估计可以为一千名难民提供食宿。从1915年到1921年,济宁地区遭受连续干旱、洪水和其他自然灾害期间,栖流所收留的难民人数一直维持着三百到一千不等的规模。①

中央政府的荒政工作有时也依靠士绅的帮助。咸丰五年(1855),咸丰皇帝在一个诏令中,批准山东的救济项目之监督由不了解当地情况的官员转到山东籍侍郎车克慎领导的地方士绅手里,当时车正在告假居家期间。②

士绅在慈善事业中的表现可以改变他们的实际公众地位。以士绅为代表的精英阶层,不仅"通过个人的能力和财富促成了大量善举,而且与官方权威和地方其他阶层的积极合作,推动地方慈善事业的展开"③。而在济宁,与江南的情况一样,个人和家庭的社会活动,在当地事务中发挥着正面作用,通过道德责任获得声誉,这很大程度上重塑了他们的社会地位。许多普通的士绅都被列入地方志,主要是因为他们慷慨地投入慈善事业和公共项目。清初的王德新仅有一个生员头衔,但他"修桥梁,治道路,施汤粥,舍棺木置义冢",得以树立起积极正面的形象。④ 另一位基层士绅冯士彦

---

① 石贡九:《济宁栖流所粥厂概况》,手稿,济宁市政协文史委资料室藏,1987年。
② 咸丰皇帝信赖地方士绅,指责官吏衙役借赈灾牟利的贪腐、渎职。《清文宗实录》卷182,咸丰五年十一月丙寅,《清实录》第42册,第1039页。
③ [美]韩德林:《行善的艺术:晚明中国的慈善事业》,第304页。
④ (清)徐宗幹修,许瀚等纂:《(道光)济宁直隶州志》卷8之3《人物志三》,第23a页。

"好善乐施,倡修北郭通衢石路。雍正八年大水,露处者百余家,悉周恤之,建育英、普济堂。妻柴氏亦脱簪珥助之"。①

这些慈善项目超越了传统的彰显儒家道德的范畴。对于试图获得公众认可的移居者后代而言,积极参与公共事务是一种有效的方式。《(民国)济宁直隶州续志》的"侨寓总传"纳入了几位在当地享有盛名的移民子弟,因为他们在公共基础设施项目、救灾、扶贫、救弱以及地方防御上做出了突出的贡献。② 同样地,尽管在儒家的社会群落层级中商人地位较低,但他们通过与士绅的连接,能够将他们的财富捐赠给慈善活动来提高社会地位。济宁富商加入了作为城市精英骨干的士绅的全方位的活动。

总之,以士绅为主体的济宁地方精英在维护地方社会的日常运转和应急防变方面发挥了积极而非辅助的作用。20 世纪 20 年代私修方志《济宁直隶州拟稿》的作者李继璋引述了郑与侨的如下记载:明末"救灾遇大饥者,三开粥厂五十余处,煮散皆委之绅衿,并立设恤老保赤,此活不下数万,以素有备也。大疫者,再施药掩骨骸,一倡百和,无怵财,无废事,以素有备也。大火者一在癸未二月,城东南、东北两隅,顷刻俱烬,通融安置,人无迁徙之苦,以素有备也"③。

简言之,在明中期以来商业、文化、资讯空前发展的新环境里,济宁士绅运用多种资源和策略去获得和巩固他们在公共视野中的

---

① (清)徐宗幹修,许瀚等纂:《(道光)济宁直隶州志》卷 8 之 3《人物志三》,第 27a 页。
② 潘守廉修,唐烜、袁绍昂纂:《(民国)济宁直隶州续志》卷 15《人物志四》,第 10a—12a 页。
③ 李继璋:《济宁直隶州拟稿·建置志上·兵防》。

地方霸权。在日常生活的礼仪上,郑与侨曾提到驻济卫所官员在当地公共聚会上要"先拜,然后诸绅答之"①。更重要的是,通过这些活动,他们也深深涉足于地方政治生活,并与国家权力发生复杂的关系。

三、城市共同体与社会结构

由士绅及富商组成的济宁精英们支配了这座城市的生活。他们的关注、作为、社会角色不仅影响城市的社会结构,而且主导了城市的文化认同。但这些精英并没有涵盖城市社会的所有阶级和阶层。同时,他们的影响力还在一定程度上取决于发展和维持同下层人群的关系。因此,为了评估济宁整体的文化和社会,也有必要了解其他城市阶层及其社会群落。

(一)城市居民的身份认同

中国传统士大夫往往被视为农村取向的:大都生活在农村,虽然他们中的一些人是城居地主,但其主要经济财产和生产活动都在乡间土地上,几乎完全依靠地租生存。但这种情形在明清时期发生了巨大变化。特别是在江南,为了享受商业财富和娱乐以及从事工商经营,上层士绅往往选择住在城市或城镇。同时,他们也在农村保留他们的宗祠和祖产。像在传统社会中的其他地方一

---

① (明)郑与侨:《济宁遗事记·俗尚记》。

样,士人处在济宁居民中的顶层。但是,生活在明清时代这么一个发达的运河商埠里,居于显赫地位的士绅精英身份的城市属性究竟是怎样的?在济宁地区,士绅倾向于居住在城市或其邻近的市镇。例如,玉堂孙家在济宁附近的一个村庄里保留他们的祖庙用以祭拜先祖,那是明初孙家迁来定居的地方。而且,士绅们尽管生活在都市环境和氛围里,但对田园诗般的乡郊景观的趣味并未减退,他们往往通过建造园林来再现这种情致。

在济宁城墙内、外,普通居民占人口的大多数。除了官员及其随员和仆役、军士、士绅家庭、富裕的商人,居住在城内的还有"广泛的各个职业人士"。① 他们根据宗族或职业聚集在某些街区。他们大部分来自农村,到城里来要么寻求永久定居,要么作为寄居的职业人士并定期或不定期地逗留和离开。游离在济宁社会边缘的是无业者和那些从农村来逃难、避乱的人。与当时大多数其他城市一样,城内居民中也有一定比例的农业人口在附近的田地从事农耕劳作,但许多人主要还是依靠小工商业谋生。此外,卫所由于特定的户籍和职业,在自己的辖区往往会发展出独特的文化认同。但在济宁,由于城市强大的磁吸引力,其周边的卫所构成了济宁城市网络的郊区外沿,所以卫所的军民可称得上半城市化人口。

在中华帝国的城市中,一方面,城市居民与农村居民在职业、生活方式、教育水平方面存在差异;另一方面,王朝国家通过无差别的行政解决方式使这些差异一般化:不同于典型的中世纪晚期

---

① 正如施坚雅描述中华帝国晚期的城市阶级:"我们不能忽视那一大群各行各业的专家(商人、手艺人、僧道、抄胥、讼师、风水先生等),其中不少是知书识字的。"[美] 施坚雅:《导言:中国社会的城乡》,施坚雅主编:《中华帝国晚期的城市》,第314页。

欧洲城市,在政府把城市空间农村化的原则主导下,不存在单独的市政管理体系。[①] 一个大的行政中心的领地常常被划归不同县的统辖单位所属,一个知县管理着他所在县的城镇与乡村两个不同的部分。这样的地方行政管理系统基本上忽略了生活在城里的居民的特殊关切。在济宁州,其辖区覆盖了城市、郊区、附近农村地区和属县,济宁的城市居民只是该辖区人口的一部分,尽管知州直接负责州治城内外的"本州"政务。因此,很难说在国家管理方面存在实质性的城、乡差异。

尽管如此,明清时期长江三角洲、珠江三角洲和北方大运河地区发展出了城市生活的鲜明文化特质。我们应该如何解释?在济宁的案例里,城市居民是否为潜在的新式城市文化建立了一个"市民的"或"公民的"(皆取英文"civic"之意)基点,使这种文化承担了"半自治的"(semi-autonomous)或"准统治的"(quasi-governmental)功能,导致了其既与帝国统治又与农村纽带的初步裂痕?如果是这样,那么破裂在哪里?

通过引用雷蒙德·威廉斯(Raymond Williams)、基思·托马斯(Keith Thomas)、乔治·吕德(George Rudé)关于社会意识形态和公民背景的理论评论,姜士彬(David Johnson)同意"现实存在强烈影响人的意识"这一命题。但他不赞成"集体心态"基于共同物质利益的阶级学说,而是强调"特定社会群体成员所特有的信仰和行

[①] 马克思比较了前现代和现代在城乡关系上的政治统治的不同:现代历史是乡村的城市化,而不是像古代那样是城市的乡村化。[意]翁贝托·梅洛蒂:《马克思与第三世界》,第 75—76 页。

为准则"。① 同样,对于中华帝国晚期的城市社会,罗威廉提出了以居住地为基础,在行会和家庭的藩篱之外,"存在着一种作为'市民'的共同身份的强烈意识和独特的城市心态"。② 他认为,"正如中世纪以后的西方一样,独特的城市文化和心态成为中华帝国晚期最大城市的主要特征。尽管中国的城市文化可能比中世纪以后的欧洲城市具有更多的乡村传统因素,但城市居民仍然充分意识到其独特性;而儒家田园生活的理想则削弱了城市居民的自我优越感(在西方,这种优越感非常明显)"③。那么,这种新的城市居民(抑或"市民")的身份意识是否已经在济宁出现? 济宁的城市文化表现似乎支持这一假设。为了营建他们所聚居的地方的形象,士绅的努力表现出了一种共同的珍视"城市性"(urban)的价值和事物的趣向和认知。在这方面,各种社会群体和组织中志同道合的人们,从宗族到行会,到文人及普通人的各种结社,都似乎沁润在他们共同体的身份自觉中,并消解了各自所属群落的界域。"小苏州"的称号不仅体现了南方风貌和市场经济取向,也体现了一系列的审美价值和大众态度。

在济宁的现实场景中,是否存在类似欧洲那种能够诠释城市"共同特性"的"通常与城市意识联系在一起的视觉要素——市政

---

① [美]姜士彬:《中华帝国晚期的传播、阶级和意识》,[美]罗友枝、黎安友、姜士彬主编:《中华帝国晚期的大众文化》,第 73 页。
② [美]罗威廉:《汉口:一个中国城市的冲突和社区(1796—1895)》,鲁西奇、罗杜芳译,北京:中国人民大学出版社,2016 年,第 18 页。
③ [美]罗威廉:《汉口:一个中国城市的冲突和社区(1796—1895)》,第 71 页。

厅、城镇广场以及公共纪念物"?① 事实上,济宁有着风格鲜明的建筑:标志当地文化符号的太白楼和其他公共聚集的景点,融合了南北建筑风格的园林、鼓楼和钟楼等都市建筑,还有科举考场,以及在城墙拐角处和城门处精心设计的塔楼。它们都在提醒城市居民和城外的人们,城内是一个被高高的城墙环绕着的同一群体。尽管它们大都是官方的建筑,但由于城市阶层的扩大和商业化物质文化的发展,它们也可以被视为社会场所。即使是郊区的居民,由于他们的地理位置靠近城市,人口常与城里居民混杂,也可以说处在一个可称为城市心理认同的共同体里。在济宁,郊区居民常常被周边的乡民视为城里人。其结果,如前所述,繁荣的文学和文化表现以及不良习俗和管理问题等所有与城市有关的现象,都出现在城区和郊区。

这种文化共性的自我意识或认同与全体居民在城市和郊区共享的空间环境相对应。人们的沟通和生活节奏与城市捆绑在了一起。这是否意味着济宁城市社会中一种关系互惠的萌芽?罗威廉不同意韦伯式关于中华帝国缺乏有效的城市共同体的经典论断,提出了以"社会共识"为基础的标准,"通过协商、调解、互相妥协以维护社会和谐"。他列举了对社会稳定、等级秩序、家庭价值、邻里关系的共同体认,作为结合各类城市居民群体的因素。② 某种具体的共同意识往往也源于共同利益。根据罗威廉的研究,19 世纪的

---

① 罗威廉不同意牟复礼关于中华帝国晚期城市缺少这类促发城市性的符号和性质的论述。[美]罗威廉:《汉口:一个中国城市的冲突和社区(1796—1895)》,第 94 页。
② [美]罗威廉:《汉口:一个中国城市的冲突和社区(1796—1895)》,第 378—379 页。

商业重镇汉口的慈善救济事业展示了追求共同体利益的努力。① 同样,从明末开始,主要是为了城市居民公共安全和民生的共同利益,包括士绅和商人在内的济宁城市精英,在福利活动和其他全民性公共或民间项目中发挥了主导作用。清朝时期,他们组织了合作性活动和机构,以提高这些项目的有效性和影响力。

同业行会和慈善堂、行帮、同乡会、诗社等其他社会组织的信息开始出现在明代中期以来的文献中。其中的一些组织挤压并取代了官僚政府在市场、税收、社会福利领域中的传统角色,颇似欧洲中世纪晚期教会所承担的公共需求方面的礼拜仪式。② 但是,由于中华帝国自古以来的社会结构,故而很难将之适用于西方角度下的类似制度。对于社会的形成或构成,如何对共同体进行分类仍然值得重新思考。③ 与在19世纪末通过容纳移民和居住的工商业人口迅速发展而成为一个大都市的汉口不同,济宁是一个外地商帮较少、会馆及同乡会势力较小的城市。然而,不同于本地商人群体与宗族结构微不足道的多数北方城市,济宁确实见证了当地士绅和商人精英的新混合体,因此,"宗族"这样的词无法凸显新生事物。所以,使用诸如"共同体"或"地方社会"等更通用的术语来指代城市里较少受到框架束缚的社会组织或团体,似乎更为适用,

---

① [美]罗威廉:《汉口:一个中国城市的冲突和社区(1796—1895)》,第101—148页。
② 参阅韦伯关于中国的"职业团体"或"宗教性的结义团体(会)"的相关论述。[德]马克斯·韦伯:《儒教与道教》,第22页。
③ 韩书瑞在研究晚期帝制时代的北京时,倾向用"宗族"取代"社会"作为分析单位,用以代替"国家—社会"二分法中的"社会",意在强调国家与社会之间的对比。[美]韩书瑞:《序言》,《北京:公共空间和城市生活(1400—1900)》上册,第14—19页。可是在分析城市社会中,"宗族"不能覆盖社区内宗族之间的联系。

而"士绅社会"一词在本书中的含义和意义尤其重要。

(二)精英代表的城市社会的"新"精神

鉴于中华帝国晚期城市里社会结构的新内容,罗威廉在他的汉口案例中,体认了一个他称之为"新的资产阶级的雏形"——"绅商"阶层。"这个阶层的出现,部分原因是传统的士绅进入商业领域,以及富商对绅士和荣誉性官衔的需求逐渐增加。"[①]进而他指出了中华帝国晚期开始出现的、但却是实质性的社会变革。商业化导致了职业分工和生活的复杂性,促使某些新形式的社会行为的制度化。城市职业人士及其组织(包括行会)的增加在济宁同样十分明显。在精英主导的城市社会里是否发生了质的属性变化?这样的变化是否包含一些现代性的成分,从而支持学术界所谓"在中国发现历史"论点中强调开埠前、后的连续性大于断裂性的流行看法?[②]

这个问题可以与韦伯的相关经典学说联系在一起。在韦伯的"新教伦理"的核心概念中,禁欲主义被认为是"资本主义精神"诞生的基本原则:"浪费时间是首恶,基本上也是最重大的罪

[①] 参阅罗威廉对玛丽安·巴斯蒂(Marianne Bastid-Bruguière)观点的引用和论述。[美]罗威廉:《汉口:一个中国城市的冲突和社区(1796—1895)》,第64—65页。
[②] 一些学者如韩书瑞使用"近代早期"来指代明清阶段,甚至将之前溯到宋代,以表明"这个时段与20世纪的发展相关联"。[美]韩书瑞:《序言》,《北京:公共空间和城市生活(1400—1900)》上册,第8—9页。

过。"①"怠惰与享乐"是有害的,因为这意味着来自上帝的"天职"的缺失:"'无职业者'的生活,如我们所见的,欠缺现世内禁欲所要求的那种有系统——讲求方法的性格。"②虽然他的理论受到严重挑战,但其论点触及了这样的一个事实:在追求资本主义经济的历程里,欧洲的新工商业者和城市公民的知识和信仰世界发生了巨大变化。鉴于中华帝国晚期城市里的经济格局和生活方式的转变,"绅商"阶层在伦理方面是否经历了一些实质性变化?

在明清时期商业发达的城市里,财富的积累与消费的扩张相对应。在商人和士绅的生活中,休闲奢侈甚至自我放纵普遍流行,正如济宁的案例所示。卜正民用"纵乐的困惑"这一概念来描述晚明士绅精英理想与现实的冲突:他们的享乐主义蚕食了一定礼仪下的以节俭为准则的传统儒家规矩。③

当然,对于像徽商这样的群体,表面上看,如余英时等学者所分析的那样,类似的禁欲主义准则得到了宣扬。④ 然而,徽州商人在社会财富上的奢侈性支出是巨大的,一如安东篱所描述的清代

---

① [德]马克斯·韦伯:《新教伦理与资本主义精神》,康乐、简惠美译,桂林:广西师范大学出版社,2007年,第151页。
② [德]马克斯·韦伯:《新教伦理与资本主义精神》,第157页。
③ [加]卜正民:《纵乐的困惑:明代的商业与文化》,第134—136页。
④ 余英时使用源自理学的"儒家伦理"与新教禁欲主义相比附。参阅[美]余英时《中国近世宗教伦理与商人精神》,台北:联经出版公司,1987年,第137—138页。但是,儒家自初就一直在道德话语里主张戒奢,同时允许合乎礼制的花费。更重要的是,如卜正民所论,余英时把韦伯范式应用于中国商业主义势必面对这个事实:尽管儒家的节俭、诚实的价值观和实践存在鼓励和规范正当商业行为的潜在性,但它并没有催生出资本主义。Timothy Brook and Hy V. Luong, *Culture and Economy: The Shaping of Capitalism in Eastern Asia*, pp. 40—41.

扬州的园林建设。① 此外,徽州盐商对帝国政权的依赖严重损害了他们的自主性。在济宁,商人的实际地位毕竟是次要的,他们依附于士绅精英和国家政权,借以生存和发展。一个典型的案例是玉堂酱园,它起初是药材商冷长连攀附时任两江总督的孙玉庭买下苏州客商创立的酱菜铺,可后来孙家却将其变为独资企业。虽然内中原委没有可靠记载,但孙家在经营过程中,多次被指控为官商勾结,以至于在朝廷上受到弹劾,尽管孙家的高官们努力化解了这些麻烦。②

同时,被新教禁欲主义所谴责的"不诚实和冲动的贪婪"在明清时代仍然肆行,远远不符合"理性精神、整体生活行为的合理化、理性经济伦理"的韦伯式律条。③ 各个时期的方志里都有大量对"奸猾之徒""奸商"及其在城市环境的恶劣影响的谴责。尽管这些谴责出于儒家的立场,但这种描述仍表明明清时代的商人与他们的前辈在获利方式和信仰方面都没有真正的区别。商人的这种性格在一定程度上代表了当时城市社会抑或中华帝国晚期城市中文化和社会的精神。④

---

① [澳]安东篱:《说扬州:1550—1850年的一座中国城市》,第211—232页。
② 在这场争诉中,孙毓汶向慈禧太后进献了"玉堂小菜",获得她的青睐。但更重要的是,在朝廷的帝后之争中,他站在了光绪的对立面慈禧一边。参阅张正宽、时家驹《京省驰名,味压江南——记玉堂酱园》,政协济宁市委员会文史资料研究委员会编:《济宁文史资料》第4辑,第4—5页。
③ [德]马克斯·韦伯:《经济简史》,赵丽慧译,北京:北京理工大学出版社,2020年,第329页。
④ 我曾用"一种没有出路的市民文化"指代《金瓶梅》中所呈现的城市商人阶层的前资本主义性质。以恶人形象出现的主人公之一西门庆是市井商人,通过与官府合作以取得特权地位进而牟利,而且还买了一个职位得到官员身份。他的从商之道和伦理观念毫无"新"意。孙竞昊:《一种没有出路的市民文化:读〈金瓶梅〉的札记和散想》,中国金瓶梅学会编:《金瓶梅研究》第4辑,南京:江苏古籍出版社,1993年,第84—104页。

(三)城市社会文化及其局限

纵然如上所述,若干评估显然过于乐观,但认为中华帝国晚期的城市社会没有发生任何巨变,就是忽视了这阶段出现的前所未有的新态势。在济宁,新的城市文化部分地反映了经济活动的复杂性、日常生活的多姿多彩以及精英在主导的城市共同体里的能动性。济宁的城市意识主要表现在文化认同而非制度层面上。凭借商业资源提供的强大财力,在充满活力的商业和景观氛围里,济宁的城市士绅能够在话语系统和具体实践中将其文化统御力施加于整个城市社会。

那么中华帝国晚期是否存在独立的城市文化?这个议题涉及社会政治领域的城市自治。从欧洲的经验来看,鲍德威认为,到19世纪末,"典型的工业城市具有强烈的自身认同感",将城市认同连接到工业资本主义。城市"以促进、扩大、提升自身为导向","拥有完成这些任务所需的大部分行政自治权",实现了"一定程度的城市自治"。① 罗威廉所描述的近代开埠前后汉口的形象似乎接近这个欧洲模式:"在一定程度上,由于官僚统治薄弱,虽然汉口一地人口流动频繁,籍贯复杂,并带有狭隘的乡土意识,但在19世纪,汉口将事实上的城市自治发展到相当高的程度。这种城市自治在日益正式化的、遍及整个城市的主要商业行会的联合过程中,逐步找到了制度化的表现方式。"② 然而,汉口是一个特殊的个案:在很短

---

① [美]鲍德威:《中国的城市变迁:1890—1949年山东济南的政治与发展》,第3页。
② [美]罗威廉:《序言》,《汉口:一个中国城市的冲突和社区(1796—1895)》,第1页。

时间内经济快速增长,且在19世纪后半叶已经受到外国资本主义的影响,并与1895年以后的持续发展相联系。与汉口不同的是,济宁和其他大多数中华帝国晚期的城市一样,都是在政府的控制和监督之下,其经济动力主要依靠政府主导的运河运输。要理解济宁的文化属性,必须考虑到其城市社会在多大程度上受到政治架构的形塑和牵制。这个问题将在下一章进行讨论。

在近代开埠以前,济宁最值得称道的激荡而富有创新性的文化和社会变迁发生在晚明,清朝时期并没有出现大的飞跃。对济宁社会来说,战争和动乱是破坏其繁荣的主要力量。杨士聪和郑与侨都记录了济宁和很多地区在明清之际遭受的威胁与摧毁。郑与侨还特别注意到了济宁园林的衰败。当然,即便在和平时期,地方物质文化的景致的维系也需要财力和人力的投入。它们频繁的修缮和重建被当作重大事件记录在地方志中,如颇有作为的济宁知州徐宗幹在《济州金石志》中记载,康熙十九年(1680),济宁地方官绅对摧颓、破落的太白酒楼进行了重新修葺。[1] 这似乎意味着济宁的城市文化并非一成不变。然而,后文将要阐明,迄至19世纪后期,由于既有经济、社会、政治结构的延续,各种各样的变迁——物质的、非物质的——给济宁城市文化带来的不过是枝节性质的调节。

---

[1] (清)徐宗幹等辑:《济州金石志》卷5《济州石四》,第14a—14b页。

第五章　济宁城内外的国家与社会

商业化的城市生活赋予了济宁居民某种意义上作为"市民"的自我意识，并使其有能力重塑自己的生活空间。他们试图通过发展新的文化与生活方式来建立一种城市特性和地方认同。这些地方主义的努力和欲求可否带来被视为现代政治核心的某种"自治"？这个议题需要从社会政治的(sociopolitical)意义上去进一步厘清地方社会与国家权力的关系。明清时期济宁的商品化、城市化是由于修筑和使用大运河。既然地方经济在很大程度上由政府主导的漕运引发和支持，那么大运河的运转是否重塑了济宁的国家—社会关系？本章即通过考察王朝国家政治、社会结构如何与地方经济、文化发生作用及其后果，以期评估济宁城市社会的政治属性。

济宁由于身处大运河的关键位置，在受到国家青睐的同时，亦受到严密的监督。同时，济宁作为著名的交通枢纽和旅游胜地，也便利了中央政府、地方机构、各种外部势力与当地精英之间的来往和交流。本章从设立在济宁的官僚机构入手,考察国家如何借助体制组织和非体制渠道施展权能,以及国家权力的一些变化在地方政治生活中的表现——这自然意味着与各种地方权力发生作用。鉴于济宁与其他北方运河城市有相似的城市化经历,这样的思考将有助于从一个更广阔的视野去厘清国家在地方权力结构中的角色。鉴于各级地方政府、朝廷、皇帝都和运河管理联系在一起,并把运河运输系统作为发挥权力的舞台,所以还有必要把运河重镇济宁置于帝国政治—经济语境,在国家权力与地方社会的相互作用中,明晰士绅"经营地方"所显现出的精英能动性的力度和旨归。

一、济宁地区的国家机器

秦汉以降,济宁的重要性在于它地处南北交通中的战略要冲,特别是在战乱时期成为各方争夺的要地。晚明的济宁籍士大夫陈伯友(1601年进士)这样评述:"济宁,东省一都会也。天下无事,为商贾货财之所辏。设有不虞,则草泽之雄耽耽思据之。故曹操为兖州,而人语之曰:'河济天下之要地,是亦将军之关中、河内也!'则济洵重地云。"[1]

然而,济宁地区的经济却长期维持在一个并不突出的水平。其前所未有的变革是随着大运河的出现而发生的,是大运河促进了当地的经济活动并进而加强了其作为一个军事与政治中心的战

---

[1] (明)陈伯友:《郡侯儆我董公修城记》,载(清)廖有恒修,杨通睿纂《(康熙)济宁州志》卷8《艺文志》,第47b页。

略地位。根据陈伯友的观察,当时即便是普通的居民也知道济宁的重要性是因为漕运:

> 居人曰:济当南北咽喉,子午要冲,我国家四百万漕艘皆经其地。士绅之舆舟如织,闽广吴越之商持资贸易者又鳞萃而猬集。即负贩之夫、牙侩之侣,亦莫不希余润以充口实。冠盖之往来,担荷之拥挤,无隙晷也。①

繁复、叠加的垂直型和横向型的政府机构和组织在济宁城内、外的存在,似乎在提醒着居民从国家视野看待他们城市的角色。

(一)地方行政机构与大运河

除了明初一度为府,济宁在明清时期作为兖州府下的一个州,或单列为直隶州。明朝设立的直隶州为数不多,主要为了处理异常困难或重要的辖区,而清廷大大增加了直隶州的设置。明、清政府为了便于掌控运河,部分地借助于在运河沿线设立的州或直隶州。有清一代,山东前后存在两到五个直隶州;从1774年到1903年,只有济宁和临清两个直隶州。② 明代,济宁作为一个州时,领三县;清代,在作为直隶州的时期,也领三县。

施坚雅依"中心地"理论认为,传统的层级体系是依据行政管

---

① (明)陈伯友:《重修通济桥记》,载(清)廖有恒修,杨通睿纂《(康熙)济宁州志》卷8《艺文志》,第46a页。
② 参阅张玉法《中国现代化的区域研究:山东省,1860—1961》上册,第45页。

理的需要而设计和规范的,这与帝国的官方结构是一致的;然而中国社会的"自然"结构是由非官方因素所决定,如经济、社会和文化等。所以,在"正常"的行政管理体系内位阶上的非常规变革,是为了应对经济因素和"不规则"的政治、文化因素扮演更大作用的"自然"的社会结构的变化。① 新的政区旨在与经济扩张相协调,从而在地方管理中施展更强的控制和更深的渗透。如是,济宁保持了多种属性:作为一个城市,一个州或直隶州的治所,一个区域中心,即施坚雅所说的具有政治、经济、文化功能的中心地,并不仅仅是沿着运河,而是对整个腹地而言。

(二)军事机构与大运河

明清阶段国家军事结构的一个主要特点是运河及其他陆地运输线和重要城市被高度护卫。明末济宁籍士大夫杨士聪谈到战乱祸及山东境内的漕运,指出济宁防卫与运河防卫的关系:"贼之不为漕患,恃有济城在也。何不结营于城北二三十里,使贼不敢近城,则不必护漕,而漕无患矣。"②维系运河运转的济宁成为一个重要的区域军事集结地。

洪武初年卫所体系在济宁建立起来。这种军户制度使得其辖区独立于正式的地方行政区之外。军户在分配的土地上屯田。卫

---

① 施坚雅将适合帝国统治的"官僚"中国与非政治因素塑造的"自然"中国区分开来。[美]施坚雅:《城市与地方体系层级》,施坚雅主编:《中华帝国晚期的城市》,第327页。

② (明)杨士聪:《玉堂荟记》下卷,北京:商务印书馆,1960年,第82页。

所一般作为要塞在关键的地方建立,往往出于军事考虑,但在运河和其他水路沿线,一些军卫被佥派作为运丁和护军。① 卫所的军事功能日渐衰落。到15世纪30年代,卫所军户多被用作其他职能。② 一些卫所军士执行政府漕运的卫戍任务,其他承担运输职责。

自明初到明中叶,济宁及附近的卫所机构在建置、名称、驻地等方面多有变更,③但始终是沿运最重要的卫所之一。分配给卫所的土地最初是为了供给军户的生活,后来随着商品化发展,土地的一部分产出用来补助政府漕运所费。明中叶以来,卫所制度经历了更多的结构与名称变化。至清初,山东的大量卫所被取缔或合并。④ 卫所人丁几近演变成了专职漕运人员,失去军事功能。⑤ 他

---

① 依照梁方仲的研究,明代山东以下的卫所担任漕运任务:临清卫、平山卫、东昌卫、济宁卫、兖州护、东平所、濮州所。全国163个承担漕运的卫、所中,有16个每年漕粮额数超过6万石,济宁卫和临清卫即其中的2个。参阅梁方仲《中国历代户口、田地、田赋统计》,第521页。
② [美]牟复礼、[英]崔瑞德编:《剑桥中国明代史·上卷》,张书生、黄沫、杨品泉等译,北京:中国社会科学出版社,1992年,第90、102、103页。
③ 济宁卫"在州治东南,属山东都指挥使司。永乐五年建"。(明)易澄瀛、卢学礼修,于慎行纂:《(万历)兖州府志》卷17《兵戎志》,第4a—4b页。清初的济宁州志只记载"济宁卫"。(清)廖有恒修,杨应睿纂:《(康熙)济宁州志》卷4《秩官志》,第75a—79a页。民国初年李继璋认为:"任城、临清两卫驻所不详,济宁卫指挥使及所属千户所四,皆驻济宁……任城卫以屯地多在济宁,清初亦移守备。"李继璋:《济宁直隶州拟稿·建置志上·兵防》。其间大致的变化轨迹,可参阅郭红、靳润成《中国行政区划通史·明代卷》,上海:复旦大学出版社,2007年,第676—685页。
④ 按照1655年的一条诏令,济宁卫的3个所、任城卫的3个所、临清卫的2个所被裁。《清世祖实录》卷93,顺治十二年九月壬寅,《清实录》第3册,第734页。
⑤ 《清史稿》卷122《食货三》中载:"清初,漕政仍明制,用屯丁长运。"(清)赵尔巽等:《清史稿》卷122《食货三》,北京:中华书局,1977年,第3565页。

们由于漕运任务而纳税较少,被置于东河河道总督的管辖之内。① 因明代遗留的服务于漕运和运河维护的专业人员的大量减少,于是又加入了汉旗的旗丁。② 伴随着漕运的衰亡,运河沿线的卫所制度在1894—1895年最后终结。

在运河体系中使用军户意味着济宁周边的一部分亚城市人口不在地方行政管理范畴内。卫所军人分担地方防卫职责,特别在动乱时期,卫所驻地可以作为城市防御的缓冲地带。但是,济宁城附近的卫所人口也是当地日常物质与文化财富的消费者。因处于不同的管辖和管理系统,卫所人员时常在使用地方资源如灌溉用水上与当地百姓发生冲突。

明清阶段,军事与准军事力量的管理体系非常复杂,其中一些军事机制体现在地方文官管理机构里。在济宁地区,除了常规的军事机构,运河和黄河的管理机构也肩负一些军事功能。明代山东的最高军事机构是山东都指挥使司。③ 明代中期,18个卫、9个守御所和17个备御所部署在全省的6个府中。④ 在山东部署的7个兵备道中,济宁和临清之所以成为兵备道的驻地,均源自它们在运河治安上的战略位置。⑤ 此外,鉴于济宁在漕运中的关键作用,这里曾先后驻有2个兵备道——沂州兵备道、济宁兵备道,以保障

---

① 李继璋:《济宁直隶州拟稿·建置志上·兵防》。
② 李文治、江太新:《清代漕运》,第212—213页。
③ (明)易澄瀛、卢学礼修,于慎行纂:《(万历)兖州府志》卷2《建置》、卷17《兵戎志》,第18a页、第4b页。
④ (明)陆釴等纂修:《(嘉靖)山东通志》卷11《兵防》,第1a页。
⑤ (明)易澄瀛、卢学礼修,于慎行纂:《(万历)兖州府志》卷17《兵戎志》,第1a、3a—3b页。

运输的管控和通畅。

19世纪中叶之前的清朝,八旗军和绿营兵是主要的正规军事力量。济宁不像德州、青州那样驻扎有训练有素的八旗兵营,后两者分别护卫山东西部和东部的安全。① 尽管如此,济宁在地方军事管理中的地位依旧非常重要。山东设有两个标:抚标驻扎在省会济南;河标则驻扎在济宁,接受总督河道御史的监督。济宁三个河标营在运河鲁南段码头派驻兵丁,负责沿线运输安全。② 朝廷特设城守营与知州下辖的地方军事力量相互协作,负责济宁城的日常安全事宜。③ 此外,在山东运河道之下置有运河营。随着漕运的正式废止,1902年,三个河标营被解散,由城守营负责安全事务,而城守营在1910年亦被解散。④

正如韩书瑞所言,虽然山东地区军事力量的地域分布,系因地制宜所主导,但实际的兵力部署,却因应政治生态的变化而不断调整。⑤ 在和平时期,驻防在济宁的五个绿营与政府监管的团练、义勇等地方力量协同负责当地的安全事宜,其中一个营专门负责城

---

① 19世纪中叶以前,清朝在山东的主要军事力量除了两个八旗满营,还包括分布在全省各地的绿营。为了管理绿营兵,设有登州、兖州、曹州三镇,其下属各营驻扎在全省各处。参阅张玉法《中国现代化的区域研究:山东省,1860—1961》上册,第53—66页。
② 袁静波:《济宁清代以来的兵营驻地》,山东省济宁市市中区政协编:《文史资料》第10辑,第111页。
③ 参阅(清)胡德琳、蓝应桂修,周永年、盛百二纂《(乾隆)济宁直隶州志》卷9《建置三》,第1a页。同页载:"国朝特设城守一营。"
④ (清)杨士骧等修,孙葆田等纂:《(宣统)山东通志》卷114《兵防志第八》,第52b页。
⑤ 韩书瑞根据《大清会典事例》(1764)的资料,绘制了清代山东西部军事机构部署图,济宁与省府济南、兖州府治滋阳被并列为三个绿营驻防重地。[美]韩书瑞:《山东叛乱:1774年王伦起义》,第31—32页。

市安全。一旦周边地区战争爆发,济宁往往成为大量军队重点集结的指挥部。19世纪中后期,在清廷与太平天国、捻军及其他叛乱力量的战争中,济宁因其地处控制大运河与黄河交汇处的关键位置而驻扎有大量兵力。① 僧格林沁、曾国藩、李鸿章都曾在济宁作战。其中,僧格林沁战死于山东,其陵墓就建在济宁。② 总之,由于政府视济宁为维护运河的枢纽,所以该地区得以保持长期稳定,没有受到像山东西部的大部分城市通常遭遇的战乱的蹂躏。

(三)运河、漕运、黄河的专门管理机构

作为一个州,或者品阶稍高的直隶州,济宁只是一个中级地方管理机构的治所,但由于监督大运河、漕运及黄河水利工程的其他官僚机构也设置于此,其政治重要性得以提升。在山东西部,运河的维护与黄河的治理息息相关。明清时期,黄河下游在济宁城以南约100公里处,直到1855年黄河改道,转向山东北部。《(万历)兖州府志》清晰地描述了运河和黄河的关系:"国家定鼎燕都,仰给东南,惟是一线之流,以供天府。故漕渠通塞,则国计由之盈缩。而河流顺逆,则漕渠视以通塞。二者国之要害也。"③清廷认可山东西部地区的重要性。1644年,满族军队进占北京后不久,两名汉族大臣便向新的统治者建议,应立刻占领山东,因为"山东乃粮运之

---

① 《清穆宗实录》卷137,同治四年四月丁亥,《清实录》第48册,第213—214页。
② 潘守廉修,唐烜、袁绍昂纂:《(民国)济宁直隶州续志》卷1《五行志》,第9a—10a页。
③ (明)易澄瀛、卢学礼修,于慎行纂:《(万历)兖州府志》卷19《河渠志》,第1a页。

243

道"①。鉴于济宁处于运河流经的中心区域,故而是水利管理的一个重点。

早在北宋时,政府就逐渐建立了专门的运河管理机构。②然而,直到元朝才创设了全力执行运河维护和运输的机构。工部辖属的都水监是水政管理的事务机构。会通河开凿后,工部的一个分支机构驻扎在济宁,负责监管临近的运河和黄河河段。不久,在济宁设立都漕运使。此外,朝廷任命了闸官,并设立了军营,负责大济宁地区的安全事宜。③尽管有此进步,但由于运河在元代南北粮运中的作用不如海运,运河的管理并没有一以贯之。明朝序列层级制的官僚机构得以全面发展,至清朝时而完善。明清时期,虽然各机构的名称和职能不断更换,但济宁却始终保持着举足轻重的地位。

《(万历)兖州府志·河渠志》记载了明代山东隶属中央和省级的运河管理机构的设立情况,其中一半设在济宁。济宁被视为运河南北段的分水岭,而此特殊的地理位置,可以对运河进行有效的管控。由于治水问题与交通运输密切相关,济宁作为运河的中点,也成为交通运输和治水系统的中枢。④运河的管理还包括军事职能。例如,自永乐十三年(1415)起,明政府常以都御史出任总督河道,驻地济宁。永乐十八年(1420),行军司马樊敬受命提兵10万

---

① 参阅《清世祖实录》卷5,顺治元年五月己亥,《清实录》第3册,第58页。
② 宋以前主要由地方民政机构负责,朝廷(如户部官员)偶尔插手。吴琦:《漕运与中国社会》,第51—54页。
③ 山东省济宁市政协文史资料委员会编:《济宁运河文化》,第53—58页。
④ 参阅(明)易澄瀛、卢学礼修,于慎行纂《(万历)兖州府志》卷19《河渠志》,第1b—2b页;(清)陆耀《山东运河备览》卷2《职官表》,第1a页。

镇守济宁,使运河周边成为一大战略区域。① 虽然只是临时派遣,但是济宁地区仍有强大的军事威慑力,其将领还担任巡视官员。② 成化七年(1471),北京派驻济宁的总理河道接掌了大运河的全面监督,并从此形成一个相对稳定的中枢部门。③ 早在宣德六年(1431),政府就在济宁等运河的不同河段设立工部都水分司。④ 此后,总理河道也接管黄河及其他邻近水道的水利工程,有权协调地方官员,节制地方卫军,或由工部尚书、侍郎兼任,品阶为二品或三品。同时,省、府、州亦有专门官员协助总督河道管理运河事务。正德初,明廷设工部侍郎一人,兼任治河都御史,反映了朝廷对重要地方水利事务的直接掌控。⑤ 弘治三年(1490),刑部左侍郎白昂奏请山东府州县管河官员沿河居住,管理河道,不许别有差委。⑥ 接着,省属的治河都察院和兖州府的三位同知之一也驻地济宁。⑦

明代漕运的专门管理机构是在大运河重新贯通后设立的。永乐十五年(1417),朝廷在苏北淮安设立漕运总兵官,主管运河航道及漕运。景泰二年(1451),又在淮安设立了漕运总督,负责征收、运输和储存漕粮,与总兵、参将同理漕事。⑧ 自成化七年(1471)始,

---

① (明)易澄瀛、卢学礼修,于慎行纂:《(万历)兖州府志》卷19《河渠志》,第1b页。
② (明)易澄瀛、卢学礼修,于慎行纂:《(万历)兖州府志》卷19《河渠志》,第2a页。
③ (清)陆耀:《山东运河备览》卷2《职官表》,第23a页。
④ 《明宣宗实录》卷80,宣德六年六月乙卯,第1861页。
⑤ (明)陆釴等纂修:《(嘉靖)山东通志》卷10《职官》,第3a页。
⑥ 《明孝宗实录》卷45,弘治三年十一月癸未,第906—907页。
⑦ (明)陆釴等纂修:《(嘉靖)山东通志》卷15《公署》,第1a—1b页;(明)易澄瀛、卢学礼修,于慎行纂:《(万历)兖州府志》卷11《职官志》,第1b页。
⑧ (清)张廷玉等:《明史》卷79《食货三·漕运》,第1922页。

河道、漕运这两项职能被划分给两个独立机构,即"总河"和"总漕"。虽然有时两者被并为一体,但多数情况下仍是各司其职。同时,地方政府负有协理漕运之职。在山东,作为一省三司之一、主掌刑狱司法的按察使,也管理漕务。① 此外,朝廷指派御史等官员定期巡视。

清政府基本沿袭了明朝的运河管理体系,但在两方面进行了调整。一方面,合并了官僚体制的一些功能,注重简捷有效。另一方面,发展了一套更为完善的监督体系,以实现中央对运河事务的监督指导。② 清朝运河和黄河的管理机构比明朝更注重功能的实效优化。清初,总管运、黄的河道总督,于顺治元年(1644)首先设置在济宁,康熙十六年(1677)南迁移驻苏北清江浦(今淮安),以应对江南紧急河务。③ 因此,山东地方官员负责管理省内运河、黄河事务。雍正年间进行了一系列改革:雍正二年(1724)增设河南副总河,驻武陟。雍正七年(1729),改总河为总督江南河道,驻清江浦,改副总河为总督河南山东河道,驻济宁。雍正八年(1730),增设直隶河道总督,驻地天津,南河(清江浦)、东河(济宁)、北河(天津)三督分立。乾隆十四年(1749),裁撤直隶河道总督,由直隶总督兼管。咸丰八年(1858),裁撤南河河道总督,其职权归于总漕。④

与明朝不同,清朝总河有提督军务的权力。此外,河督军门署辖下军队驻扎在济宁,负责修堤筑坝、防洪以及黄河和大运河的疏

---

① 《明神宗实录》卷283,万历二十三年三月庚子,第5247页。
② Jane Leonard, *Controlling from afar: The Daoguang Emperor's Management of the Grand Canal Crisis*, 1824—1826, pp. 31—32.
③ (清)赵尔巽等:《清史稿》卷116《职官三》,第3341页。
④ (清)陆耀:《山东运河备览》卷2《职官表》,第1a—1b页。

浚工作。职级较低的闸官负责水闸的启闭、水量的积蓄和控制。盛清时期,运河共有42名闸官,其中山东28名,济宁最多。密集的河务机构使济宁处于高度监控之下。马戛尔尼使团访华途中对此也有描述:"大量士兵驻守在官道、运河及河流沿岸的哨所……每三四里远有一个哨所。每个哨所不得少于6人。"[1]

清朝,漕运总督治所设在淮安。在漕运总督之下,沿运河和其他漕运线路的各省设粮道,掌监兑漕粮、督押运船等漕务。山东粮道设在德州。为了巩固朝廷统治,巡漕御史稽查各处,负责山东的御史驻地济宁。[2]

(四)官僚体制设置的影响

因应于大运河的运作所刺激的经济发展,济宁等运河地区的政治机构设置更加密集和具体。特设运河机构与常设的军民官僚机构平行而立,职能交叉重叠。纵向与横向的官僚体制的冲突使区域政治增添了新的变数,重塑了国家—地方关系。而济宁地区的政治形态,正是这些官僚机构的联合体,表现了北部运河地区一些明显的总体趋势。

首先,中央政府通过设立管理漕运、运河、黄河的机构,意图掌控运河地区,进而派遣其属员到运河沿线和其他水路哨所。由于这些机构的中枢与朝廷密切相连,故而运河以及黄河水政部门直接受到朝廷管辖。中央政府通讨对漕运系统和其他运河相关工程

---

[1] [英]乔治·马戛尔尼、约翰·巴罗:《马戛尔尼使团使华观感》,第358页。
[2] (清)黄本骥:《历代职官表》卷6《漕运各官》,北京:商务印书馆,1964年,第303页。

的日常管控,将权力延伸到整个运河和黄河区域,从而加强了对当地事务的监督,而济宁地区则是受到了朝廷的高度关注。

其次,中央政府通过将运河管理职责划分给特设的运河机构及地方的军民机构来增强其权威。正如韩书瑞所言,重叠的行政管理实现了朝廷分权和差别分配的目标,从而达到中央权力的集中。① 同时,漕运依赖于整个国家机构的协调运作,其在各级官僚阶层中产生了深刻的影响。特设的运河、漕运机构和地方民政机构都承担了财政和管理责任,如水利工程、定期清淤和堤坝监测等。其结果是增强了帝国的政治一体化。

上述复杂的官僚体制及其功能对济宁的政治格局产生了重大影响。在济宁,众多的官署衙门构成城市的显著景观,彰显着政府的重要存在。这些建筑群位于内城的南部。与官方相关的机构,如分布在城中各处的学校、贡院、税课司局、仓廪、军器库、坛庙、祠寺等,钩织出济宁社会的结构特色,增添了城市政治色彩。

而地方社会的繁杂政治增加了济宁城市的复杂性。一方面,漕运总督与河道总督的品阶一般为正二品,高于省级最高官员,前者代表了朝廷的意志。另一方面,对大运河和黄河水利工程负有实际责任的地方官员,直接掌握丰富的公共资源,常常倾向于地方利益,但对朝廷法令难以抗拒。此外,卫所兵士及其他非本州籍的军事人员的利益与地方利益存在冲突。② 济宁卫与所在地济宁地方政府的关系难以割断。同时,隶属临清卫、任城卫(设于嘉靖十八年,康熙二十七年裁并到济宁卫)的一些军户也占据了济宁州辖

---

① [美]韩书瑞:《山东叛乱:1774年王伦起义》,第27页。
② (清)胡德琳、蓝应桂修,周永年、盛百二纂:《(乾隆)济宁直隶州志》卷5《舆地四》,第7b页。

的部分耕地。

济宁人口密集,官员数量庞大,商人和士兵众多,所造成的多样性给当地治理带来了诸多难题。① 康熙中期的济宁知州吴柽论及当地管理存在的困难,其中之一就是混居人口的注册问题:"济宁五方杂处之区,大半外方人氏在州置产立户。又邻境之民与临清、济宁二卫屯军。买济之地、住济之房者甚多,皆称不系本州之人。丁在原籍,不应两处当差,而奸猾之徒因而托名影射。"② 一篇给吴柽的祝寿文也提及这种情况,特别是当地错综复杂的社会结构:"济宁当南北水驿冲,五方杂厝,食货殷赡。自商贾贩负以至织纴、补缝、工匠、医巫、卜祝、驵侩之属,阛城溢郭,辐辏鳞萃,毋虑数百十万,浮食者众,户籍不可核。"③ 监管机构的多样性限制了济宁地方行政的效能,也相应增强了朝廷对地方的控制。

二、国家事务中的大运河和漕运

为了漕粮北运,明清中央政府调整了行政与军事官僚体系,并建立了专门的官僚体制共同管理大运河事务。漕运作为一种传统的物质与财政资源的集聚机制,正如星斌夫所言,是中华帝国行政

---

① 《(乾隆)济宁直隶州志》载:"卒伍之士与齐民杂糅,往往龃龉而不相谐。"参阅(清)胡德琳、蓝应桂修,周永年、盛百二纂《(乾隆)济宁直隶州志》卷7《建置一》,第36a页。
② (清)徐宗幹修,许瀚等纂:《(道光)济宁直隶州志》卷3之4《食货志四》,第4a页。
③ (清)刘淇:《济宁州守潜竹吴公寿序》,载(清)胡德琳、蓝应桂修,周永年、盛百二纂《(乾隆)济宁直隶州志》卷32《艺文拾遗中》,第16a页。

管理的经济基础。① 明清时期,粮食和其他贡品满足了京城、华北和其他战略要地的需求。漕运作为国家最为关注的核心事务,例定户部每十年对《漕运全书》进行一次修订。② 与此同时,大运河和漕运对运河区域的地方社会产生了实质性和象征性的影响,济宁的发展就是一个典型案例。

(一) 大运河与帝国政治—经济战略

为了攫取财富,实现对整个帝国政治和社会的统治,中央政府需要控制全国最富有的地区。这就意味着国家在不同地区需推行不同的政策。水利工程是国家政治调控机制的一部分,"各个朝代都把它们当作社会与政治斗争中的重要政治手段和有力的武器"③。冀朝鼎划出了全国的"基本经济区",并指出这些地区通常会进行大规模的治水工程。④ 明清时期,运河作为帝国生命线,也带动运河地带若干基本经济区的形成或发展。虽然大运河主要的功能是服务漕运,但是它作为一个综合的水利系统,也有助于水资源控制及地方农业灌溉。更重要的是,漕运体系勾连起其他经济区域:通过运河网络,国家可以将长江中下游最重要的几个基本经济区的赋税输送到北方。掌控了这些基本经济区,中央才有能力

---

① Hoshi Ayao, *The Ming Tribute Grain System*, pp. 1—4.
② (清)托津等修,福克旌额等纂:《钦定户部漕运全书》,台北:成文出版社,1969年。
③ 冀朝鼎:《中国历史上的基本经济区与水利事业的发展》,第7页。
④ 冀氏通过水利活动的历时性地理分布的统计分析,指出最重要的工程大都集中在不断转移的"基本经济区"。冀朝鼎:《中国历史上的基本经济区与水利事业的发展》,第9—10、34—42页。

管控帝国政治—经济的主要资源。

全国性运河开凿和重建的选址凸显了所在区域的重要性。李欧娜认为,自从唐宋时期帝国范围的人工河道网络出现以来,大运河就被用作实现"对一个极度扩大的帝国的战略控制和供给整合"的工具。[1] 黄仁宇也指出:"从一开始,大运河就为维系中国的统一和征集军事资源这一重大目的而服务。"[2]元代标志着一个以北方为基础的扩张型帝国政治控制体系的形成。当时大运河的重建主要服务于北方的财政需要,而大帝国的统一以应对动荡则变得至关重要。因此,北方的核心运河体系由中原东迁至山东西部,而南北运河沿线的东部成为帝国的核心地带。明清两代通过大运河的常规运行,践行了帝国统一和稳定的旨向。国家对大运河的青睐可能会促进其沿线某些区域的商品经济和城市化的发展,但这些运河城市及其周边地区的发展却依附于帝国的政治—经济体系。

然而,大运河穿越腹地的运行面临着巨大的自然和社会困难。在元代,规模不大的内河漕运在开通后不久就被边缘化。[3] 至明清时期,通过技术进步和巨大的人力、物力投入,大运河在多数时间都在正常运转,但代价高昂。正如黄仁宇所说:"漕运体系的运作,很难认为是获利性的……劳力的消耗,尤其是维持漕河河道的劳

---

[1] Jane Leonard, *Controlling from afar: The Daoguang Emperor's Management of the Grand Canal Crisis*, 1824—1826, p. 21.
[2] [美]黄仁宇:《明代的漕运》,第 11 页。
[3] 元朝统治者大体上依赖于更有效的海上航线,所谓"河海并行,海运为主"。参阅李德楠《元代漕运方式选择中的环境与技术影响》,李泉主编:《运河学研究》第 2 辑,北京:社会科学文献出版社,2018 年,第 49—60 页。由于海运只涉及专业的运输人员,所以是"民无挽输之劳,国有储蓄之富"的"良法"。(明)宋濂等:《元史》卷 93《食货一》,第 2364 页。

力消耗,常常不在漕运当局的考虑之列。"① 耶稣会士利玛窦切身观察到明末运河的运行耗费:

> 维持这些运河,主要在于使它们能够通航的费用,如一位数学家说,每年达到一百万。所有这些对欧洲人来说似乎都是非常奇怪的,他们可以从地图上判断,人们可以采取一条既近而花费又少的从海上到北京的路线。这可能确实是真的,但害怕海洋和侵扰海岸的海盗,在中国人的心里是如此之根深蒂固,以致他们认为从海路向朝廷运送供应品会更危险得多。②

关于大运河漕运系统的耗费,晚清冯桂芬(1809—1874)着眼南方漕米运往京师的代价,赞同"南漕每石费银十八金"的估算。③ 维护运河设施使其保持通航及直接、间接用于漕运的费用既然如此昂贵,那么为何朝廷重视河运而不是海运?这是因为对一个大陆型农业国家而言,河运系统显然是一种更安全、更稳定的运输方式。明、清统治者在充分认识海洋世界和海运风险的基础上,采取了保守的策略,即采取沿南北轴线的传统内陆运输路线,进而对整个国家进行财政、行政和符号的控制。为此,明清多数时期,

---

① [美]黄仁宇:《明代的漕运》,第229页。
② [意]利玛窦、[比]金尼阁:《利玛窦中国札记》,第325—326页。
③ (清)冯桂芬:《折南漕议》,《校邠庐抗议》,上海:上海书店出版社,2002年,第18页。他认为魏源(1794—1857)每石费银四金的说法"甚谬"。其实,魏源也指出了漕运高额成本的弊端:"通计公私所费,几数两而致一石。"(清)魏源:《魏源集》上册,北京:中华书局,1976年,第413页。

中央政府都厉行海禁,尽管与朝贡制度相辅相成的这一国策时有反复。由于清朝统治者对海上贸易实施了更严格的禁令,故而迄至19世纪中叶,政府几乎完全依赖以运河为基础的漕运系统的稳定运行。

(二)运河运输与王朝国家的经济统制

如第二章所述,鉴于常规性漕运及北方权贵阶层特殊需求的法内及法外之附加征运,加上无法遏制的私人运输和贸易,货物总运输量要远远大于规定的漕运总量。运河运输和贸易,使北部运河地区成为国家基本经济区之一。保持运河地区的经济繁荣,有利于国家的战略利益。因此,国家需要保持稳定的资金投入,并且在紧急情况下可以将投入提高到超出原来预算的水平,有时甚至会挪用其他重要支出。① 济宁等山东地区的地方志中关于运河工程的大量记载,反映了漕运体系对当地发展的深刻影响,对本地的日常生活节奏的浸染同样深远。

从地方的角度而言,运河的广泛使用强化了中央对于运河经济带邻近区域的影响。当地的劳动力资源和经济活动通过运河而被纳入全国统筹的范围。为了保持运河运输的畅通,运河沿线地区必须承担种种常规与临时的任务。正如晚清丁显在《河运刍言》中所述:"漕河全盛时,粮船之水手,河岸之纤夫,集镇之穷

---

① 例如,乾隆四十九年(1784),乾隆皇帝下令调拨539 400两银,用于刚刚遭受特大洪灾的山东地区的运河修复工程。参阅(清)杨士骧等修,孙葆田等纂《(宣统)山东通志》卷首《列圣训典三》,第20a页。

黎,借此为衣食者,不啻数百万人。"① 由于大部分民工以服役的形式工作,所以难以得到足够的薪酬。而且不管农时如何,他们需要随传随到。因此,征募大量当地民力的运河工程,无论采用服役,还是雇工形式,都限定了他们的工作和生活模式——大量人口受到运河运行的深刻影响。

总的来说,虽然运河运输刺激了沿途地区的贸易,但这种政府行为——而非市场供需——也为运河驱动型经济发展的规模和方向制造了瓶颈。从明中叶开始,朝廷允许漕船携带私货,但是不愿提高私货的比例。由于贡品垄断了运河运输,私人船只无法合理地规划自身的运营,但是"官豪势要之人"却可以"恃官势""横行其间"。明中期的一则评论说:"至于运河,乃专为粮运而设。驿递官船亦是借行。"②在运河上,所有其他用途的运输都应该让位于漕运。宣德五年(1430)的一份奏章称:运河上下,"公私舟船,往来交错,阻塞河道,漕运不便。奏请遣御史等官巡视禁约"。③ 正如利玛窦所言:"从扬子江来的私商是不允许进入这些运河的,但居住在北面这些运河之间的人们除外。通过这项法律是为了防止大量船只阻碍航运,以便运往皇城的货物不致糟踏。"④

杨士聪认可运军私携"土宜"现象的合理性,认为漕运的"祖制寓意"在于"公私两济":"自古王道本乎人情。利之所在,人争趋

---

① (清)丁显:《河运刍言》,载(清)盛康辑《皇朝经世文续编》卷47《户政十九》,光绪二十三年(1897)盛氏思补楼刊本,第37a页。
② (明)徐陟:《奏为恳乞天恩酌时事备法纪以善臣民以赞圣治事》,载(明)陈子龙等编《明经世文编》卷356《徐引寇奏疏》,北京:中华书局,1962年影印本,第3829页。
③ 《明宣宗实录》卷68,宣德五年七月己酉,第1597页。
④ [意]利玛窦、[比]金尼阁:《利玛窦中国札记》,第325页。

之。乃因以集事,故私不妨公,王者所不靳也。"①关于私人利益对公众和国家的积极影响之类的申诉和评议,终究不能动摇朝廷经济统制的方略。私人贸易及整个运河经济受到的限制,造成了运河商业经济的脆弱性——国家权力及其政策的任何波动,都可能意味着运河经济状况的重大变化。因此,腹地运河城市难以摆脱其作为港埠的性质——依赖国家政策,缺乏自身经济再生的自主能力。但是从国家的角度来看,漕运维系了中央集权政体的稳定,因为它为帝国体系提供了坚实的经济支撑,遏制了包含经济及隐含其中的政治诉求的地方主义的滋长,有助于集权与统一。

(三)以大运河为载体的政治、军事统合

大运河和漕运是否畅行,关系到帝国的稳定与安全。明朝大量的粮食和其他物品运送到北方边境,用以稳固对游牧部落的防御。万历四十四年(1616),户部奏称:山东全省的税赋为170万两,其中十之九北运戍边。② 而在清朝,军事物资不再直接运送边境,而是发送到全国各处的战略要地。③ 事实上,政府相应地调整了农业、商业和军事政策,以确保运河区域的安全,从而实现巩固政权的目的。山东在运河网络中的地位举足轻重,它与以北京为

---

① (清)杨士聪:《玉堂荟记》下卷,第47—48页。
② 《明神宗实录》卷543,万历四十四年三月戊子,第10318—10319页。
③ 正如吴琦所言:"清代已经形成为一个空前的多民族大融合的国家,统治政权与周边各族的矛盾远没有以前各代那么持久和激烈。同时,疆域的扩大,将边防线也推向了更远的地方。所以有清一代漕运用于边境兵饷的情况并不多见。"吴琦:《漕运与中国社会》,第113页。

首都的帝国核心地带的关系也至关重要。所以为了确保运河的安全,山东也必须得到保护。而在山东,济宁的安全是一大要务。

明、清两朝意图利用南北地区日益增强的交流和互动,在政治和文化上规范和强固整个帝国。明朝所依赖的三种通讯方式为驿传、急递、递运。① 在山东西部,南北驿路与大运河平行,有些路段需要使用大运河。这种便利的交通和通信条件,促进了印刷品的流通。② 带有煽动性的思想和因素得以在大运河等水、陆交通线上迅速传播。③ 同时,大运河的交通之利还在于可以使政府在保障安全、协调在地官僚举措、平息地区动乱等方面获得巨大优势。由于明、清两代实行文字狱,需要时常调动地方官僚进行文字检查,其文字审查比以往任何时候都更彻底、更严厉(短命的秦朝为例外)。乾隆年间的《四库全书》和文字狱,就仰赖于朝廷利用便利的交通和通信渠道收集信息和调度资源,进而加强了与当地文人的联系和对他们的控制。④ 李欧娜通过对道光皇帝处理1824—1826年大运河危机的研究表明,朝廷的大运河策略的目的是维持大一统帝

---

① [加]卜正民:《纵乐的困惑:明代的商业与文化》,第25页。
② [加]卜正民:《明清时期的国家图书检查与图书贸易》,孙竞昊译,《史林》2003年第3期,第90—104页。
③ 孔飞力对乾隆三十三年(1768)妖术恐慌的研究表明,对皇帝而言,南方是官僚文化的罪恶渊薮:腐败顽固,朋党比奸,懦弱虚伪。而这种危险正沿着运河两岸向北蔓延。[美]孔飞力:《叫魂:1768年中国妖术大恐慌》,陈兼、刘昶译,北京:生活·读书·新知三联书店,2012年,第280—281页。
④ 盖博坚(R. Kent Guy)正确指出了在帝王的"文学赞助"项目中国家与学者的"合作和协调",但对此夸大了。他关注的是高阶文人的动机,尤其是京城的政治家,他们实际上"不得不顺从",而忽略了"社会"上的那些普通文人,因为他们大多远离皇权中心。[美]盖博坚:《皇帝的四库:乾隆朝晚期的学者与国家》,郑云艳译,北京:中国人民大学出版社,2019年,第7、44—51、195—196页。

国的高度集权统治。①

(四)皇帝巡行大运河和济宁

在帝制晚期,皇帝将运河运输视为帝国统治的保障。康熙皇帝有言:"朕听政以来,以三藩及河务、漕运为三大事,夙夜廑念,曾书而悬之宫中柱上,至今尚存。"②正如李欧娜的研究所示:清朝在有关漕运和运河维护的决策过程中有所创新,与明朝大多数皇帝严重依赖官僚机器的自行运转不同,清朝皇帝则是更积极地干预运河和交通系统的日常运转。③ 特别是康熙、雍正、乾隆、嘉庆四帝,他们对闸坝堤防水利工程的细节都颇为熟悉,并经常下达详细的指示。《清实录》记载,清朝皇帝在给当地官吏的谕令中,经常会涉及运河及其相关的问题和事件,而且时常包含诸多细节。皇帝与地方官员在运河问题上频繁交流,洞察日常事务的运行。从济宁所设的专门机构与常设衙门管辖权能的分立与交叉可见,清朝皇帝自身事实上已经成为汇聚和协调规划与决策的核心。④

---

① Jane Leonard, *Controlling from afar: The Daoguang Emperor's Management of the Grand Canal Crisis, 1824—1826*, p. 2.
② 《清圣祖实录》卷154,康熙三十一年二月辛巳,《清实录》第5册,第701页。
③ Jane Leonard, *Controlling from afar: The Daoguang Emperor's Management of the Grand Canal Crisis, 1824—1826*, pp. 40—41.
④ 在许多情况下,清朝皇帝不得不协调各方进行合作,以制定一个适当的举措。嘉庆十八年(1813)春夏之交,干旱导致山东段运河出现缺水。嘉庆皇帝命令东河总督李亨特和山东巡抚同兴,"各饬所属,察看水势情形,相机经理,并著同兴亲赴临清一带,遇有应行挖浅起剥各事宜,督率妥善办"。《清仁宗实录》卷269,嘉庆十八年五月己巳,《清实录》第31册,第642页;[美]韩书瑞:《山东叛乱:1774年王伦起义》,第22页。

中央集权主义体现在实质性和象征性两个方面。宏伟的大运河和相关的水利工程为皇帝们提供了展示其威严的平台,其象征意义与长城相似。在传统史学书写中,从道德和经济的角度出发,清朝皇帝奢华的巡行经常受到非议。但是从国家的角度考虑,皇帝巡行大运河则生动地彰显了其公共权威。鉴于山东在经济、文化、政治上的突出地位及与首都来往便利的地理位置,皇帝经常视察此地。更多的情形是,山东作为皇帝南巡的中转站,皇帝在山东的出现多出于政治和文化的考虑,而不是享乐。皇帝从山东北部的德州码头出发,然后到泰山和孔庙进行祭拜,以履行天子的职责。随后前往济宁码头,继续南下。乾隆皇帝在一次逗留济宁时,曾赋诗感叹杜甫的命运:"可惜先生未遇时。"这里,显然是借以彰显其治下的繁荣和清明。[1] 乾隆皇帝的另一首诗则是告诫河道总督李宏:"固堤绥禹甸,输漕达燕京。"[2]这透露出皇帝企图集中权力和消弭潜在异己因素的巡行目的。

皇帝通过巡行得以亲睹大运河的运作,并直接行使其监督权,同时,又告诫臣民,巡行不应干扰运河运输。明中叶的正德皇帝,虽然以挥霍无度著称,但在正德十四年(1519)春南下之时,他指示北直隶、山东和河南的文武官员,南巡时不许扰乱漕运和其他公私船只的正常运行。[3] 与之类似,以豪奢闻名的乾隆皇帝,在乾隆二十九年(1764),要求山东地方官员停止建造行宫,以表现其对民生

---

[1] 乾隆皇帝的《题南池少陵祠》,参阅山东省济宁市政协文史资料委员会编《济宁运河诗文集粹》,济宁:济宁市新闻出版局,2001年,第237页。
[2] 乾隆皇帝的《赐河东河道总督李宏》,参阅山东省济宁市政协文史资料委员会编《济宁运河诗文集粹》,第239页。
[3] 《明武宗实录》卷172,正德十四年三月己亥,第3317页。

的关切。① 乾隆五十五年(1790)春,乾隆皇帝到山东短途巡视,从济宁沿运河返回北京。当公私船只"于两岸暂泊",他命令"御舟"快速穿过,恢复"商贩流通",体现其"恤商便民之意"。② 鉴于乾隆皇帝挥霍的前车之鉴,嘉庆皇帝大幅缩减了巡视开支。嘉庆十七年(1812),他要求山东巡抚减少营建行宫的资金,省去任何装饰性园林,将精力放在基础设施上即可。同时,他还诏令节省招待王公贵族的花费。③ 尽管如此,大运河仍为皇帝提供了便利,使其能够巩固和集中帝国权力。

三、济宁地区漕粮的征收和运输

作为明清时期治国方略的核心组成部分,漕粮的征收和运输深深渗透到整个帝国,特别是运河地区的社会生活。政府以运河为干预轴心,积极左右地方社会生活。④ 大运河所牵连起的国家与地方之间的相互作用不可避免地影响了城市和农村地区的日常生

---

① (清)杨士骧等修,孙葆田等纂:《(宣统)山东通志》卷首《列圣训典二》,第42a页。
② 《清高宗实录》卷1349,乾隆五十五年二月辛未,《清实录》第26册,第51页。
③ (清)杨士骧等修,孙葆田等纂:《(宣统)山东通志》卷首《列圣训典四》,第10b页。
④ 韩书瑞指出,大运河运输的时间节奏,塑造了当地的生活模式和官僚体系的机制。正如其书中所言:"每年春季,多达5000艘船只从长江中下游和华北北上,装载着几百万石漕粮上京。到了秋季,这些船只没有了粮食,但装满了其他货物,在仍然拥挤的大运河上向南行驶,进入山东中部山区,然后进一步南下等待来年的装运。这些漕运船队来来去去,主宰了大运河上规模已经相当庞大的商业交通,不仅吸引了商人的注意,而且各级政府官员也不敢掉以轻心,因为他们从总督往下,都要为漕运的中断和延迟负责。"参阅[美]韩书瑞《山东叛乱:1774年王伦起义》,第10页。

活和权力结构。对济宁经济、社会、政治生活的管窥,有助于展示城市社会中的国家与地方的关系。

(一)漕政里的国家—地方关系

田赋收入是国家机器运行的财政基础。在帝制晚期庞大而复杂的税收体系中,漕粮征收是最优先考虑之项。黄仁宇指出,"在明代,漕粮是土地税不可分割的重要组成部分",通常以实物形式征收。① 这个说法同样适用于清朝的大部分时期。但在特殊的税收体系之下,漕粮一般从比较富裕的八个省征收,这与各地普遍征收的土地税并行不悖。从江苏、安徽、浙江、江西、湖北、湖南的州县所征收的漕粮称为"南粮",而"北粮"则从山东和河南征收。除此之外,在苏州、松江、常州、嘉兴和湖州征收的"白粮",专门提供给皇室和官员使用。② 明代及后来学术界所谓"江南重赋",实际上是指这些地区的高额漕粮税赋。③

与其他田赋的征收相同,漕粮征收由地方各级政府执行。地方官员的政绩考核与赋税表现相挂钩,且他们还承担漕粮运输的职责。明、清实录中的大量记载显示,山东官员因大运河的相关事

---

① [美]黄仁宇:《明代的漕运》,第 65 页。
② 李文治、江太新:《清代漕运》,第 11 页;Hoshi Ayao, *The Ming Tribute Grain System*, pp. 36—37.
③ 据李文治、江太新研究,所谓"江南重赋"问题,实际上指的不是田赋,而是江南一些州县征收的漕粮。相比之下,根据黄仁宇的调查,明朝的田赋税率较低,损害了国家利益。这一框架在清朝大致相似。参阅李文治、江太新《清代漕运》,第 13—19 页;[美]黄仁宇《十六世纪明代中国之财政与税收》,第 256—258 页。

宜,受到表彰、诘难、擢升、贬职、任命、撤职等。为了解决国家与地方的利益冲突,特别是为了确保堤坝的定期维护和稳定的水源供应,地方官员时常会陷入国家、地方政府、地方社会和自己官宦生涯的纠葛之中。地方官员常常会处于两难的境地:他们应该扮演何种角色。如前所述,在漕运过程中,会增添各种附加税。① 原因之一是地方官员必须利用"非正式的税收"来维持政府开支,这是低税收的后果。② 从地方政府的角度看,行政机构的支出和官员的私利在很大程度上都依赖这种不规范的征收。③ 由此,地方政府的日常和紧急资金需求,以及官员们的个人牟利,都离不开这种非常规的税收和各种附加税。④ 官员征收赋税和漕粮运输的职责,给他们提供了敛财的一个际遇。万历三十五年(1607),山东巡抚黄克

---

① 李欧娜对清朝的漕粮和杂税数量做了如下估计:"漕粮是从运河沿线各省的特定区域征收的一个种类,是清朝时期征税的主要税种,与常规的田赋、盐税、关税和其他杂税一样。18世纪中叶,漕粮附加税的年总值达1670万两,约占清政府年税收的23%。19世纪初,每年收缴漕粮620万石,其中280万石,约占45%,用于支付收缴、运输、储存等费用。实际运抵京城粮仓粮食总量约340万石,比清初减少约100万石。"Jane Leonard, *Controlling from afar: The Daoguang Emperor's Management of the Grand Canal Crisis, 1824—1826*, p.98—99.
② [美]黄仁宇:《十六世纪明代中国之财政与税收》,第258—260页。
③ 韩书瑞对山东省西北部寿张县的案例研究表明,超额征税不仅维持了地方官员的巨大开支,而且有助于完成征税。[美]韩书瑞:《山东叛乱:1774年王伦起义》,第23—25页。
④ 曾小萍指出,这种趋势在清代变得非常普遍,以至于雍正年间实行了"耗羡归公"的改革,"各省官员被授权对所有向中央政府解送的地丁钱粮征收一定比例的额外费用(即火耗),火耗存留在当地省份作为官员的'养廉'和'公费'"。她认为,一定比例的附加费的合法化,对财政管理结构产生了巨大的"合理化影响",因为"消除了已经制度化的政府腐败"。[美]曾小萍:《前言》,《州县官的银两:18世纪中国的合理化财政改革》,董建中译,北京:中国人民大学出版社,2005年,第4—5页。

缴将这种普遍的额外征税视为制度弊病之一。这种"双重"税收损害了国家和商人的利益。①《(乾隆)济宁直隶州志》提及运河地区巧立名目的苛捐杂税给当地增加的负担:

> 惟沿漕河一带州县,各设捞浅夫及闸夫等项,岁有常额,载在经制,原与州县青白夫、轿伞夫等项相同,各有额设工食,例应官为雇募,不当派之里下者也。自故明以来,从无私帮之说。后来名为雇募,而里民每名私帮银二三十两不等,各官避加派之名,不肯定其数目,以致夫役恣意勒索,相沿十数年来……②

漕运体系所带来的沉重赋税,影响了八省的地方政治和民众的生产生活。江南地区尤其如此,其潜在的再生产能力严重受损。③ 顾炎武(1613—1682)对宋以来地方捉襟见肘的财政格局如此评论:"今日所以百事皆废者,正缘国家取州县之财,纤毫尽归之于上,而吏与民交困,遂无以为修举之资。"④他痛陈"苏松二府田

---

① 《明神宗实录》卷432,万历三十五年四月辛亥,第8174—8176页。
② (清)胡德琳、蓝应桂修,周永年、盛百二纂:《(乾隆)济宁直隶州志》卷9《建置三》,第22a页。
③ 从江南商品经济与分配结构的关系来看,笔者认为江南等富裕地区的重税,主要目的在于使江南与贫困地区之间的财富平均化。江南的商品化趋势虽然可以促使商业发展,但由于缺乏足够的生产资本用于"扩大再生产",则无法导致生产方式质的突破。孙竞昊:《明清江南商品经济与分配结构关系探析》,《史林》1996年第4期,第27—34页。
④ (清)顾炎武:《日知录集释》卷12,黄汝成集释,秦克诚点校,长沙:岳麓书社,1994年,第443页。

赋之重",反映了当时对江南不堪重赋的普遍呼声和富裕地区普遍存在的窘况。然而,与南方近乎完全消极的影响对比,漕粮体系在北方却产生了不一样的后果。

(二)山东西部与济宁地区的漕粮征收和运河劳役

从明中叶开始,田赋主要以银两形式征收,但只有小部分的漕粮折银。[①] 山东是北方两个缴纳漕粮的省份之一,与江南地区相比,其配额少得多。事实上,在江南地区苦于高额赋税的同时,山东、河南和直隶地区的大量民力却被繁重的劳役消耗殆尽,主要因为要承担运河的运输、维护和治黄工程。

由于缺乏自然水资源,运河北段的维护变得艰巨且昂贵。在运河北段地区,与运河相关的公共工程的劳役多是强制性的。除了日常维护,大部分大型工程都安排在农闲季节,但特殊规划和紧急措施都可以随时征召当地劳力。在这些工程中,疏浚河道淤泥是运河地区常有的一项主要任务,这充分体现在中央和地方政府的预算和方案里。[②] 在某些情况下,政府甚至从其他地区强制征召劳工。[③] 如前所述,尽管国家把控的漕运、河道维护和水利工程为

[①] 吴琦对某些情形下的漕粮改征、折征问题有所讨论。他认为这种政策主要是出于务实的考虑,因为其目的仍然是确保北方的粮食供应。参阅吴琦《漕运与中国社会》,第157—160页。

[②] 基于陆耀的《山东运河备览》,李文治和江太新制作了山东运河养护费用明细表。参阅李文治、江太新《清代漕运》,第265—271页。

[③] 宣德五年(1430),为了解决淮安至济宁段的泥沙问题,朝廷从苏北、皖北乃至北京共征召1.8万劳力。《明宣宗实录》卷63,宣德五年二月乙酉,第1483页。

当地民众提供了就业机会,但也给地方政府和社会带来了更大的经济压力和繁重的徭役。与江南相比,济宁周边及其辖县等北方运河区域纳税虽少,却承担了沉重的劳役。《(康熙)济宁州志》所辑录谢肇淛(1567—1624)过南旺有感而发的诗作《挑河行》,表述了他对山东西部运河役夫艰辛工作的观感:

> 堤遥遥,河弥弥,分水祠前卒如蚁。鹑衣短发行且僵,尽是六郡良家子。浅水没足泥没骭,五更疾作至夜半。夜半西风天雨霜,十人八九趾欲断。黄绶长官虬赤须,北人骄马南肩舆。伍伯先后恣诃挞,日昃喘汗归籧篨。伍伯诃犹可,里胥怒杀我。无钱水中居,有钱立道左。天寒日短动欲夕,倾筐百反不盈尺。隄傍湿草炊无烟,水面浮冰割人膝。都水使者日行堤,新土堆与旧岸齐。可怜今日岸上土,雨中仍作河中泥。君不见会通河畔千株柳,年年折尽官夫手。金钱散罢夫未归,催筑南河黑风口。①

该志还收录一位名为徐骏伟的游客题为《冬深过天井闸感浚河之苦》的诗,其中有"岂不怀民力,何由竭地泉。村村烟火寂,洒涕办夫钱"②的句子,同样反映运河工程的繁重劳役导致了农业生活的荒废和破坏。因为以银代役比例的增加,运河维护和服务于漕运的劳力也逐渐减少。雍正元年(1723),刚刚即位的雍正皇帝诏令山东巡抚黄炳推行以银代役的措施:"古人救荒之策,有大兴

---

① (清)廖有恒修,杨通睿纂:《(康熙)济宁州志》卷10《艺文志下》,第16b—17a页。
② (清)廖有恒修,杨通睿纂:《(康熙)济宁州志》卷10《艺文志下》,第42b—43a页。

役以济民食者,不若竟动正项钱粮,雇募民夫,给以工食。挑浚运河,则应雇既多,散者复聚,民资工食,稍延残喘,民心鼓舞,工程易就。"①这些调整客观上促进了市场型交换活动,但仍不能改变如济宁这样的运河地区高额赋役的基本性质。

济宁籍士人对劳役之累多有愤懑之议。于若瀛道出了当地所承受的困扰:"吾土非干即溢,困于征输。迩者扰之以矿税,纷之以河工。"②郑与侨列举了明末吏治腐败下济宁的赋役之重后,慨叹道:"今差烦役重,尽加派于一州……是以一州两肩数省之累,济民几何能不皮骨俱尽哉?"③《(康熙)济宁州志》载:明代山东"六郡称剧困者惟兖,济宁一州又甲于兖属诸邑。故流移难复,宜议招徕,芜秽莫治,当策劝劳,亦今之急务也"④。清中期的孙扩图指出:"吾州自绅士至于庶民,均有切骨之累,曰派纳运河秸料一事,盖阅数十年来,无所告诉者矣。夫河员于冬月平价购办秸料,以预运河之需,例也。州派民纳,非例也。派纳而并供各衙署薪烧之秸,尤非例也……兼之胥役奉行不善,交纳本色,则十倍称收。折纳钱文,则一母十子。夫胥役坐制,小民之命固已。"⑤

可见变本加厉的劳役,使济宁地区的官员和民众苦不堪言,特别是在运河维护和水利工程等方面,如预防自然灾害和人为因素导致的生态衰退,维护交通基础设施。济宁历任的不少地方官员在奏章和公文中为地方利益发声,指出沉重的赋役负担,在当地赢

---

① 《清世宗实录》卷3,雍正元年正月庚戌,《清实录》第7册,第93页。
② (明)于若瀛:《弗告堂集》卷21《赠徐钟岳擢督粮参政序》,第13a页。
③ (明)郑与侨:《济宁遗事记·赋役记》。
④ (清)廖有恒修,杨通睿纂:《(康熙)济宁州志》卷3《田赋志三》,第1b页。
⑤ (清)孙扩图:《一松斋集》卷1《兰河宪禁派秸料记》,第7a页。

得了赞誉。

但中央政府对地方诉求鲜有让步,而是强有力地限制了地方政府的权限,特别是在粮食存储方面。康熙四十二年(1703),山东巡抚王国昌与河道总督张鹏翮擅自挪用常平仓粮食赈济灾民,康熙皇帝斥责他们"掠取名誉",要求他们"均摊赔偿"。① 这一事件显示,当地方与国家利益抵牾时,地方难有讨价还价的余地。

(三)国家借助漕粮的均平作用

对于中央集权的大一统帝国,社会安定有序是首要考虑的因素。为此,需要将一些社会资源重新分配给贫困地区,以确保民众的最低生活水平。大运河的正常运行,保证了漕粮的稳定运输,使国家获得了社会财富再分配的经济能力。如饥荒救济、管控市场价格以维持粮价的稳定等,都是比较有效的荒政举措。即便是相对富饶的大济宁地区,也经常遭受洪水和其他自然灾害的侵袭。因此,中央政府一方面从运河地区榨取财富,另一方面又返还一部分。为了有效地再分配,国家建立了不同等级和类型的仓储体系。运河运输与国家的粮仓系统相关。大部分的国家粮仓用来存放漕

---

① 《清圣祖实录》卷214,康熙四十二年十一月辛亥,《清实录》第6册,第169页。

粮,拥有国家粮仓的临清是全国最大的粮食集散地之一。① 济宁不是国家的仓储重地。② 但是由于济宁及周边的富庶,与其他北方地区相比,时常被要求多缴赋税。济宁地区的粮食供应主要集中于运河沿线的市场,但官方仓储的功能也不可忽略。成化二十一年(1485)的一项诏令要求运河沿线的济宁和其他港埠地区的商业税以实物形式缴纳,以备饥荒救济。③

国家特别重视运河地区的灾荒救济,尤其在洪涝多发的山东西部。以15世纪中前期的济宁地区为例,据《明实录》记载,由于洪、旱、蝗等灾害,中央政府曾于洪熙元年(1425)、宣德元年(1426)、宣德六年(1431)、正统三年(1438)委任地方官或派遣京官进行饥荒救济。④ 此外,清朝还效仿明朝,在地方政府出现纷争或腐败的情况下,直接派官员到灾区主持赈济工作。康熙四十三年

---

① 洪武六年(1373),洪武皇帝下令在临清建立官仓,以贮转运粮储,由三千士兵看守。附近的德州是另一个大型粮仓中心。山东、河南、直隶的赈济粮主要来自临清、德州的粮仓。例如,景泰二年(1451),临清的粮食被送到北直隶的广平、大名两府,用于赈灾。省城济南也是重要的粮仓中心。道光皇帝在道光十五年(1835)的一则诏令中提到了官营常平仓的作用,即持续维持物价和救济饥荒。参阅《明太祖实录》卷86,洪武六年十二月己亥,第1537页;《明英宗实录》201,景泰二年二月癸巳,第4307页;《清宣宗实录》卷273,道光十五年十月癸酉,《清实录》第37册,第207页。
② 永乐十三年(1415),"支运法"施行之初,在济宁曾经一度设置国家级水次仓。(明)申时行等修:《明会典》卷27《户部十四》,北京:中华书局,2007年,第195页。济宁州的普通粮仓一直存在,如预备仓和常平仓。(清)胡德琳、蓝应桂修,周永年、盛百二纂:《(乾隆)济宁直隶州志》卷7《建置一》,第52b页。
③ 《明宪宗实录》卷262,成化二十一年二月乙巳,第4440—4441页。
④ 《明宣宗实录》卷2,洪熙元年六月甲寅,第35页;卷15,宣德元年三月庚戌,第408页;卷80,宣德六年六月甲辰,第1854页;《明英宗实录》卷46,正统三年九月癸未,第886—887页。

(1704),被派往山东西部救灾的官员们直到秋收季节才获准返京,奏报秋收情况。① 在明清时期,发放粮食仍然是主要的救济形式,但有时银钱也被用作替代品,部分原因是市场的扩大与便利,尤其是在商业化发达的地区。

减免田赋和杂税的征收也是缓解灾区困境的方式。例如,明正统和景泰年间,济宁曾多次被豁除赋税。② 清康熙九年(1670),济宁的赋税削减了"十之三"。③ 漕粮的间或缩减也会缓解灾区的压力。万历三十三年(1605),山东西南部遭受水灾,万历皇帝批准了山东巡抚的请求,免去了三分之一的漕粮贡纳(济宁共6500石),并命户部拨银9812两赈济济宁。④ 乾隆十年(1745),朝廷批准拨调银两作为粮食的替代品用以救助山东西部的济宁及其他地区。⑤ 简言之,虽然政府救济不能从根本上消弭困苦,但在很大程度上缓解了压力。

饥荒救济的方式往往与粮食价格管制相结合。正如以农业经济为主的社会所预期的那样,政府稳定市场价格的传统做法是运用籴粜杠杆干预市场活动,影响价格,从而调整市场需求和结构。这是明清时期仓储制度的目的之一。"官绅捐纳、省级储金、漕粮调配的结合",作为常平仓的来源,确保了官方充足的粮食储备和

---

① 《清圣祖实录》卷216,康熙四十三年五月甲寅,《清实录》第6册,第188页。
② 《明英宗实录》卷146,正统十一年十月丁未,第2876页;卷157,正统十二年八月甲子,第3055页;卷261,景泰六年十二月戊午,第5585页。
③ 《清圣祖实录》卷34,康熙九年十一月丁丑,《清实录》第4册,第466页。
④ 《明神宗实录》卷368,万历三十年二月庚午,第6879页;卷408,万历三十三年四月己酉,第7608—7609页。
⑤ 《清高宗实录》卷248,乾隆十年九月壬申,《清实录》第12册,第197—198页。

资金储蓄。① 魏丕信(Pierre-Étienne Will)将"通过年度售买方式取得的价格稳定化"视为清代常平仓的三大功能之一。② 济宁相关的资料显示,政府经常从粮仓中取出余粮,以公平的价格投放市场,遏制灾荒和社会动荡时期的投机行为。③

由于明清时期城市的快速发展,粮食等流通商品的市场需求增加,政府的商业干预并不容易奏效。因此,在某些情况下,政府直接向灾民发放银钱。这项措施承认了商人在救灾中的作用,允许他们在流通中获利。故而政府采取了价格管控和饥荒救济相结合的策略,正如雍正朝重臣鄂尔泰(1677—1745)所述:"凡地方有灾歉之处,轻则平粜,重则赈济。"④

国家储备的粮食来源于田赋征收和政府采买,主要借运河运输抵达京城。然而,明清时期的一个显著特点是:北运的漕粮,间或被地方"截留"。《清实录》记载,雍正、乾隆年间,山东省大量的漕粮直接用于赈灾和平抑市价;雍正四年(1726)、八年(1730)、九

---

① Pierre-Étienne Will and R. Bin Wong, *Nourishing the People: The State Civilian Granary System in China, 1650—1850*, Ann Arbor: Center for Chinese Studies, the University of Michigan, 1991, pp. 27—33.
② 另外两个功能是"灾时救济"和"春季借贷"。Pierre-Étienne Will and R. Bin Wang, *Nourishing the People: The State Civilian Granary System in China, 1650—1850*, p. 137.
③ 然而,稳定粮食价格的措施并不总是有效的。有时,政府不得不增加救济资金,让民众自行在市场上购买粮食。乾隆二十年(1755),乾隆皇帝诏令增加对民众的救助,以应对济宁和其他四县粮食价格的上涨。《清高宗实录》卷500,乾隆二十年十一月癸酉,《清实录》第15册,第296页。
④ (清)鄂尔泰:《遵旨议奏事》,乾隆八年七月十六日,《档案·乾隆朝户部题本》,转引自吴琦《南漕北运:中国古代漕运转向及其意义》,《华中师范大学学报(人文社会科学版)》2016年第6期,第117—127页。

年(1731),朝廷准许山东省撤回大量粮食,用于救济当地饥荒。① 同样,乾隆九年(1744)、十一年(1746)、十二年(1747)、四十八年(1783),朝廷在济宁和山东西部的广大地区进行赈济。② 传统上认为18世纪是盛世,是一个黄金时代。但即使在如此时期,赋税的重新分配仍然是中央确保帝国稳定和有序的关键手段。在其他时期,朝廷需要更认真地对待粮食的再分配功能,特别是国家对如济宁等重点经济区的政策倾斜,取得了显著成功,所以不难理解济宁及周边地区几乎没有因灾荒而发生大规模的暴乱。

在北方省份中,山东征税之难及拖延情况尤为严重。乾隆元年(1736),乾隆皇帝命兵部侍郎王士俊警告山东巡抚岳濬拖欠钱粮的严重性:从康熙五十八年(1719)至雍正十二年(1734),全省拖欠数目多达三百余万两。当时甚至流行一句谚语:"不欠钱粮,不成好汉。"③地方官员有各种申请蠲免的理由。以地方民生的名义请求延期、拖欠、缩减、豁免,成为地方政府的普遍策略,也是其官员筹集资金用于公务和自身开支的主要途径。此外,地方经常以赈济饥荒的名义上书乞求朝廷免除欠税,但实质是为了偿还债务。

---

① 《清世宗实录》卷43,雍正四年四月庚辰,《清实录》第7册,第634页;卷97,雍正八年八月丙午,《清实录》第8册,第297页;卷101,雍正八年十二月丁巳,《清实录》第8册,第342页;卷102,雍正九年正月丁亥,《清实录》第8册,第356页;(清)杨士骧等修,孙葆田等纂:宣统《山东通志》卷首《列圣训典一》,第18b—24a页。

② 《清高宗实录》卷211,乾隆九年二月壬申,《清实录》第11册,第713页;卷274,乾隆十一年九月戊申,《清实录》第12册,第588页;卷284,乾隆十二年二月丁卯,《清实录》第12册,第704页;卷291,乾隆十二年五月丁未,《清实录》第12册,第810页;卷1176,乾隆四十八年三月辛丑,《清实录》第23册,第767页。

③ 《清高宗实录》卷17,乾隆元年四月庚辰,《清实录》第9册,第439页。

乾隆二十一年(1756),济宁及其周边乡县遭受洪灾。次年四月,乾隆皇帝豁免了济宁、鱼台、金乡、滕县、峄县等地累年拖欠的税款,共计地丁钱粮七万五千余两、仓谷三万九千余石和借欠籽种麦本四千九百余两。① 九月,乾隆皇帝再下诏令,蠲缓应征的地丁钱粮。② 皇帝对这些奏求的准许,彰显了其爱护子民的姿态。事实上,中央与在一定程度上代表了当地利益的地方政府,找到了调和的方法。

(四)大运河上的国家垄断与商品化

对生活必需品生产和贸易的政府垄断,历来是朝廷实行的一项基本政策。③ 在日益商业化的时期,如何维持政府的垄断地位,这对中央提出了挑战。而大运河则是国家践行其意志和决心一个最重要的舞台。

在制造业方面,江南的大型纺织工场和临清的砖窑是最为知名的官营企业。在一些运河港口,政府成立了运河运输业。早在永乐七年(1409),政府就为卫所运军建立了一个总造船厂,并在济宁设立分部。④ 官营造船厂垄断了运河上行驶的大型船舶的制造,

---

① 《清高宗实录》卷537,乾隆二十二年四月戊寅,《清实录》第15册,第775页。
② 《清高宗实录》卷547,乾隆二十二年九月甲寅,《清实录》第15册,第963页。
③ 谢天佑基于汉代的经济政策和经济思想的案例研究,用"国家商业资本"一词来强调帝国在通过市场主导经济中的重要作用。参阅谢天佑《秦汉经济政策与经济思想史稿——兼评自然经济论》,上海:华东师范大学出版社,1989年,第106—110页。
④ 山东省济宁市政协文史资料委员会编:《济宁运河文化》,第59页。

国家对漕船的数量、大小和容量都有严格的规定。这些措施旨在控制运河上的运输和贸易规模。

在商品流通中,盐和茶自古以来是政府垄断的必需品,其中盐更是与民众的日常生活息息相关。① 只有持盐引的商人才有权利买卖食盐,甚至连贸易路线都有明确的规定。运河线上合法的食盐运输和贸易十分繁忙。安居镇的盐销往济宁,随即南下。然而,盐及其他商品的贸易垄断却很难实现。② 漕船允许携带和交换一定数量的盐和其他物品,但船员实际上从事大规模的食盐走私活动。③ 尽管政府实施了严厉的政策来惩治贩卖私盐者,但运河航运仍充斥着走私行为。④ 故而政府被迫日渐放宽了贸易限制。船员可携带私人货物配额的提高,就是一个明显的例子。有时,朝廷甚至制定奖励政策,鼓励国家管控下的私人贸易。嘉庆十年(1805),朝廷颁布诏书,准许山东船只在返程途中购买大米和其他粮食,并享受部分税收豁免。⑤

---

① 盐的生产和贸易是在政府的严格监督下进行的。在朝廷,这是户部的责任;在地方,这是盐运使的任务。朝廷有时会直接遣官到现场检查。例如,洪武四年(1371),朝廷派官员到山东、河南的多个州县对盐税和仓库进行审查。参阅《明太祖实录》卷68,洪武四年九月丙辰,第1273页。

② 嘉靖八年(1529)的一则史料提到,"山东盐止行兖州、东昌二府,徐、宿二州"。参阅《明世宗实录》卷108,嘉靖八年十二月甲戌,第2547页。

③ 根据吴琦的研究,清政府对走私的处罚并不严苛,但盐是例外。即便如此,由于盐的高利润,走私仍然难以限制。吴琦:《漕运与中国社会》,第174—176页。

④ 乾隆四十二年(1777),在济宁以南约50公里的峄县,一伙9人的盐贩拒捕,死伤几名巡役。嘉庆十九年(1814)的一则史料提到,走私盐甚至在市场上公开销售,"竟与官盐无异"。《清高宗实录》卷1043,乾隆四十二年十月壬戌,《清实录》第21册,第973页;《清仁宗实录》卷291,嘉庆十九年五月丁未,《清实录》第31册,第976页。

⑤ 《清仁宗实录》卷143,嘉庆十年五月戊戌,《清实录》第29册,第961页。

走私货物扩大了商品的数量和种类,从而刺激了商品生产,对经济发展产生了积极影响。但私人商业经济所受的桎梏,也同样清楚地表现出政府所起的负面作用。然而,国家依旧坚定不移地推行传统的垄断政策,以实现经济集中,但也通过些许修改展现灵活性,以适应和契合新兴的商业环境。朝廷与商人之间的矛盾,实际上与国家—地方的关系相关,因为本地商人或跨区域商人都活跃在特定的地方经济环境之下。精干的济宁知州吴柽认识到市场活力的积极作用,主张采取宽容的态度。对于政府的干预政策,他有此看法:

> 济宁水陆交冲之地,与他处不同,逐末之人多于务本之人。有籴济宁之谷贩往别地者,即有籴别地之谷贩至济宁者,适相等也。一来一往,贫民借以得食者,正复不少。若下遏籴之令,贩来之人恐无他客转买,必且裹足不前。故遏籴非荒政之上策……济宁人烟繁庶,水陆经过者络绎不绝。又有文武各衙门及四营兵丁,故民间卖酒为生者甚多。若概行禁止则俱失业矣。①

基于对当地实际情况的谙熟,吴柽此番言论虽然基于官方的出发点,但的确在很大程度上反映了当地社会的合理诉求,其中包括商人的呼声。

---

① (清)吴柽:《赈济》,载(清)胡德琳、蓝应桂修,周永年、盛百二纂《(乾隆)济宁直隶州志》卷31《艺文拾遗上》,第48a—49a页。

(五) 大运河体制的缺陷及整顿

在运河运输系统中,各种粮食运输方式左右着当地的经济生活。明初,以"支运法"为名,规定各地农户将税粮就近运送到运河沿岸的几个国家级粮仓。由于民役运粮耽误农时且花费不菲,自宣德六年(1431)开始,一系列的改革逐渐减少了民运的义务。① 改革纠正了缺陷,但法令允许运费加征的规定,给官员敲诈勒索和腐败留下了漏洞。顺治九年(1652)的一则清档史料显示,官僚腐败在运河运输中十分普遍,"各衙门人役皆以漕为利薮"②。

尤其是漕船携带的私货经常为各级官僚机构和人员所觊觎,往往在途中受到严格审查而被侵夺,这暴露了漕运制度依托下的公权私用、滥权妄为的弊端。正统六年(1441),漕运右参将都指挥金事汤节抱怨:山东"每岁漕卒附载土物以益路费,往往为抽分司盘诘,军甚苦之"③;弘治元年(1488),都察院左都御史马文升在奏章中历数"运军之苦",其中突出的一项为:"军士或自载土产之物,以易薪米,又制于禁例,多被检夺。"④

---

① 宣德五年(1430)推行"兑运法",即规定各地农户将税粮各自运到附近水次仓,兑交给卫所军队,由其运送。成化七年(1471)"改兑法"施行,全面推行"长运法",规定负责运输的官军直接运送,农民不必亲自前往,但农民需要交纳的附加费亦相应增加。这种方式一直持续到晚清,期间只有略微修改。参阅(清)谷应泰《明史纪事本末》卷24《河漕转运》,第378—379页;[美]黄仁宇《明代的漕运》,第67—69页;Harold C. Hinton, *The Grain Tribute System of China, 1845—1911*, pp. 3—4.
② 顺治九年(1652),户部尚书车克等题。引自李文治、江太新《清代漕运》,第288页。
③《明英宗实录》卷81,正统六年七月甲寅,第1626页。
④《明孝宗实录》卷11,弘治元年二月丙辰,第254—255页。

第五章 济宁城内外的国家与社会

明、清两朝皇帝在给地方官员的诏书中经常提到官僚机构的贪污、渎职、舞弊等行为。鉴于运河运输在国家事务中的重要性，对弊病的诸多谴责多集中于此。康熙三十一年（1692），河道总督王新命及其属下因"勒取库银六万七百两"被惩处。① 乾隆元年（1736），高宗皇帝在一项下达山东的诏令中，将欠税归咎于地方官员、派出人员和当地权贵家族普遍的腐败、偷窃、滥刑和欺诈等行为。② 嘉庆皇帝曾感慨道："东省官吏，图利者多，守义者少，朕甚忧之。东巡之举，断不可行，行则徒增烦恼耳。"③

此外，由于大运河是国家的交通命脉，权贵们认为这是展示其权势的极好舞台，这也妨碍了航运的正常工作。弘治十八年（1505），一位户部官员指出，在水闸高度集中的济宁段运河，因"闸官及吏职任卑微，往来官豪，得以擅自开闭，走泄水利，阻滞运舟"④。清代亦有类似情况。康熙四十四年（1705），康熙皇帝告诫河道总督张鹏翮："山东运河，转漕入京师，关系紧要……有官员经过，不许徇情，擅自开放泄水，以致漕船稽迟。"⑤

总之，这些系统性的功能失调和官僚主义的缺陷，损害了国家和民众的利益。虽然可以通过零碎的技术措施修正，但在现存的帝国体制下却不能永久性地消除。这就是在当时几乎所有的史料记载中都能看到此类的愤懑之言的原因。贪污腐败的大量出现，部分是由于河道官员和地方官员行政职能的重叠与冲突。在一些

---

① 《清圣祖实录》卷154，康熙三十一年二月辛巳，《清实录》第5册，第701页。
② （清）杨士骧等修，孙葆田等纂：《（宣统）山东通志》卷首《列圣训典二》，第1b页。
③ 《清仁宗实录》卷212，嘉庆十四年五月丁亥，《清实录》第30册，第853页。
④ 《明武宗实录》卷2，弘治十八年六月丙寅，第71页。
⑤ 《清圣祖实录》卷220，乾隆四十四年四月甲寅，《清实录》第6册，第224页。

275

情况下，皇帝不得不充当仲裁者。但是由于他们本身就都是帝国机器的寄生者，所以国家也难以找到有效的方法来解决冲突。

(六) 运河私人运输贸易活动上的纷争与裁决

中国历史上大多数君主和士大夫所声称信奉的儒家祖训"藏富于民"，是一种经济上的不干涉主义，尽管实际上其行为可能会呈现出相反的一面。在对农业伦理的推崇背后，这一信条惠及了广大民众，其中包括商人。这种理念在政治—经济上涉及中央政府、地方政府和当地居民之间的关系。在大运河上，如何界定国家在涉及商人活动方面的角色是一项重要考量。

粮食和其他货物的运输存在官方和私人两类，故有官船和民船之分。宫廷消费的漕粮和物品大多由官船运送。许多案例表明，民船比官方背景的漕船遭遇更大的困境。朝廷在某种程度上看到了私人运输对国家发展的积极作用。正统年间，监察御史李在修以"不能禁戢下人"横行运道为由弹劾漕运总兵、山东布政司参议等诸多官吏。虽然正统皇帝没有惩罚这些官员，但他在诏令中严敕："比间运粮军旗不守法度，故将船只横栏河道，阻滞民船，或逞凶殴人"，勒令"钤束军旗，不许仍蹈前非"。① 至清朝，鉴于卫所制度的衰落，政府越来越多地雇佣商人协助漕运。② 清廷体认商

---

① 《明英宗实录》卷42，正统三年五月庚寅，第816—817页。
② 根据李欧娜的研究表明：从清初开始，由于漕运系统的全面衰退，朝廷开始转向大量使用私人船运。Jane Leonard, *Controlling from afar: The Daoguang Emperor's Management of the Grand Canal Crisis, 1824—1826*, pp. 106—107.

人在推动经济发展中的积极作用,多次斥责官船利用漕运名义和官方身份欺压商人。乾隆三年(1738),为了应对直隶因收成不佳而粮价"稍昂"的问题,要求"向有禁米出洋之例"的奉天、山东地方官吏松绑:"有愿从内洋贩米,至直隶粜卖者,文武大员,毋得禁止",但商人售卖需要领有往、返两地的官府"印票"。[①]

在这种情况下,皇帝俨然成了私人商业活动的支持者,是"藏富于民"的践行者。而实际上,他是看到了国家和商人的共同利益。私人运输和贸易受益于国家的一些优惠政策,但这些政策主要是服务于国家的意志和利益的。中央政府通过自身的方式解决各种经济和社会困难,从而将帝国视为一个整体进行管理。但是,为了达到最终目的,它必须考虑来自其他方面的利益冲突,甚至有时需要约束自身意愿。运河沿线一直以来都受到了国家的干预,而济宁作为一个主要的运河商埠城市,成了这种关注所引发冲突和矛盾的聚集地。

综上所述,大运河的运行增加了治理国家与地方政治的复杂性,在国家与地方的层面上对当地社会经济生活施加了各种影响。对于运河北部地区的地方利益而言,国家强有力的存在有利有弊。然而,对于何以同一国家权力渗透下相邻的地区却产生不同的结果,需要我们深入观察不同地方在国家—社会互动中所呈现的不同回应。

[①] 《清高宗实录》卷75,乾隆三年八月乙巳,《清实录》第10册,第192—193页。

四、国家遇到社会

第三、四章讨论了明清时期济宁士绅如何运用各种策略建构和加强地方认同。本章从国家各种常规的和特殊的军政管理机构及机制的设置开始，触及中央对地方的全面而深入的渗透。当国家意志与地方利益出现抵牾时，士绅所代表的社会如何回应？本节将着力于此。对国家、地方、组织、个人诸多因素错综交合的探讨，可以呈现公共决策中士绅精英的概貌，以及他们在地方权力网络中施展"能动性"的模式。

（一）地方教育和社会领域里官方的合作式介入

中国传统国家不仅干预当地社会的经济和政治生活，而且还广泛介入地方士绅精英通常发挥着至关重要作用的教育、文化、宗教等领域。明清时期，从为科举服务的学校，到灌输正统思想、传播知识的基层识字普及工作，国家强化了教育层面对地方社会的影响。

济宁作为行政治所和繁荣的城市，其高层次教育以标准化官方学校为主。现存的济宁方志都列有"学校"类别，我们可以据此了解官办学校的详细情况。高质量的州学为济宁城涌现大量的进士和举人做出了贡献。随着大运河体制的建立，济宁的教育更多地受到官方机构与个人的重视和资助，其中一个表现是创立和扶植书院，与地方士绅积极互动，这在第四章已有详细论述。

洪武八年(1375),洪武皇帝颁布诏令,要求地方官员广建社学。因政绩卓著被称为"方济宁"的济宁知府方克勤(1326—1376),很快在境内"立社学数百区"①。济宁地方政府与士绅精英的密切合作,使其在基础教育中的地位日益突显。至明末,社学在全国已经衰微,但其在济宁城的良好状况表明了当地政府和士绅合作的成功。总体而言,官学和私学在济宁这个著名的运河城市里相得益彰。

明清政府还强调宗教礼仪在日常生活中的作用。如嘉靖元年(1522)济宁的一处社坛碑文所示:"乡社既定,然后立社学,设教读,以训童蒙;建社仓,积粟谷,以备凶荒。"②在清代,官方举办的祭祀仪式在民众的宗教生活中持续发挥着作用。③ 但是,国家对仪式活动的干预并不排拒民众的宗教实践,也不能实质性地塑造大众的信仰世界。以流动的运河为载体的思想交流和由此形成的宽容氛围,鼓励了济宁及其他运河城市和城镇在日常生活中广泛接纳佛教、道教和其他宗教。通常,官方对非儒家信仰的态度并不严

---

① 明廷鼓励当地士绅创办社学,但要求地方官员对这些学校进行有力监督,以免荒废。参阅(清)龙文彬《明会要》卷25《学校上》,第411页。社学系统在清代趋于完善。在济宁,"社学始自明洪武八年,延师以教民间子弟,兼读御制大诰及本朝律令……顺治九年,题准每乡置社学一区……社师免其差役,量给廪饩。凡近乡子弟年十二以上、二十以内有志学文者,俱令入学。肄业,造姓名册于学"。(清)胡德琳、蓝应桂修,周永年、盛百二纂:《(乾隆)济宁直隶州志》卷8《建置二》,第48a—48b页。
② 《明嘉靖元年里社坛碑》,收于(清)徐宗幹等辑《济州金石志》卷4《济宁石三》,第24a—25a页。
③ "明初颁祭法于天下,令郡邑皆立风云雷雨山川社稷之坛,以城隍庙配食。国朝因之。"(清)胡德琳、蓝应桂修,周永年、盛百二纂:《(乾隆)济宁直隶州志》卷10《建置四》,第1a页。

苟,一般会容忍新的外来因素。明末,耶稣会士在运河沿岸的城市中赢得了一些信众。尽管在清朝中期遭到排斥,但他们的影响并没有根除。乾隆十一年(1746),山东巡抚喀尔吉善奏报,德州的数名居民"被西洋人引诱入教,获有天主图像、经卷、念珠等物",但"并无聚众勾引情事"。对此,乾隆皇帝批复:"此亦不过愚人被诱耳,非如云南邪教之有逆迹也,可薄处以示警耳。"①

然而,朝廷和地方政府为确保稳定的社会秩序,对潜在的危机仍持有警惕之心。徐宗幹在济宁知州任内,鉴于"济州毗连南省,素好淫祀,城乡旧建庙宇甚多"的情形,曾把一些寺庙地产划归地方书院使用,并采取进一步措施,"抽查保甲,遇有外来僧道,随时查明递籍"。② 地方志记载,他还禁毁"淫祠数处"。③ 地方文献还记载了其他几起类似事件,都显示了地方政府限制带有潜在危险性的宗派主义的坚定决心。因此,在宗教和教育领域,国家和地方社会基于在济宁的共同利益,似乎达成了某种融洽的关系,有助于济宁社会的稳定和繁荣;而运河沿线的安定局面是漕运系统正常运转的保证。

(二)国家与社会冲突中的地方精英

明清时期国家权力对地方事务的渗透,与通常作为地方利益

---

① 《清高宗实录》卷273,乾隆十一年八月癸巳,《清实录》第12册,第575页。
② (清)徐宗幹:《庙地改拨书院经费议》,载潘守廉修、唐烜、袁绍昂纂《(民国)济宁直隶州续志》卷7《学校志》,第5a页。
③ 潘守廉修、唐烜、袁绍昂纂:《(民国)济宁直隶州续志》卷10《职官志》,第42b页。

的代言人并主导地方社会的精英阶层相遇。① 在历史长河中,士绅参与叛乱的现象不足为奇。在通常的社会环境下,士绅关注的是在地方社会里的公共活动。日本学者用"士绅统治"一词来形容士绅地主在明清地方社会中的威权地位,国家也不得不在税收及其他重要问题上与之协商。② 周锡瑞和冉玫铄概括出明清士绅在地方社会用于建树权威的非直接国家权力资源,包括物质财富,社会人际网络以及符号、象征性的资本等。③ 他们运用多种资源和策略,取得并巩固地方霸权。例如,一些公、私场所成为其表达想法、交换意见、游说当局、争取地位和整合权力的渠道。同样,在商业发达地区,商人与士绅阶层联合,以保护其利益免受国家侵犯,这加强了地方精英的凝聚力。

明清时期济宁文化和商业的快速发展,催生了一种精英能动性。从明中叶开始,如同其他地区尤其是江南的士绅,济宁的士绅精英不仅热衷从事如前所述的文化、教育和经济活动,而且通过广泛而富有实质性的公共事业,诸如灌溉系统、道路、水路、城墙、护城河、塔阁等公共工程的建设、改造、修缮,几乎涉足了地方上社会

---

① 正如韩国学者闵斗基所述:"与官员有直接联系(在任者、离休者、免职者)或立志为官的群体",有时会维护帝国体系和秩序,有助于其地位合法化,但有时亦会采取一种"反官方"或"反国家"的立场,以保护自身利益;他还指出,"官员被列为士绅群体,源于其与家乡之间的关联"。Min Tu-ki, *National Polity and Local Power: The Transformation of late Imperial China*, Cambridge: Harvard University Press, 1990, p. 22.

② Noriko Kamachi, "Feudalism or Absolute Monarchism? Japanese Discourse on the Nature of State and Society in Late Imperial China," *Modern China*, vol. 16, no. 3 (July 1990), pp. 336—351.

③ Joseph W. Esherick and Mary B. Rankin, *Chinese Local Elites and Patterns of Dominance*, p. 11.

和政治的所有组成部分,对维护地方秩序起到了积极而非简单补充的作用。① 由于大运河和黄河工程为当地民众提供了重要的生活来源,并深刻地影响了他们在运河地区的日常生活,所以尽管士绅精英对因之承受的负荷时而愤愤不平,但仍将其物力、财力和精力倾注于此。

济宁士绅在水资源管理和水利工程方面总体持合作且慷慨的态度,但他们对政府关于劳力和财力的配置不无争议。作为地方利益的代言人,他们往往能与当地官员协力,上疏朝廷争取减免赋役,以缓解地方负担。这一点在地方官员的奏章及致仕返乡的济宁士绅的请愿中均有体现。如孙扩图自述其致仕后,因以运河为由巧立名目强加给"绅士""小民""工贾"的各种"派纳"而"亲受其累",他曾"三诉三斥"。② 济宁籍官员即使在任上,也常常利用自己的影响力为家乡谋取权益。郑与侨讲到杨士聪,"因济城癸未(1643)二月火,上疏求蠲。下部议,司官谓灾在城,蠲田租非是"。但朝廷若干同乡官员"力争之",最终"赐复一年"而"回天","惠及梓间"。③ 其实,很多赋税拖欠事例的背后,往往是基于共同地方利

---

① 这种"公共功能的表现"广泛地存在于士绅实力强大的地区,如江南。萧邦奇归纳一些学术观点,认为从17世纪初开始,中国出现了"从官方向民间转移职责的长时段趋势"。地方士绅及非士绅精英开始取代政府官员,承担诸如地方公共工程募集资金与管理的责任,而这本是官府的职责。参阅[美]萧邦奇《中国精英与政治变迁:20世纪初的浙江》,第4页。冉玫铄把地方精英在各色各样的公共管理工程中的深入参与视作包含着广泛社会政治内容的"国家—社会交接面"。Mary Backus Rankin, *Elite Activism and Political Transformation in China: Zhejiang Province, 1865—1911*, p. 5.
② (清)孙扩图:《一松斋集》卷1《兰河宪禁派秸料记》,第7a—7b页。
③ (明)郑与侨:《济宁遗事记·人物记》。

益的长期抗税行为,这将同一地区的精英们联系在一起。康熙皇帝曾警告大学士等臣下道:"山东绅矜,最称桀骜,且好结朋党。"①

最具争议的问题是水源的使用。朝廷重视运河运输与当地农业灌溉之间的关系。不少运河维系和治水工程的修建也兼具农田灌溉的功能,服务于农、渔业的水渠、水塘、水库与广泛的运河网络相连或依附之。然而,充足的灌溉才能保持土壤的肥力,这一问题在干旱的北方尤为突出。尽管山东西部的水利工程具备多种功能,但整个水利系统的核心目标仍是运河通航。② 所以当运河运输与当地农业发生冲突时,维持通航是朝廷压倒一切的考量。在这一点上,国家与地方之间总是存在利益冲突。华北地区的供水主要依靠人工资源,而运河作为重要的水源,其用水竞争激烈。故而政府派驻各级官吏对重要的河流、沟渠、水库、湖泊和泉水进行监督、管理和利用。

运河山东段依托大济宁地区水资源相对丰富的湖泊。即便如此,当地的农业用水也经常短缺。当湖水减少时,新裸露的湖岸被民众开辟用以农耕。清廷要求当地官员严格执行国家政策,禁止滥垦。③ 清朝中后期,微山湖成为山东运河最大的水源。周围的农民时常在湖畔周边开垦以种植粮食,而当地官员以民生计,常常听

---

① 《清圣祖实录》卷142,康熙二十八年十月戊寅,《清实录》第5册,第567页。
② 魏特夫列出了作为支撑"东方专制主义"体制的"水利社会"里的几种不同目的的水利工程,强调"中国在地理和行政上的统一,大大增加了政治上对航运运河的需要,同时也扩大了国家开凿这种运河的组织权力"。[美]卡尔·A·魏特夫:《东方专制主义:对于极权力量的比较研究》,第24—25页。
③ 《清世宗实录》卷7,雍正元年五月戊戌,《清实录》第7册,第147页;卷9,雍正元年七月辛丑,《清实录》第7册,第176页。

之任之,乃至危及运道水源。康熙六十年(1721),已值耄耋之年的康熙皇帝警告道:"山东运河,全赖众泉灌注微山诸湖,以济漕运。今山东多开稻田,截湖水上流之泉,以资灌溉。上流既截,湖中自然水浅,安能济运?"①嘉庆十二年(1807),政府决定疏浚微山湖水系的一条淤塞的旧河,遭到了"占种湖滩,视为恒产"的"矜民"的抵制。嘉庆皇帝以"为国即以为民"之辞训示:"断无因尔等贪图小利,置公事于不办之理。"②

魏源在19世纪中叶这样评价朝廷在干旱的北方竭尽水源济运的政策:"山东微山诸湖为济运水柜,例蓄水丈有一尺,后加至丈有四尺。河员惟恐误运,复例外蓄至丈有六七,于是环湖诸州县尽为泽国。而遇旱灾需水之年,则又尽括七十二泉源,涓滴不容灌溉。是以山东之水,惟许害民,不许利民。旱则益旱,涝则益涝。人事实然,天则何咎?"③即便从国家的角度出发,这种武断的做法亦是不明智的。事实上,早在晚明,徐光启(1562—1633)就认为漕河既是维系北方为政治中心的国家的"大利",又是"大害":"漕能使国贫,漕能使水费,漕能使河坏……自长、淮以北诸山诸泉,涓滴皆为漕用,是东南生之,西北漕之,费水二而得谷一也。凡水皆谷也,亡漕则西北之水亦谷也"。④ 换言之,运河消耗了北方地区的水资源和人力资源,导致该地区农业的严重损失。

此外,每当治理黄河与维持运河之间发生冲突时,朝廷便毫不

---

① 《清圣祖实录》卷292,康熙六十年四月庚子,《清实录》第6册,第838页。
② 《清仁宗实录》卷185,嘉庆十二年九月己未,《清实录》第30册,第440页。
③ (清)魏源:《魏源集》上册,第408页。
④ (明)徐光启:《徐光启集》卷1《论说策议·漕河议》,北京:中华书局,1963年,第19—20页。

犹豫地倾向后者。明清时期,政府为防止黄河北徙所采取的措施,给淮河流域造成了严重的生态后果,也危害了整个运河运输,这种局面一直持续到 1855 年黄河铜瓦厢改道。在帝国政治中,地方士绅无法改变这一根本格局,仅能诉求减少负担而已。

(三)地方官吏的双重角色

在明、清帝国的权力网中,各方之间存在着复杂的利益纠葛。皇帝通常自居于解决平民阶层和权贵阶层之间冲突的位置;他扮演着所谓保护百姓福祉的仲裁者角色。[1] 与明朝皇帝相比,清朝皇帝更广泛、深入地干预地方经济与社会生活中的纠纷。乾隆十三年(1748),乾隆皇帝重申了其祖父康熙皇帝要求"东省大臣庶僚及有身家者""轻减田租"的"训谕",认为"诚切中东省民生利弊也"。[2] 嘉庆皇帝多次斥责山东"吏治废弛"的"积习"。[3]

尽管地方政府在当地社会中代表朝廷,但是朝廷与地方官员之间亦存在着紧张关系。士绅精英能够掌握民意,而民意是朝廷考核官员政绩的一个重要标准。正如在济宁的情形,鉴于有大量的济宁籍士人在朝廷和其他地方任职,地方官员需要跟当地与上级官场有直接或间接联系的士绅保持良好的关系。部分是由于这

---

[1] 孙竞昊:《朱元璋的君主专制与民本思想》,《探索与争鸣》1992 年第 5 期,第 54—59 页。
[2] 《清高宗实录》卷 309,乾隆十三年二月甲戌,《清实录》第 13 册,第 44 页。
[3] 《清仁宗实录》卷 293,嘉庆十九年七月癸丑,《清实录》第 31 册,第 1021 页;卷 342,嘉庆二十三年五月戊午,《清实录》第 32 册,第 525—526 页;卷 370,嘉庆二十五年五月戊辰,《清实录》第 32 册,第 895 页。

个原因,在国家与地方自主性的冲突中,地方官员有时会充当地方利益的保护者,如联合当地士绅请求减免赋税。正如冉玫铄所说:"由于身处中间位置,中国官员因此卷入了平衡地方冲突、合作抑或遏制地方士绅精英的一场无休止的、波波折折的游戏中。"①如前所述,在国家—地方关系十分复杂的运河地区,地方官员如何应对错综复杂的政治网络,是一个难以逃避的严峻考验。

明清时期的地方官员比以往都更需要依赖与地方精英的协作。嘉道时期的学者沈垚(1798—1840)则指出了这种倾向的理由之一:"唐时州县兴造之事,听长吏自为。宋后动须上请,一钱以上,州县不得擅用。所请不能称所需,所作往往不坚固。于是长吏始有借助富民,民之好义者有助官兴造之举。"②地方官员在政府主导的公共工程和项目中寻求地方精英的合作十分普遍。为此,他们需要培养与当地精英的友好关系,从而能为当地的大众福利做出贡献,并在与当地士绅的互动中塑造自身形象。

因为公共建筑经常受到洪水、地震或人为疏忽所造成的破坏,故济宁地方志和其他地方文献记载了大量当地公共工程重建与修葺的事件。在许多情况下,除了官方举措,地方官员还会以私人倡议为名,捐赠和赞助公共项目。此外,他们还会捐款帮助解决当地的困难。嘉庆八年(1803)竖立的一块石碑,就是为了纪念乾隆年间的一位知州,他为了缓解"粮船辐辏"时"商民不便"的状况,在济宁南门外的一处运河桥上,"自捐廉俸,平治码头。造大船一只,可

---

① Mary Backus Rankin, *Elite Activism and Political Transformation in China: Zhejiang Province, 1865—1911*, p. 14.
② (清)沈垚:《落帆楼文集》卷7《谢府君家传》,民国七年(1918)《吴兴丛书》本,第21b 页。

容车马"。① 嘉庆十一年(1806),济宁州及卫所官员资助栖流所,使"穷丐流民""免致沿街露处,有倒卧病毙之苦",也符合"以靖地方事"的治安意识。②

另外,鉴于济宁悠久的文化传统和浓厚的文化氛围,扶植地方的教育事业是地方官员树立声誉的有效途径。虽然他们身居官位,但也更乐意突出个体身份,通过增补预算、捐赠资财、授课和主持仪式等方式,来支持和督导地方教育,充分展现出对培育年轻书生成才的热情。如前文提及的对书院的支持和赞助。靳学颜讲到一位"治水"大吏辅导济宁"诸生"著文的逸事。③ 于若瀛在撰写的《总河曹公兴学德政碑》里,称颂总河侍郎曹时聘等官员"捐金""捐俸"来"修学"的义举。④ 依郑与侨记载,唐世桂"万历庚戌(1610)来典州事,尤嘉意人才",如徐标、杨士聪等"咸自童子识拔";稍后,董则喻"天启辛酉(1621)擢守济,奖藉后进,立社学,以训童稚,建奎楼以振文风……名士云集……丁卯一榜,售至八人"。⑤ 地方政府与当地士绅在教育上的互动,加强了二者之间的关联。

济宁的不少地方官员身处商业化环境中,所以对商业在当地经济中的地位有比较正面的认识,对工商业者时常遭受刁难的处境感同身受,这在他们的施政措施中有所体现。如前文所述及,崇祯十二年(1639),专为"以苏姜商事"所立的《除害疏商记碑》载:

---

① (清)徐宗幹等辑:《济州金石志》卷5《济州石四》,第68b页。
② (清)徐宗幹等辑:《济州金石志》卷4《济宁石三》,第75a—75b页。
③ (明)靳学颜:《靳两城先生集》卷16,第29b页。
④ (明)于若瀛:《弗告堂集》卷23《总河曹公兴学德政碑》,第17b页。
⑤ 皆自(明)郑与侨《济宁遗事记·名宦记》。

"一禁坏科,一禁奸商,一禁牙蠧,一禁市弊,一禁脚弊。"①鉴于晚清船舶服务业的重要性,徐宗幹颁布命令"凡商船过境,任其往来;倘敢仍蹈前辙,假差混拿,扣留勒索……按例究办"②,以便商船的顺畅通行。

地方官员有时会为了当地利益而承担触犯中央权威和权势者的风险。一个通常的问题是,他们是否可以在启闭水闸上对过往船只予以优先通行权。同治八年(1869),清末山东官场发生了一件大事,慈禧太后宠信的太监安德海在沿着运河南下途中耀武扬威,在山东境内被时任山东巡抚的丁宝桢以擅用职权罪处死。尽管相传这起事件与宫廷斗争有关,但安德海的骄横、不法的确招致了当地士绅和官员的敌意。③

总而言之,地方社会政治背景下国家政策的制定、执行,是不同机构和个人纷争与调和的产物。可以说,济宁案例为研究国家权力与士绅权威的交集与互动提供了一个良好的检验场。大量文献记载表明,在济宁的税收征纳、军费协商、宗教和文化活动管理、市场干预以平衡物价、公共工程安排、社会慈善监督、地方治安组织等方面,士绅精英发挥着不可或缺的领导作用。明清时期的济宁地方社会里,激扬起一种地方主义的势头,并在国家权力的笼罩下时涨时落,影响着城市社会的变迁。这种导向政治意义上"自治"的地方主义的张力及其限制,将在后文中更为充分地讨论。

---

① (清)徐宗幹等辑:《济州金石志》卷5《济州石四》,第69b—70a页。
② (清)徐宗幹修,许瀚纂:道光《济宁直隶州志》卷3之4《食货志四》,第35a页。
③ 《清穆宗实录》卷264,同治八年八月癸卯,《清实录》第50册,第661页;卷266,同治八年九月乙亥,《清实录》第50册,第692页。

第六章　济宁城市的沉浮与地方精英的命运

士绅与国家的关系及其影响,呈现出多重、多样、程度不一的特点,不仅表现在大大小小、风格不一的各个地方社会的权力网络里,还反映在不同的社会—政治层面上。此外,因应时局的变化,也会出现"常态"与"非常态"下不同的表现。

本章首先聚焦于若干剧烈动荡、变乱的不寻常历史时刻,考察士绅在社会失序与国家缺场的情况下勇于承担起恢复和维护社会秩序的作为。其次,考察清初新的强有力的帝国秩序建立后士绅势力的萎缩。士绅因时而异,调整或变换社会角色,表现出多重性格。最后,述及开埠后作为传统地方精英的士绅的命运——这势必有助于对中华帝国晚期的士绅阶层、地方社会予以定性。

一、动乱时期的城市士绅与地方社会

济宁士绅在地方政治的结构里广泛地施展着权力,其社会能量特别在社会危机的关键时刻得到了充分的发挥。例如,在明清王朝更替之际,他们成功地为地方防御集结并组建了民兵,未曾回避、更为直接地卷进政治斗争的风暴,扮演了强劲的历史角色。

(一)社会治安与地方武装

地方民兵组织通常兴盛于政治失序、权力虚空的时期,而且通常由当地士绅精英领导。① 包括济宁地区在内的山东西南部自然灾害频仍,是农民暴动、盗匪肆行的温床。② 但对较为富庶的济宁城及其乡郊而言,威胁主要来自外地。按照李继璋的考稽,济宁的团练可以追溯到1213年:"济宁团练之可记者,始于金宣宗贞佑元年(宋宁宗嘉定六年),州人李演召集市人为兵,御蒙古,搏战三日,城陷死亡。至元顺帝至正十七年,命山东分省团练义兵,领以万户。"③

在大厦将倾的明末,政府无力应付此起彼伏的动乱,各地纷纷自卫,尤其是在士绅势力雄厚的城乡。天启二年(1622),巨野白莲教主徐鸿儒起事,攻陷了山东西南郓城、邹县、滕县等多个县城,直

---

① 王先明的一项研究涉及19世纪中叶各地领导抵御太平军的地方武装中有科举功名的士人所占的比例:江苏61%,广东78.4%,广西80.9%,湖南56%。王先明:《近代绅士:一个封建阶层的历史命运》,天津:天津人民出版社,1997年,第156页。
② 杨士聪在《凶年四吟》四首诗的前引中提到:"崇祯庚辰辛巳济宁大饥,人相食,土寇蜂起。"(清)廖有恒修,杨通睿纂:《(康熙)济宁州志》卷10《艺文志下》,第27a页。
③ 李继璋:《济宁直隶州拟稿·建置志上·兵防》。

接威胁到济宁和漕运河道。① 济宁的军政官吏"约绅衿守御壹切,修城、设守、练兵、筹馆,诸法……事既举,贼旋平,州人修练储备,仍不少懈"。② 从这时起,团练组织和活动成了地方政治生活的一项重要内容。③ 崇祯十一年(1638),由士绅主持,"选民兵三百名",正式成立了"城守营",大大增强了济宁的防御能力。④

入清之后,新统治者为了防范反清活动和土匪肆行而大幅度整顿地方武装,予以严密监督,使其不超越一般地方治安职能,如减少人数,限制规模,强化管理,监察资金来源和使用。这种措施的负面作用即是各个地方无力独自应对盗匪入侵和骚扰,而正规军队的调遣需要严格且繁复的官方过程。这也是清中后期在中国北部即便规模不大的骚乱也常常会燃成燎原之势的一个重要原因。

乾隆三十九年(1774)爆发于山东西北部寿张县、持续3个月之久的王伦暴动影响之巨便是个例证。这场叛乱武装一度切断了运河通道,占领毗邻济宁的临清达半个月之久,摧毁了这个运河重

---

① (清)谷应泰:《明史纪事本末》卷70《平徐鸿儒》,第1127—1131页;《明熹宗实录》卷27,天启二年十月辛巳,第1376页;(清)胡德琳、蓝应桂修,周永年、盛百二纂:《(乾隆)济宁直隶州志》卷34《杂缀》,第7b页;安作璋主编:《山东通史·明清卷》,第106—132页。

② 李继璋:《济宁直隶州拟稿·建置志上·兵防》。关于这次防御,还可参阅时人的记载。见(明)郑与侨《记守御》,载(清)廖有恒修,杨通睿纂《(康熙)济宁州志》卷9《艺文志中》,第56b—58a页;(明)周永春《守城记》,载(清)胡德琳、蓝应桂修,周永年、盛百二纂《(乾隆)济宁直隶州志》卷7《建置一》,第23a—27a页。

③ 多处相关史料见于(清)胡德琳、蓝应桂修,周永年、盛百二纂《(乾隆)济宁直隶州志》卷9《建置三》,第8b页。

④ (明)郑与侨:《济宁遗事记·戎政记》。

镇及周边的经济和基础设施,使其从此一蹶不振。① 相对照的是,因为强大的士绅群体及其维护地方治安的悠久传统,济宁在这场事变中表现出色。据李继璋归纳前朝的记载,济宁闻讯"戒严",民兵立即"编练",河运官员"与士绅商定守御",稍后"贼未至,旋解严"。② 嘉庆十八年(1813),"教匪滋事,曹县、定陶失守",知州王旭昇"倡率绅士雇募乡勇,会同营汛,昼夜防堵"。③ 同年,嘉庆帝表彰济宁士绅、耆民在团练中"捐给钱文,自卫里闾"的行为,称之"晓明大义,志切同仇,实堪嘉尚"。④

晚明士绅领导的团练盛极一时的情形在晚清再现。第一次鸦片战争期间,道光皇帝要求扩大团练、乡勇来部署山东的地方防卫,以应对来自海上的潜在威胁。⑤ 之后,对抗太平军和捻军的战争为民兵组织带来了真正复兴,但与长江中下游地区的地方武装相比,山东的团练势力相对弱小,除了如济宁、潍县等少数士绅队伍较大的地方,其他大多数乡镇在对付叛乱上主要是靠来自省外的官军。⑥ 总体来说,晚明和明清之际济宁士绅所表现出的精英能

---

① 关于王伦起义,可参阅[美]韩书瑞《山东叛乱:1774年王伦起义》,第86—156页。
② 李继璋:《济宁直隶州拟稿·建置志上·兵防》。《(乾隆)济宁直隶州志》卷32载,"仰济宁城乡绅士百姓一体","阖城绅士纠合民兵保护乡里"。(清)胡德琳、蓝应桂修,周永年、盛百二纂:《(乾隆)济宁直隶州志》卷32《艺文拾遗中》,第44b—45a页。
③ (清)徐宗幹修,许瀚等纂:《(乾隆)济宁直隶州志》卷6之7《职官志七》,第78a页。
④ 《清仁宗实录》卷280,嘉庆十八年十二月甲辰,《清实录》第31册,第826—827页。
⑤ 《清宣宗实录》卷363,道光二十一年十二月庚寅,《清实录》第38册,第547页;卷372,道光二十二年五月丁巳,《清实录》第38册,第701—702页。
⑥ 1861年捻军进攻山东,只有少数地方遇到地方武装的有效抵抗,如潍县和以蓬莱为州治的登州。张玉法:《中国现代化的区域研究:山东省,1860—1961》上册,第114—115页。

动性在19世纪中后期几乎得以重现,尤其在资助和组织地方武装方面令人瞩目。这种地方军事化带来了根植于地方社会的士绅势力的再次高涨,并持续到20世纪20年代早期。①

(二)冲突与战争

济宁士绅的权势在动乱的年代充分发挥出来。他们对地方武装的有力领导,是济宁能够承受住叛乱和其他动乱灾难的一个主要因素。

如前所说,相对于济宁的属县和周邻乡野,州城及附近是个安全的区域,其出现的骚动和叛乱都来自外地。尽管间有动乱,但规模不大,且以抗税为主。嘉靖二十年(1541),济宁城南22公里的鲁桥"盗起","劫掠居民"。山东巡抚都御史李忠上奏后,"上责其纵寇弛防,命严督所司捕之";其后,沂州兵备副使汪东洋,济宁卫指挥张溥、杨渥等率部捕灭暴乱。②

在明朝灭亡前的最后几年里,山东饱受兵燹蹂躏,包括满骑、溃兵、叛军、暴民、盗匪等。③ 然而,许多武装"独至济宁,敛迹以过,

---

① 张仲礼观察到,社会秩序因联动着地方军事力量的国家—社会关系而变化,并进而指出:"在19世纪上半期,中国还维持着相对安定的局面,政府仍控制着军队和治安力量,并控制着赋税。但是到19世纪中叶危机一起,绅士很快就渗入这些领域……在太平天国以及其后的非常时期,由于中央政府的力量和效率下降,越来越多的政府职责和权威由绅士取而代之。"张仲礼:《中国绅士研究》,第53—56页。
② 《明世宗实录》卷249,嘉靖二十年五月癸丑,第5012页。
③ 参阅(清)谷应泰《明史纪事本末》补遗卷6《东兵入口》,第1487—1506页;安作璋主编《山东通史·明清卷》,第65—74页;[美]魏斐德《洪业——清朝开国史》,陈苏镇、薄小莹等译,南京:江苏人民出版社,2008年,第120—122页。

以素有备也。土寇蜂起……号称数万,近济宁三十里内无敢置足,以素有备也"①。1638年满洲军队对山东最早的进攻曾持续了一个月之久,全省"残破者八十余处,兖州残破者十九处,环攻济宁,力守不下,至今称南北雄镇,以素有备也"②。

当然,在突出济宁等若干运河城市的持续繁荣与士绅领导的地方防卫的关系时,也不应忽视政府的关键作用。明政府把"运防"分段,要求各地分工把守。从国家的角度看,济宁的重要性源于其在运河网络上的战略位置,如前文所述,明末杨士聪所说的护城即"护漕"的逻辑。因此,通过政府与地方士绅的合作,济宁地区在北方运河带最为安全。终明一朝,除了1644年5月政权变换带来的摧残——这主要是指本书开篇所讲到的反抗李自成的战事,济宁地区只是在1400年曾作为靖难之役的一个战场。但当时运河尚未开通,济宁也只是一个普通的州治城池。③ 1644年7月,清军南下山东西部,几乎没有遇到抵抗。总体来说,济宁城在明清易代之际的大动荡中,没有遭受致命的毁坏。④

到了清代,运河区域即便得到高度的警戒,其安全问题还是搅扰着政府。乾隆四十一年(1776),南返的漕船在临清附近被劫掠。调查显示,这些强盗多是无业游民,"昼则随帮受雇,夜则乘机为

---

① 李继璋:《济宁直隶州拟稿·建置志上·兵防》。
② 李继璋:《济宁直隶州拟稿·建置志上·兵防》。
③ 正德六年(1511)一度驰骋于山东的霸州巨盗刘六、刘七曾聚众进攻济宁,掳掠到城郊,并焚毁了1200只运船,但并未攻克城池。参阅(清)谷应泰《明史纪事本末》卷45《平河北盗》,第665—682页。
④ 孙祚民主编:《山东通史》,第399—401页。

匪"。① 19世纪,白莲教、八卦教、太平军、捻军的先后入侵都受挫于济宁训练有素的地方武装和坚固的堡垒。特别是,清朝把济宁作为对抗捻军以保卫运河的基地。② 1860年11月,一支捻军进攻济宁,知州卢朝安与士绅密切合作,以团练为主力,击溃了进犯之敌,得到了朝廷的表彰。③

在大动荡年月,济宁临近的多数地区却几乎没有躲过山东西部的区域性暴乱和跨区域性侵犯。比如,与济宁匹敌的另一山东运河商埠临清在明末最后几年里,屡遭绕过北京南下的满洲军队和其他武装的攻陷、蹂躏。④ 1644年,临清被占领的大顺军作为对抗南下清军的一个主战场。在清代,临清数次被反叛力量攻占和蹂躏,包括乾隆三十九年(1774)的寿张王伦起义、咸丰四年(1854)太平军北伐、同治二年(1863)堂邑宋景诗起义。⑤ 临清的命运如此艰难曲折,与其士绅弱小、无法组建富有战斗力的民兵组织不无关系。

二、王朝重建后士绅的复杂态度及变化轨迹

上述这些发生在济宁的现象和事件有何含义?这样的问题还

---

① 《清高宗实录》卷1013,乾隆四十一年七月丁酉,《清实录》第21册,第602页。
② 《清穆宗实录》卷137,同治四年四月辛卯,《清实录》第48册,第221页;卷207,同治六年七月壬子,《清实录》第49册,第674页。
③ 《清文宗实录》卷332,咸丰十年十月癸亥,《清实录》第44册,第952页。
④ 康熙二十五年(1686)胡悉宁所写《豁免土税碑记》称:"清源……百货云集,兵燹以来,萧条日甚一日……近来商贾星散,繁华十存二三耳。"参阅(清)张度等纂《(乾隆)临清直隶州志》卷9《关榷志》,第12b—13b页;景甡、罗仑《清代山东经营地主底社会性质》,第5页。
⑤ 景甡、罗仑:《清代山东经营地主底社会性质》,第5页。

可在王朝更替之际士绅精英大起大落的表现和境遇里得到更为集中的体察。而从更为宽阔的视野看,中华帝国晚期中央政府如何处理不少地方仿佛隐然成形的地方主义？更长时段里的通盘观察会延伸我们对其在国家权力干预下的张力及其局限性的思考,从而有所裨益于评估济宁地方社会的政治特性。

(一)歧见、合作、屈服

观察明末清初济宁历史舞台上血雨腥风、变幻莫测的权力转换,我们或许可以更好地思考地方社会与国家权力之间关系的宏观问题。其中一个关注点是如何看待国家政权更替情况下济宁士绅的杰出表现。李自成势力在济宁和山东西部的诸多地方被推翻后出现了权力真空。没有来自朝廷的国家依凭,士绅在地方社会里如何安排权力结构？韩国学者李成珪观察到,济宁士绅很快就通过官定仪式任命大小官员而重新组建起行政管理机构,并且重新整顿、壮大了民兵组织。[①] 但是,这些由地方士绅主导的整个官僚系统无非是明王朝体制的暂时再现而已。

郑与侨在《倡义记》里这样评价他所参与的推翻大顺军的武装行动:"是役也,当四海无主之日,前无所依,后无所凭,只以绅衿忠

[①] I Songgyu, "Shantung in the Shun-Chih Reign: The Establishment of Local Control and the Gentry Response" (Part One), trans. by Joshua A. Fogel, *Ch'ing-shih wen-t'i*, vol. 4, no. 4 (December 1980), p. 14. 郑与侨在《倡义记》中记载:士绅推翻大顺政权后,"于十二日拥原任侍郎潘乡宦士良署总河事,原任知县任乡宦孔当署济宁道事"。见(清)胡德琳、蓝应桂修,周永年、盛百二纂《(乾隆)济宁直隶州志》卷31《艺文拾遗上》,第25a页。

第六章 济宁城市的沉浮与地方精英的命运

愤,乡勇血诚,遂使大憨立剪,名义以彰。"①济宁士绅在国家政权崩溃下表现出卓越的能力。然而这毕竟是昙花一现,他们仅在明王朝的旗帜下暂时地稳定了济宁和山东西部的政治秩序。1644年6月上旬,清军占领北京,7月中旬派军队进入山东,大多数前明官员和当地士绅迎降,新政权对山东的占领几乎兵不血刃地完成了。

然而,还有一部分济宁的士绅到南方加入了南明政权旗帜下的抵抗。依照郑与侨的记述,济宁籍的官员任民育南撤担任颍州太守,之后又担任扬州知府,与史可法一起殉国。②郑与侨与同乡好友举人孟瑄、进士任孔当等也参与了扬州等地的守卫。郑与侨对"合省不下几千万户"的山东却"止此数家"南下抗清耿耿于怀。③一篇文献曾讲到当时死难的济宁籍显宦:"明崇祯之季,济人以死殉官者先后得四人。"④

南京的南明政权覆亡后,郑与侨和若干幸存下来的同乡好友继续在南方各地辗转避难,"出入兵寇之中,漂泊天涯之外"。他有诗明志:"麻履徒奔唐室诏,布帆轻挂宋朝魂。"⑤当清廷在南方的统治确立后,他回拒了洪承畴等人提供的官位,于1647年回到他所

---

① (明)郑与侨:《倡义记》,载(清)胡德琳、蓝应桂修,周永年、盛百二纂《(乾隆)济宁直隶州志》卷31《艺文拾遗上》,第27b页。
② (明)郑与侨:《积余偶记·避难记》,止适斋抄本,山东省博物馆藏。
③ (明)郑与侨:《积余偶记·贞旌实记》。郑与侨曾在南明政权担任"扬州推官"。(清)潘遵鼎:《戌己老人墓》,载潘守廉修,唐烜、袁绍昂纂《(民国)济宁直隶州续志》卷23《艺文志六》,第12a页。
④ (清)潘兆遴:《〈四忠祠碑〉记略》,载(清)胡德琳、蓝应桂修,周永年、盛百二纂《(乾隆)济宁直隶州志》卷8《建置二》,第15b页。
⑤ 见于其诗《甲申避寇南徙有作》,潘守廉修,唐烜、袁绍昂纂:《(民国)济宁直隶州续志》卷22《艺文志五》,第18b页。

称的已沦为"异域"的家乡。① 自此,他过着隐居生活,转而著书、教书,"门下多士"。他在文字中把清军称作"满兵"或"北兵",与当时官方志书的称谓"天兵"迥异。他在晚年自嘲:"一肚皮不合时宜。"作为明遗民,他称为赡养"老母"才苟活到新朝。② 不过,虽然"绝口不言仕进",但因"当道者慕其高风",而"与侨亦乐与之周旋,借遍览秦、晋、川、楚、吴、越诸胜"。郑与侨在 84 岁时离世。③

和郑与侨一样,许多济宁士绅在明亡后从他们一度活跃的社会政治舞台上退隐,甚者遁入空门。"诗僧"澄瀚曾是闻名于晚明济宁士绅圈中的"风流人",他在清初剃度为僧时已年逾七十。④ 这种不合作、走向沉寂的现象与江南士绅社会的情况颇为相似——清初江南一大批士人淡出社会和政治活动已广为人知,而在北方则比较少见。⑤ 基于他们的亲身经历,士绅的某种独立人格和个体精神在明清更替的时刻十分耀目,表现出对国家政权的离

---

① (明)郑与侨:《积余偶记·贞旌实记》。
② (明)郑与侨:《积余偶记·小像自赞》《积余偶记·自撰志铭》。
③ (清)王赓廷修,邓际昌纂:《济宁州乡土志》卷 2《人物录》。
④ (清)孙扩图:《一松斋集》卷 8《随笔》,第 13b 页。
⑤ 魏斐德描绘了前明南方与北方士大夫对清政权之态度的区域性差异。在 1644、1645 年的关键时刻,北方精英很快地适应了新政权。以"1646 年各省进士统计"为例,北方省份中榜的进士数量竟一反常态远大于南方省份。例如,山东省 93 名,江南地区 2 名。魏斐德还发现:中央政府中的大部分降人,集中在户部、吏部和兵部中。这说明擅长于财政、选官、军政的官员比那些娴于礼仪、音乐、文学的文士更容易接受新王朝的统治。[美]魏斐德:《洪业——清朝开国史》,第 280—286 页。在明、清王朝更替之际,江南士大夫强烈的民族主义情节有力地支撑了此起彼伏、长期延绵的南方抗清斗争。按王家范的统计,士绅是江南抗清的骨干:苏州、松江、常州、杭州、嘉兴、湖州和徽州诸府有案可查的领导各地抗清斗争的拥有科举功名头衔者达 186 人(80 个进士和举人,106 个生员)。王家范:《晚明江南士大夫的历史命运》,《史林》1987 年第 2 期,第 29—38 页。

心倾向。其实,早在晚明时期,即有不少士人因为惨烈的党争对官场望而却步,而清初的种族或民族主义的危机意识推动他们进一步反思国家和社会的关系。①

在满人征服的过程中,与郑与侨等人不同,山东和北方的大多数士绅,甚至包括济宁的士绅,都选择了屈服于异族,与新王朝合作——一反稍前他们对待大顺政权的排拒态度。其实当大顺军乍至,济宁及山东各地大都没有马上发生激烈的对抗。但当士绅、富户的财产、权利、地位和社会秩序被践踏时,出于对"割富济贫"的恐惧,他们开始反抗,驱除了李自成的农民武装。② 相反,在清初,士绅所希冀的秩序和特权得到了新政权的认可和保证。如李成珪所描述的,改朝换代过程中出现的政权空白加剧了治安恶化,山东西部饥民结伙成寇,严重地威胁了士绅地主阶级的地方霸权。"孤立无助的士绅与李自成、地方土匪发生冲突,而清政权却是以他们的救星面目而出现的。"③如此,不难理解士绅对作为异族政权的清朝的降顺。进占山东以来,清统治者任用前明官吏消弭动乱,恢复社会秩序和帝制文官系统。为了帮助在动荡中焦头烂额的士绅,清廷派军队剿灭土匪流寇,并为破败的士绅所领导的民兵武装提供援助。所以,与反抗李自成剥夺他们的特权、家产的旨归一致,

---

① 王家范:《晚明江南士大夫的历史命运》,《史林》1987年第2期,第29—38页。
② I Songgyu, "Shantung in the Shun-Chih Reign: The Establishment of Local Control and the Gentry Response" (Part One), *Ch'ing-shih wen-t'i*, vol. 4, no. 4 (December 1980), p. 12.
③ I Songgyu, "Shantung in the Shun-Chih Reign: The Establishment of Local Control and the Gentry Response" (Part One), *Ch'ing-shih wen-t'i*, vol. 4, no. 4 (December 1980), p. 14.

士绅指望满人征服者维护他们的既得利益,在新的统治秩序里寻得庇护。在这样的政治生态里,逃难到南方的士绅回到家乡,获得宽宥,并恢复了原来的财产和身份。① 同时,新政府减免了他们的赋税负担。而运河贸易和水利基础设施的恢复也促进了地方城乡社会的安定。清廷还在不久后恢复了正常的科举考试,以换取士绅的支持。

士绅需要秩序,其实他们在相当程度上象征着秩序。士绅对政治权力或者稳定的国家权威的依赖决定了他们在政权—士绅关系中妥协和合作的终极立场。总的来说,如魏斐德(Frederic Wakeman)所说,尽管满人征服者与汉族合作者之间存在所谓"正反交杂的双重矛盾"(ambivalence)心态,但彼此还是取得了某种"相互适应"(mutual accommodation):前者需要后者的帮助以儒家符号统治中华帝国;后者依赖前者的力量获取和保障他们自己的利益,并施展他们的政治抱负。② 在这种有博弈色彩的交易中,清朝统治者恢复公共安全环境,在一定程度上保障了士绅的权益,重建了他们通向仕途的阶梯。

士绅对帝国权力的依赖揭示了他们独立自主性的缺乏。于是,不难理解在晚明士绅社会里发生的许多富有革新性的事情何以没有导向任何结构性的、实质性的变迁,而明清王朝更替最终也

---

① 顺治二年(1645),清廷颁布诏令,允许外逃的士绅、田主返乡:"回籍乡绅,俱准赦罪","准给故业"。《清世祖实录》卷18,顺治二年六月辛巳,《清实录》第3册,第158页。
② [美]魏斐德:《洪业——清朝开国史》,第13—14页。魏斐德指出了汉族士大夫在这场交易中付出的代价,即放弃了某种理性自主和道义上的承诺,致使道学家变成了御用文人,政治领袖转化为朝廷官僚。

没有走出传统意义上"王朝循复"的"周期律"。在这个公式内,清政权只是完成了从暴力闯入者到帝国制度传承者的角色转变。① 对这个问题的理论探讨,将在结论一章进一步展开。

(二)清初以来士绅势力的颓势及其清末复兴

一旦社会秩序稳定下来,清政府便很快削剥了士绅的特权,如顺治十四年(1657)废除士绅家庭的赋税豁免权,约束地方团练的规模和自主性。士绅在地方社会中的权威开始衰退。② 总的来说,因为国家政权对地方社会或者说士绅施加了种种苛严的束缚,政府官员在地方社会的影响力剧增。如志书所反映的,在清代的济宁,深刻影响基层社会的是帝国官员,如知州吴柽、徐宗幹、卢朝安等人。③

政府的功能在城市比在乡村僻壤更为有效,地方官员在城市生活里施加更为深刻的影响。地方志通常格外彰显在移风易俗上

---

① 顾诚认为清军刚刚占领北京,"在大顺和清争夺天下的抗衡中","汉族地主阶级"的取向非常关键。而大顺政权的"追赃助饷",使各地官僚地主"如罹汤火",加之大顺军败于山海关和丢失北京后,官僚地主迅速由观望、忍耐、逃避转为武装"叛乱";而稍后"以满洲贵族为主体的清廷,在很短的时间里便能在黄河流域站住脚并且进而推行征服全国的事业,其最主要的因素就是它得到了北方汉族地主,特别是这个阶级中最有权势的阶层——官绅地主的支持"。顾诚:《明末农民战争史》,北京:光明日报出版社,2012年,第265—268页。
② 参阅李成珪的相关论述。I Songgyu, "Shantung in the Shun-Chih Reign: The Establishment of Local Control and the Gentry Response" (Part Two), trans. by Joshua A. Fogel, *Ch'ing-shih wen-t'i*, vol. 4, no. 5 (June 1981), p. 19.
③ 其中徐宗幹声誉最高:"论者百余年中济之循吏,以宗幹为第一。"(清)王赓廷修,邓际昌纂:《济宁州乡土志》卷1《政绩》。

有所作为的官员。例如,担任济宁知州达14年之久的吴柽,任期之长异乎寻常。他勤于政事,力行教化,曾"以上谕十六条,编为弹词,教朦瞽十余人,分散城市、集镇,朝夕讽诵,愚民为之感动,至今济人宝其书如珍璧。在任十四年,卒于官"。① 同时,鉴于济宁士绅队伍的庞大和潜在影响,地方官仍需紧密地与这些地方精英合作,以取得他们官宦生涯的成功。

18世纪末,清王朝衰退的迹象显现。至19世纪上半叶,民变蜂起,中央政权在地方上出现失控,不得不对各地武装自卫采取默认甚至鼓励的态度。19世纪中叶以来,中央集权在内忧外患中急遽衰微,士绅势力却迎来了复兴的黄金时刻。

在太平天国和捻军的兵锋面前,八旗和绿营兵无能的境况,迫使清廷谕令战乱地区退职或休假返乡,甚至依旧在任的官员在其家乡地区组织团练。清中期以来,济宁最大望族孙家的京官孙毓溎、孙毓汶,以及冯德馨、车克慎等在济宁和山东西南部一带组织团练。② 冯德馨(1801—1868;1823年进士)曾担任湖南巡抚,1853年被朝廷指令回济宁原籍招募团练。③ 官至工部侍郎和内阁大学士的车克慎,于1850年返乡为父守丧。咸丰三年(1853),咸丰帝

---

① (清)胡德琳、蓝应桂修,周永年、盛百二纂:《(乾隆)济宁直隶州志》卷22《宦迹下》,第36a—36b页。
② (清)杨士骧等修,孙葆田等纂:《(宣统)山东通志》卷172《人物志第十一》,第35a—43a页。
③ (清)杨士骧等修,孙葆田等纂:《(宣统)山东通志》卷172《人物志第十一》,第33a—33b页。

命令车克慎在济宁老家就地督办团练,[①]两年后署其兵部右侍郎。[②]

尽管地方武装的省、府、州一级主管多是返乡的官员,基层的团练首领很多却是没有官衔的士绅,他们的行动更多地源于地方本位。晚清士绅在领导地方民兵组织中权威的扩张似乎再现了晚明时的辉煌,而且不单是在更大的范围上,还预示着士绅社会里某种地方独立性"自治"趋势。士绅武装力量复苏的新一轮地方主义巨浪,哺育出晚清时代的政治分权势态。[③] 不同于以往政权更迭的故辙,清末国际环境因素所启引的社会政治变化超出了王朝政治的藩篱,两千年之久的帝制及传统社会走向衰亡。

关于明清时期以城市精英为主导的地方社会的故事,至此告一段落。然而,对故事的后续——地方传统的延续与变异的关注,将使我们以比较的眼光辨析不同阶段的性质有别的地方主义。

三、地方传统的延续与变异

本书主体讲述了大约从明中叶起,济宁士绅在地方公共生活

[①] 《清文宗实录》卷86,咸丰三年二月辛丑,《清实录》第41册,第128页。
[②] (清)杨士骧等修,孙葆田等纂:《(宣统)山东通志》卷172《人物志第十一》,第33b—34a页。
[③] 孔飞力将19世纪中期以来地方精英的崛起视作导致后太平天国时代帝国结构决定性变化的主要因素。他讲道:"太平天国期间的地方军事化影响了州县一级中国管理体系的性质,改变了地方政府与士绅的关系,这一趋势一直持续到民国时期。"[美]孔飞力:《中华帝国晚期的叛乱及其敌人:1796—1864年的军事化与社会结构》,第202—223页。

中的霸权及与国家既矛盾又调和的复杂关系。城市精英在文化、社会和政治等公共空间的活跃是济宁地方政治生态极为亮丽的特色,在晚明臻至顶峰,这有别于山东以及中国北方的其他大多数城市。但从清初之后,士绅所代表的地方势力受到政府的管束、压制,在全国范围内都趋于沉寂,长达两个世纪之久。

这种状况在19世纪中叶开始骤变。许多学者都指出,太平天国事件的一个副产品是在战争中获得军政权力的士绅所代表的地方主义的复兴,他们充分运用刚刚获得的权势在地方治安、社会救济、教育改革、工商实业和地方自治等广泛的领域一展宏图。于是,地方社会的势力在公共空间里迅速扩张,国家权力日渐萎缩。① 在济宁,这种新形态的地方主义活跃在清末新政和民国初期兴办实业的社会、政治革新的时期。

在近现代中国,与西方资本主义所牵引的沿海城市经济的迅速崛起相反,许多内陆城市和市镇急剧衰落,而济宁是个例外。在清朝统治的最后十几年里,尽管中央权力在持续消损,济宁精英及民众却努力采取一些措施阻滞了他们城市的衰退,奠定了当地现代化的基础。继而在民国前期,济宁为了生存和发展进行了富有成效的现代化城市转型。但是,内地"向西方学习"这种富有特色的轨辙,在1938年初日寇占领后中断。②

---

① 可参阅冉玫铄的综述。Mary Backus Rankin, *Elite Activism and Political Transformation in China: Zhejiang Province, 1865—1911*, p. 3.
② 本部分关于1840年代初到1940年代末的详细叙事,参阅孙竞昊《清末济宁阻滞边缘化的现代转型》,《清华大学学报(哲学社会科学版)》2010年第1期,第27—37页;孙竞昊《在腹地构建现代城市性:民国前期济宁的演变(1912—1937)》,《清华大学学报(哲学社会科学版)》2016年第5期,第140—154页。

第六章　济宁城市的沉浮与地方精英的命运

(一)清朝末期阻滞边缘化的现代转型

19世纪50年代初,在山东西南部长达700余年的黄河河道开始北移。至1855年,黄河终于一改从山东南部进入淮河水系入海的历史,经山东北部东流汇入渤海湾。除了急剧恶化的自然条件,太平军1853—1855年的北伐摧毁了包括临清在内的众多运河工商重镇,并点燃了此起彼伏的北方战火。之后,捻军和其他武装暴动继续蹂躏大片北部运河地区和黄河下游地区。① 随着运河设施的败落、漕运的中断、清朝中央集权的式微、东部沿海以西方因素为导引的工商业的崛起和扩张,济宁同整个北方内陆运河地区一起急剧衰退,并在山东乃至全国经济的层级体系中迅速向边缘位置滑落。然而,与临清和其他内陆运河城市的命运不同,济宁作为一个城市个体并没有完全没落。

本节描述济宁人士在时代大嬗变之初如何理解、回应这种变化和他们努力的初步结果;通过对地方政治—经济生活里若干具有标志性的事件和现象的回顾并与其他北部运河城市比较,论证济宁开明的士绅精英群体的积极作为有效地抑制了城市的衰退。

1.大运河的衰败与济宁的困境

大运河的衰落不是一件突发的事情。清廷在1901—1902年的

---

① 鲍德威谈到捻军起义平息前山东西部继续骚乱的局面:"到1867年捻军被最终彻底镇压,占山东一半面积的内陆地区在近20年间中,都被持续不断地卷入了与各种起义有关的战争之中。"[美]鲍德威:《中国的城市变迁:1890—1949年山东济南的政治与发展》,第22页。

诏令不过最终宣告了运河作为官方漕粮和其他贡物的运输通道的结束。更重要的是,清廷逐步减少并最终放弃依赖运河的经略方针的过程,与全国经济结构发生的前所未有的变化紧密相关。漕运曾在明清帝国政务中占据十分紧要的位置,但是19世纪中叶以来的国内、国际形势的变化迫使中央政府做出一系列因应措施,这深刻地影响了包括济宁在内的沿运地区。

从19世纪中叶起,清政府开始从内地的水利、水运和其他公共基础设施里抽身出来,直至半个世纪后废止漕粮的征收和转运。对山东西部沿运各地区来说,尽管日常的运道简单维护在和平时期大体上能持续下来,可缺少了原先来自中央政府的充足资金,地方政府无力有效地保证水源、控制水势,城乡经济迅速地走下坡路。运河衰落后,与运河相关的其他水利设施多被废弃,这加速了山东西部黄河、运河、湖泊聚集地区的生态系统的严重恶化。① 济宁士绅积极行动起来,他们竭力游说官府重视当地的水利工程。1891年,东河衙门勉力拨出一部分经费,特设"河防局",以应付紧急情况。② 相对而言,济宁的境遇要好于大多数北方沿运地区。尽管沟通南北的大运河中断,但是济宁段的运河水资源还是十分丰富,足以支持局部性船运。事实上,济宁南抵江苏北部的运道一直畅通。因此,济宁的地方经济虽然失去了广阔延展的契机,但尚可以在一定的区域范围内往来循环。在1912年南北铁路大动脉及现代公路出现前,济宁段的运河仍是货运最主要的通道。

---

① 吴琦引述岑仲勉《黄河变迁史》的统计数据:在1863至1904年的42年间,黄河在山东境内49次决口。吴琦:《漕运与中国社会》,第83页。
② 李继璋:《济宁直隶州拟稿·山川志上·河渠》。

但整体而言,正如彭慕兰指出的,晚清时期中央政府的关注点已经从内地转移到现代实业肇始的沿海及首都,其救亡图存的"准重商主义逻辑"(quasi-mercantilist logic)压倒了先前以富庶地区资助贫瘠地区为主要宗旨的社会再生产和再分配结构。治水预算被大大消减,节省的款项用于偿还借贷和战争赔款、修筑铁路、训练新军以及其他"现代化"项目。在山东省,以运河为枢纽的发达的城市与区域网络被打破,与之相对应的是受西方启引的新工商经济在东部沿海地区的崛起。烟台、青岛、龙口的开埠带动起东部沿海地区的经济,在山东省独占鳌头,并成为全国新的经济中心之一;内陆的运河地区则因变成偏远的腹地而衰退。彭慕兰观察到:山东西部旧有的系于运河的经济纽带松落,进而有向沿海城市联系并汇入其市场体系的趋势;然而,在一些内陆地区,曾经由帝国政治—经济模式主导的被打破的旧经济格局,可能无法被新式市场经济体系成功替换,中断和裂变亦是转型中的常态。[①]

从总体上看,历史上以运河为贸易通道、趋于南方取向的山东西部经济模式,在东部涌来的大浪潮下,正在发生结构与取向的变迁。明清时期山东省以济宁、临清、西部运河带为中枢的中心—腹地层级结构发生着根本性的转变。济宁不可避免地沦为边缘腹地位置。(图三十二)济宁原来在全国作为一个经济枢纽的地位荡然殆失,其对山东西南部的经济辐射力也大不如前。也正因为缺少一个可以整合、协调区域经济的中心城市的向心力,山东西南部在以东部沿海为中心的现代经济的结构和环境里,变得支离破碎。

[①] [美]彭慕兰:《腹地的构建:华北内地的国家、社会和经济(1853—1937)》,第3—5页。

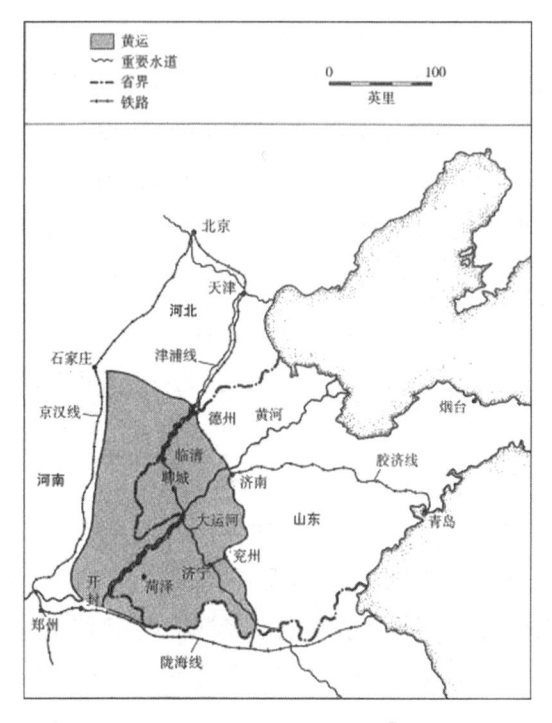

图三十二　华北的黄运①

2.阻滞边缘化与调整地方经济取向

  边缘化成为北部运河区域的共同命运,但各地在时代巨变中做出的不同反应产生了不同的结果。济宁在全国市场贸易体系中的没落无疑会导致经济倒退,然而在清末二十几年里,士绅、富商等地方精英与地方官员合力制止这一倒退趋势,并开启了地方经

---

① 引自[美]彭慕兰《腹地的构建:华北内地的国家、社会和经济(1853—1937)》,第48页。

济的现代转型。鉴于济宁因运河而兴的历史经验,士绅精英们认识到正在兴起的新式运输业对经济发展的意义,期盼自己的城市能跻身现代交通网络,故而积极投身于作为现代化经济基础设施的铁路和公路系统的建设。① 当时德国凭借特权于1904年修建了连接青岛—济南的长达412公里的胶济铁路,便利了山东境内沿海与内地的联系。②

发生在1907—1909年的"争路风波"在济宁现代转化过程中最引人注目。从天津到浦口的长达1013公里的津浦铁路在1908年7月动工,1911年11月竣工。这一贯穿中国南北的大动脉由清政府从英国和德国贷款,雇用德国工程师修筑,其中有420公里的路段经过山东境内。③ 早在工程筹划阶段,围绕山东西部路线选址的问题就出现了激烈的争论。德国由于享有开采铁路沿线矿产的特权,迫使线路经过矿脉丰富的曲阜、滋阳城(兖州府府治)和邹县一带,而这个方案忽略了长期作为区域中心的济宁。从1907年开始,济宁士绅和本籍京官竭尽所能,想要争取主干线从济宁穿过。地方精英们认为铁路修建的唯一目的是发展实业,因此必须经过人丁繁茂、交通畅达、工商兴隆的都市地区,济宁则是当仁不让的。几次上书未果后,他们在1908年春天组团进京到邮传部等中央部门游说,年轻的举人潘复在这次请愿中一举成名,这为他以后官场生涯奠定了基础(潘复在1927年担任北洋军阀时期的末代总理)。

---

① 之前贯穿山东东西的驿路已不能承担现代运输工具。全省的现代公路网络则是发轫于20世纪20年代。庄维民:《近代山东市场经济的变迁》,北京:中华书局,2000年,第133—138页。
② 庄维民:《近代山东市场经济的变迁》,第85页。
③ 张玉法:《中国现代化的区域研究:山东省,1860—1961》上册,第485页。

当时济宁籍的进士杨毓泗任职翰林院,他联络同乡京官集体上书,争取以济宁取代兖州作为铁路通过之地。经过力争和协商,尽管他们没有如愿,但仍获得了修筑一条将济宁接通到津浦线支路的承诺。① 1912年,穿过济宁的兖州—济宁支线与津浦干线同时通车。② 兖州—济宁线投入使用后不久,通过济宁的货运量每日可达700到800吨。火车站附近的新兴市场不久成为山东西南地区的货物集散中心。《(民国)济宁县志》描绘了济宁四通八达的交通网络:"湖泊环绕,轮轨交通……运河环之,以达于江南";兖济铁路把济宁与津浦干线连接起来;长途公路西抵曹州。③

由于运河水道可以南达江苏,加之江南四通八达的水陆交通网络,济宁继续保持着与长江中下游的经济联系。尤其在1912年津浦铁路开通后,济宁直接从上海而不是原来的运河都市扬州和苏州接受现代技术和资本。同样由于铁路的作用,济宁与正在迅速崛起的沿海城市天津、青岛、烟台的商业、社会联系得以加强。与济宁曾同为运河城市的天津发展为中国北方最大的现代工业、金融、商业尤其是对外贸易的中心,影响着包括济宁地区在内的整

---

① 这一事件详见(清)潘复《争路小纪》,载潘守廉修、唐烜、袁绍昂纂《(民国)济宁县志》卷2《法制略》,第56a—60a页。
② 袁静波:《"兖济支线"与"济宁火车站"修筑小史》,济宁市总工会工运史研究室编:《济宁工运史资料》第1辑,未刊稿,1987年,第121—124页。
③ 潘守廉修、唐烜、袁绍昂纂:《(民国)济宁县志》卷1《疆域略》,第1a—2a页。山东西南部的两条主要长途公路分别修建于1923年和1924年。

个大华北地区。①

3."自治"实践与地方政治、社会生态的演化

中国开埠以来,山东西部对外来文明的侵袭表现出反应迟缓的惯性,东部沿海城乡则利用区位优势尽情吸纳西方的商品、组织和观念。然而,济宁士绅的文化和政治心理习惯使得他们的表现非同一般。纵然革命、共和的观念没有多大市场,却存在对议会政治的热衷现象。履践"地方自治"理想的山东各级咨议机构迄至1908 年大体上筹办成形。② 1909 年 10 月,山东省咨议局正式成立,共有 103 名议员,杨毓泗被公选为议长。③ 次年,济宁的两位州县代表赴济南参加山东省自治研究所。1911 年,州参议会和众议会成立,④自治公所及其分支机构也在城区和辖县建立起来。⑤ 具有高度文化修养的地方精英对议会政治的渐进主义的热衷体现了济宁城市社会开通和温和的传统。东部沿海则在社会大转变中快

---

① 据贺萧(Gail Hershatter)估计,到 20 世纪 30 年代,天津的对外贸易量已仅次于上海。参阅[美]贺萧《天津工人,1900—1949》,许哲娜、任吉东译,天津:天津人民出版社,2016 年,第 38 页。几种因素促成了这一结果。依照刘海岩关于现代中国北方变化着的交通条件和区域城市重建的关系的研究,天津发达的铁路和公路系统为其成长为新的大区域中心开拓了广阔的腹地。相比而言,烟台对内地的影响较小与其不够便利的交通条件有关。结果是,天津和青岛在内地竞争腹地。参阅刘海岩《近代华北交通的演变与区域城市重构(1860—1937)》,载刘海岩主编《城市史研究》第 21 辑,天津:天津社会科学院出版社,2002 年,第 24—48 页。
② 参阅张玉法《中国现代化的区域研究:山东省,1860—1961》上册,第 433—467 页。
③ 安作璋主编:《山东通史·近代卷上册》,济南:山东人民出版社,1994 年,第 297—300 页。
④ 潘守廉修,唐烜、袁绍昂纂:《(民国)济宁直隶州续志》卷 1《五行志》,第 13b 页。
⑤ 潘守廉修,唐烜、袁绍昂纂:《(民国)济宁直隶州续志》卷 5《建置志》,第 26b 页。

速地前进。1910年对省议员的一则新闻评论折射出这种区域性差异:"东三府(议员)多主张激进,西七府(议员)多主张保守。"①

19—20世纪之交以来,越来越多的中国年轻知识分子留学日本和欧美各国。他们的学成回国改变了原先以士绅为主体的地方精英结构。年轻一代知识精英更适应时代趋势和政治现实。在济宁籍的日本留学生中,李汝谦在清末民初成功的政治生涯很值得体味。他刚取得生员后,科举制度便取消了,于是便远渡东瀛研习政法。在学成回国后,李汝谦步入仕途,颇有一番吐故纳新的作为,不断得到升迁,还在1912年担任了民国肇始的首任泰安知府。②

与经济和政治领域相关联的是城市文化、生活领域的变化。20世纪80—90年代,不少老人为当地《文史资料》撰写的回忆录大多是对民国时期的描述。不过,给生活带来波澜的新鲜事物很多始自洋务自强时期,这些事物构成了隽永流传的连续性地方记忆。其中,西方传教士和他们建立的教堂、医院、学校、图书馆和教友组织形成了济宁社会新陈代谢中的另一种力量。济宁城市对多元、多色彩文化宽容、接纳的良好人文环境为西学、西教的楔入提供了广阔的空间。这意味着济宁在逐渐融入国际化的浪潮,人民拥有更多的生活、知识、价值和信仰上的选择。

---

① 《民主报》,宣统二年(1910)八月二十七日。转引自孙祚民主编《山东通史》,第650页。东三府指登、莱、青三府;西七府包括济、东、泰、武、曹、兖、沂七府。
② 之后,在兵荒马乱的北洋军阀时期,与清高的旧士绅不同,他不断地寻求公共职务,在20年代中期担任过黄县知事,也曾在北京的中央政府供职。其书画、收藏、烹饪闻名一时。参阅孙嗣东《李汝谦先生轶事》,手稿,济宁市政协文史委资料室藏;孙竞昊《〈最后的秀才〉所发现的历史信息和引发的历史想象》,《中华读书报》2019年5月15日,第15版。

从地方的社会与政治生态上看,分权理念下各级政府立宪政治上的"自治"(self-government)建设,逻辑上无疑指向城市"公民社会"的现代地方独立性"自治"(autonomy),尽管两者不能混为一谈,而且在实践上也并不尽然相同——在各地的效果不尽一致。这个问题是近二三十年来关于清末民初政治变革讨论的一个热点。

(二)民国前期在腹地构建现代城市性

民国前期,虽然政局变换频仍,社会动荡不安,但济宁为了生存和发展进行了富有成效的现代化转型。与中国北方多数城市情形不同,济宁精英和民众积极引介现代商品、技术、文化和政治制度,又保留了许多旧有的因素和习惯,区别于那些受现代或西方势力支配的通商口岸。

1.地方权力关系与社会结构转变

清朝政权的崩溃导致济宁在帝国中特殊地位的结束,其持久的安全与繁荣也随之消失。1913年,它成为省级以下岱南道的辖域,名为济宁县。次年,岱南道更名为济宁道,济宁城是道和县政府的驻地。[1] 1928年,"道"这一中级行政级别被取消,济宁与其他

---

[1] 济宁市地方史志编纂委员会编:《济宁市志》,北京:中华书局,2002年,第1932页。据张玉法研究,在济南道、济宁道、东临道、胶东道下,共有107个县,再加上济南道下的济南府。民国初期,道作为中间一级行政单位没有任何实质意义;除了没有下辖县级单位的作为府的省会济南,县是省直接统属的基本行政单位。张玉法:《中国现代化的区域研究:山东省,1860—1961》上册,第323页。此外,据《(民国)济宁县志》记载,县城划分为四隅,近郊区域被划分为六区,农村地区划分为九个乡区。潘守廉修,唐烜、袁绍昂纂:民国《济宁县志》卷2《法制略》,第2a—6a页。

县一样归入省级以下行政单位。① 同年4月，随着北伐军的推进，国民党在济宁建立了党和政府的各层组织，这样就把济宁和山东归于南京中央政府统治之下。从1930年开始，新来的军阀韩复榘（1890—1938）作为山东省政府主席实际上控制了山东，直至1937年末被日寇攻陷。韩复榘统治阶段带来了相对持续稳定的现代化，但地方上的政治活动受到严格限制。这种政治特性体现并塑造了济宁的现代化进程。

一些有影响的济宁籍人士仍积极参与到国家政治生活中。他们试图运用自己的地位或声望照顾和重塑他们的家乡，对当地政治和经济产生重要影响的潘复和靳云鹏（1877—1951）即是例证。靳云鹏来自济宁附近一个贫穷的乡村家庭，早年在城外南关做过杂工，但加入袁世凯的天津小站新军训练营改变了他的命运。1912年，他驻军山东，会办山东军务。翌年代理山东都督，督理山东军务。1919年到1921年间，靳云鹏三次在北京出任总理。1921年12月末辞职后，他像潘复一样住在天津英租界，从事工商事业。作为结拜兄弟和姻亲，靳云鹏和潘复不仅在政治上相互配合，也一同在济宁和山东西部投资和经营企业。他们的经济活动通常是与济宁或山东的当地企业家合作的，也经常从北京、天津和上海邀请有实力的政客和企业家加入，并帮助济宁当地政府、团体和个人与之建立联系。早在1915年，靳云鹏就是济南陆丰棉纺厂的合伙创始人之一。他在家乡济宁投资了电灯公司和面粉工厂。从1908年

---

① 济宁市市中区地方史志编纂委员会编：《济宁市中区志》，第66页；山东省济宁市地方史志编纂委员会编：《济宁市志》，第133页。

到1926年,他先后投资了二十多个企业。①

尽管如靳云鹏和潘复这样的一些济宁人在民国初期获得一时的显赫地位,并因此给家乡带来了政策上的优惠和公众的关注,但这种情况并没有持续多长时间。从全省的政局来看,山东西部的影响减弱。而来自山东东部的个人和团体凭借新的、更强劲的经济实力逐渐在省级政治舞台上占得先机。《(民国)济宁县志》的编纂者感叹:"济宁人文蔚起,甲于他郡。国体变后,二三遗老大率皆闭门敛迹,不与人间事。间有出为世用者,又中道而陨,不克大显。"②

但是相对而言,面对咄咄逼人的军阀欺凌和现代官僚国家的渗透,济宁精英中的年轻一代积极培育他们与省级政府和其他新政治权力资源的联系,努力实现自己和他们城市的诉求与利益最大化,从而改变地方政治格局。作为新时代里主要靠实力而非道德竞争的结果,商人和新工业资本家崛起为最重要和最具影响力的精英力量。③ 这些新的精英及其非政府组织反映了社会经济结

---

① 《北洋政府总理——靳云鹏》,山东省济宁市市中区政协编:《文史资料》第12辑《济宁老照片》,第86—87页。鲍德威还指出靳云鹏和潘复的例子:因为他们在北京的内阁或社会组织中占据着非常重要的位置,从1917年开始靳和潘设法从国家预算分配大量资金到山东西部。1921年"鲁"境项目集中在发展他们的家乡济宁。退出仕途后,靳和潘借助他们的社会和政治资源进行大规模的工商业投资。参阅[美]鲍德威《中国的城市变迁:1890—1949年山东济南的政治与发展》,第97—99页。
② 潘守廉修,唐烜、袁绍昂纂:《(民国)济宁县志》卷3《法制略》,第8a页。
③ 冉玫铄强调"商业化刺激了官僚机构以外的社会组织",例证是"19世纪贸易公会和地方社会组织增多"。Mary Backus Rankin, *Elite Activism and Political Transformation in China: Zhejiang Province, 1865—1911*, p. 7. 此外,杜赞奇(Prasenjit Duara)在他的华北农村研究中,将其注意力转向"劣绅"(local bullies),在传统精英退出与逃离公职后,他们通过"暴力"统治了乡村。[美]杜赞奇:《文化、权力与国家:1900—1942年的华北农村》,王福明译,南京:江苏人民出版社,2008年,第180—189页。

构的变化。1920年的《山东各县乡土调查录》显示:济宁"企业思想,异常发达,绅商各界,复知致力于工商事业"。① 他们的能量源自其经济活动,但他们在政治问题上倾向于合作方式。成立于1908年7月的商会体现了他们的权力,作为一种新式商人组织,它受到西方模式的驱动和政治当局的支持,在经济、社会和政治领域里发挥着比传统的同业行会、会馆等组织更深、更广的作用。在济宁,尽管不得不面对众多强大的军事和政治势力,富有竞争精神的资本家还是试图借助商会掌控地方权力。所谓"四大金刚"吕德振、王宗禄、刘庚勋、刘汝严陆续执掌商会会长和其他公共职位。他们作为新式商人和工业资本家控制着济宁的重要商业门类,支配着当地及周边地区市场体系。②

在清亡后的十年中,济宁地方精英的角色有一个明显变化,即一些归国留学生和新式教育毕业生开始出现。与此同时,新兴的"市民"或城市职业者开始进入公共事务的领域。此外,与规模小的王朝衙门相比,规模大的民国党政官僚机构也产生了一批现代公职人员。城市里出现了各种组织、协会,但正如先前所显示的,虽然它们被定义为民众组织或志愿组织,但大多数是由国民党的党国机器所支持。萧邦奇指出,"对于地方精英而言,这些由政府扶持的机构为他们提供了更多的地方自治权。这些机构为精英们提供了一个框架,在此之中,精英们得以齐聚一堂并决定一系列地

---

① 林修竹主编:《山东各县乡土调查录》第2卷,上海:商务印书馆,1920年,第64页。
② 王同:《济宁的商会简况》,山东省济宁市市中区政协编:《文史资料》第10辑,第296页;山东省济宁市政协文史资料委员会编:《济宁运河文化》,第135—137页。

方或行业事务"。① 在政府的督导下，他们有效地组织了社会和政治活动，如禁止鸦片走私和吸食的宣传、收回利权运动、学生抗议，以及反对缠足、争取平权教育的女性运动，等等。与这些活动相关的集会通常由新社团组织，这也进一步鼓励了这些组织的成长。1928年，济宁县总工会成立，搬运、船员、木业、梨园等18个职业工会也陆续成立。② 工会使得工人的反抗和罢工变成有组织的行动。根据记载，从1928年到1933年，每年都会发生由工会组织的罢工，并取得一些成功，其中，振业火柴公司的三次罢工是最有影响力的，预示着来自城市工人阶层的声音和力量不断加强。③

富有的商人和企业家晋升至领导地位，城市精英队伍的变更反映了民国前期的新趋势：经济实力转化为社会政治权势。与此同时，日益增长、成长的广大市民阶层的新式活动和现象，在新的制度下大都被体制化了。正如周锡瑞和冉玫铄所说："商会、实业局、教育协会和新的志愿协会"，连同"自治"性质的咨议和行政机构等各种正式或非正式的代表机构，赋予了精英合法影响地方社会的机会。④ 伴随着他们对地方自治的觉悟，精英不仅从事旨在促进社会融合的传统慈善活动和公共事业，而且通过制度改革和社会动员追求政治和社会目标。

---

① [美]萧邦奇：《中国精英与政治变迁：20世纪初的浙江》，第10页。
② 山东省济宁市任城区地方史志编纂委员会编：《任城区志》，济南：齐鲁书社，1999年，第13页。
③ 济宁市总工会工运史研究室：《济宁工运史资料》第1辑，第27—36页。
④ Joseph W. Esherick and Mary B. Rankin, *Chinese Local Elites and Patterns of Dominance*, p. 14.

2.新城市景象里的连续性和变革

作为一个内地城市,济宁向现代城市的过渡表现出哪些特征?济宁居民产生了什么样的关于城市现代性的愿景?在现代转型中,不同社会因素的各自角色是什么?城市在被重塑过程中对其原有的性格及其未来趋势产生了什么影响?下面的叙事将展现变化中的济宁城市社会。

其一,议会与自治实践。从19世纪晚期,胶东沿海地区在吸收西方的商品、体制和思想上占据着优势,而山东西部腹地则反应缓慢,表现出迟滞性。然而,济宁士绅的政治心理相对于其他山东西部地区是不同的。在晚清时代的济宁,共和革命获得了某些支持,但更引人注目的是如前所述的国家和地方精英所合力促成的立宪运动,这样的主旋律在民国初年延续了下来。从省到区的宪政机构、州一级的议会组织、辖县的自治公所等相继成立,彰显出济宁由来已久的开放与自主传统,使其在新时代沿循了进步性的走向,但其温和渐进的宪制主义与东部沿海地区的社会转型呈现出日益激进的基调形成鲜明的对照。虽然这些代议制民主实践鼓励了当地政治和社会环境中的现代自由主义,但在这个动荡的政治过渡的时代,其生命力太过孱弱,这是因为济宁及中国其他地方缺乏正常生存的基本保障。地方议会选举带来了日常生活中新的社会政治模式,也带来了更多的政治竞争。而在当时全国割据纷争状态下,无论是各路军事武装短暂的占领、暴虐军阀的霸凌(如张宗昌1925—1928年间长达3年的"祸鲁"),还是地方强人相对稳定的政治高压(如韩复榘1930—1937年的威权统治),地方政治的斗争往往都被外在的强权裹挟。总的来说,如在山东和华北的大多数其他城市的情形一样,在济宁发生的公民生活和政治实践不得不慑服于政治权力。然而,政治压力没有完全遏抑住城市里"公民社会"的生长——这主要是由市场经济和文化现代化的发展所致。济宁所展现出的城市生活就是这样一个社会政治的"马赛克"。

其二,新式学校和大众教育。在《(民国)济宁县志》的"例言"中,编撰者宣称:"教育、实业为现今政令所最重。"[1]据县志中反映的新观念,现代教育是救亡图存的基础。建立新学校的浪潮使得县志编撰者兴奋地联想到远古辉煌的"三代"的复兴。政府、社会组织和个人都是新教育团体的发起者。经过数次易名而在1924年定名的县教育局,是官方教育事务机构。公立学校中,有中级教育的省第七中学;职业类有附带工厂的工业学校、商校、农学和水利学校;1920年代还有十几所高级小学和超过二十所的初级小学。此外还有一些私立小学,其中的两所学校只招收女生。在九所由传教士办的外国学校中有两所中学,一个师范学校,四个女子中学。[2] 县志还记载一些从济南、北京、江苏等地的高等院校的毕业生,以及从美国、日本和欧洲归国的留学生。[3] 同时,在大众和成人教育方面,各式各样的半官方的和辅助性的社会组织也在发挥着效力。如教育会、演讲会、通俗图书馆、民众教育馆等组织的成立,

---

[1] 潘守廉修,唐烜、袁绍昂纂:《(民国)济宁县志》卷首《例言》,第1b页。
[2] 潘守廉修,唐烜、袁绍昂纂:《(民国)济宁县志》卷2《法制略》,第34a—41b页。
[3] 潘守廉修,唐烜、袁绍昂纂:《(民国)济宁县志》卷2《法制略》,第41a—42b页。

皆致力于启蒙民众和改良社会。① 换言之,新式教育在济宁造就了较高的识字率和良好的文化环境,改变了当地精英社会的构成和城市文化氛围,普通市民在城市中的重要性亦在上升。但值得注意的是,新式学校及其他新式教育机构,由政府兴办或资助,这反映了国家在教育领域的渗透与影响。

其三,新旧金融市场、商业和工业。金融和商业机构在济宁城市经济中发挥了至关重要的作用。韩复榘治理时期的省政府为当地的经济发展投入大量的资金,还发行公债。② 国家和省级银行在济宁设立办事处和分支机构,同时这些机构还作为山东西南部的区域性总部。③ 私人银行也兴旺起来。"四大金刚"家族均投资老式和新式银行、典当行以及其他金融和高利贷机构,以积累和扩大资本。据不完全统计,从清末的最后几年到1949年间,有41间私人银行运营。④ 为了推动和协调银行交易,钱业公会和钱业公所建立了起来。⑤ 外国金融业务也进入了济宁,买办一直都是城市里

---

① 济宁市中区地方史志编纂委员会编:《济宁市中区志》,第588—589页;袁静波:《简述济宁三个时期的民众教育馆》,济宁市政协文史资料委员会编:《济宁文史资料》第9辑《济宁教育要览》,1992年,第71—74页。

② 根据鲍德威的说法,晚清和民国初年的政府银行大力支持了济南和山东其他城市的现代化。参阅[美]鲍德威《中国的城市变迁:1890—1949年山东济南的政治与发展》,第62—63页。

③ 邵伟恩:《济宁建国前的金融业》,政协济宁市委员会文史资料研究委员会编:《济宁文史资料》第4辑,第131—141页。

④ 此外,一篇回忆录反映出私人银行发行的钱票的信用在当地市场的影响力。参阅袁静波《济宁"利济钱票"充斥市场见闻》,政协济宁市委员会文史资料研究委员会编:《济宁文史资料》第3辑,1987年,第103—105页。

⑤ 潘守廉修,唐烜、袁绍昂纂:《(民国)济宁县志》卷2《法制略》,第43a页。

"富有"的人。① 总之,在20世纪的前几十年,济宁的工业化取得进展,商业继续繁荣,皆得益于与沿海和海外市场新建立起来的联系。传统的和新生的现代工业中那些精明的企业家,同旧式金融机构和新式银行中的商人、银行家,共同构成了济宁现代资本家阶级。如前所述,其核心成员在济宁控制商会,并日益成为济宁新的精英阶层的支柱。同时,官方介入现代经济还揭示了济宁地方经济和社会的依赖性。

其四,宗教与文化领域里的共存与协调。济宁位于沟通南北交通、通讯的大运河的中间位置,尽管儒家思想仍是主流,但多种社会文化性格在明清时期的济宁生根。从19世纪末开始,由于外国势力不断进入,宗教和文化领域发生急剧的变化,深刻地影响到济宁民众的日常生活。其中,传教士及其所办的医院、教堂、学校、图书馆和社团处于先导地位。在济宁及其邻近地区,没有出现与传教士的激烈冲突,这不同于山东西部陷入无休止的合法或非法的暴力冲突的一般情形。外国传教士和专业人士青睐济宁是因为其区域重要性,以及相对宽容的和稳定的城市环境,这在内陆地区不太常见。

在济宁的新面貌中,我们可以看到旧与新、国内与国外、本地区和跨地区的文化、经济、社会和政治因素的共存以及复杂的相互作用,这使得济宁居于一种中间位置。它既非沿海城市里那种占

---

① 彭慕兰从一封1925年的英美烟公司代理人的信中,获取到"关于各种现代商品的供应者为其在济宁地区的代理人提供的信贷(既有现金也有商品)"的相关信息。参阅[美]彭慕兰《腹地的构建:华北内地的国家、社会和经济(1853—1937)》,第103页。

主导地位的西方风格,也非内地城市里典型的传统保守主义。这种现代经验和模式表现出作为大运河城市的旧济宁的遗产——具有强烈地方色彩的、高度的文化融合特质。并且,城市居民温和的文化与社会性格从本源上有力地排拒了各种极端意识和行为的滋生和泛滥。

概言之,与通商口岸不同,这个内陆城市展现出了更具有中国色彩的现代化尝试,这与鲍德威笔下的济南颇为类似。这是很大程度上基于本土的动力规划现代化发展的城市,没有西方人的直接或压倒性的介入作为催化剂,展现出一条独特的中国内陆相对自主性的城市化道路。然而,济南由于其在国家权力强烈渗透时作为省会和更大范围的、更重要的区域军事政治中心获得了强有力的政治资源。相比之下,作为一个正在衰落的运河城市,济宁顽韧、有效的抵拒很大程度上取决于其精英和居民的"能动性"。济宁精英的文化底蕴和商业传统使他们很快在晚清以来东部沿海最先出现的舶来现代化中重新定位自己。尽管不同团体和个人的目的与利益不尽一致,但是世代更替中的济宁精英和新兴的市民,以及包括传教士在内的外来人群,都从不同的方向共同致力于这个城市的现代化建设,从而重新定义了其城市特性和地方认同。

济宁现代化的故事展示了其居民如何重塑自己的城市,避免在转变过程中倒向传统或者现代的极端。同时,济宁人不失时机地抓住了沿海袭来的新趋向,选择了一个中和的现代化方式,而不是像通商口岸城市那样的激烈西化。换言之,在现代化程式上,他们欢迎工业化和现代制度化教育,但也尽可能保持地方和中国本土文化传统。这种选择根植于其自身悠久的文化遗产,深刻地影响到当地的现代化经历。民国前期济宁的转折是一种妥协,而非与传统决裂,这造就了城市空间某些色彩斑驳甚至纷杂矛盾的表现和性格。这种方式在一个文化和政治混乱的时代可以更好地保证当地尽可能稳定地发展。

结论　济宁研究的理论和方法意义

在结论部分,首先,把前面章节的主要论述整合成一个主题层级结构系统,力求在学理上提炼出地方意义上的"济宁经验",扩充和提高对中华帝国晚期城市性的认识;其次,把该经验主义个案研究中的发现与当今学术界相关领域讨论中的几个重要议题、宏大叙事联系起来,检讨与地方社会史研究相关联的若干重要范式和论断;最后,也兼及这项研究对当下中国城市发展的鉴示。

一、"济宁经验":地方认同、城市性、国家权力

本书所描述和归纳的"济宁经验",包括其在中华帝国晚期独特的地方文化与社会性格,以及其作为北方运河城市的一般特征。它可以被构筑为一个中国被拖进西方主导的现代性框架之前,带有一定普遍性的城市形态和地方社会类型或模式。

本书研究中所使用的一个核心概念是"认同"(identity),即标

志一个地方的特质——这自然出自人们的认知,但人们认知的根据则是这个地方的特殊禀赋。济宁地方认同的内涵则是其城市属性——既指其特殊性格,也追寻其体现出的一般意义上的城市性。如导论中的相关学术史回顾所及,本书中的"城市"或"城市认同"(urban identity)从城市与乡村二元对立的角度取义,但在政治中心和市场经济中心的传统划分之外,还有不同类型和特色的城市。正如本书所展示的,中华帝国晚期存在经济功能发达的城市和市镇,且在文化、社会方面表现出多种多样的城市形态。

认同和属性从来不是僵化不变的,而是包含连续性和非连续性的。一个特定地方的独特性格与其自然条件密切相关,但自然因素并不会单独发挥作用。为什么在相同或相似的自然条件下,各个地方会发育出不同的地方特色?或者相反,自然条件不同的一些地方的社会发展会呈现相似的特点?同样地,为什么同一地方在不同时期可以表现出不同特点?例如,明清时期相邻的淮北、鲁西、豫东都遭受了频繁的洪水和其他自然灾害,在复杂的历史沿革中表现出很大的差异,但是异中有同,总结其规律,很大程度上源自人力的干预。所以说,一个地方的历史沿革不仅取决于自然环境,还取决于受当地文化传统所影响的社会环境,它们又与当地之外的各种社会性因素交互作用。这是因为人们会为了生存和发展、情感和兴趣乃至政治和军事目的而改变自然生态条件,也就相应地改变了原有的文化遗产,正如萧邦奇指出的那样:

> 人类的行为是在一个具体的空间里展开的。显而易见的是,人类不仅会与自然环境相互作用,而且还会与人为的环境

特征——譬如商业交换的模式、科技以及制度的发展——相互动,从而促进、调适并且引导变化。自然与人为环境影响着社会政治精英,而社会结构也反之被这些变化的精英与结构所改变。①

明清时期济宁的历史诠释了自然与人在不同群体、经济制度、社会结构、政治体制中的动态的相互作用及其后果。尤其是,本书的济宁故事与深刻改变广大地区自然条件的、作为国家重要战略工具的大运河连接在一起:其命运的起伏与大运河的兴衰密切相关,而致力于地方公共事务的士绅等城市精英在这一过程中起着至关重要的能动作用。本书即以运河为线索,追踪以士绅为主干的地方精英的踪迹,探究了济宁的地方认同及其体现的城市特性,将其与不断变化着的生态条件、文化传统、经济和社会结构以及具体生动的历史事件连缀了起来,从而建构起一种中国本土地方主义模式。

(一)独特的江南式城市性的塑造

明清时期的济宁具有鲜明的地方认同,或者说表现出一种独特的城市性,这首先与其特定的城市化道路相关——商业和市场经济奠定了济宁的城市基础。济宁随着明初大运河漕运与运河贸易的兴起而崛起。更具体地说,因为处于这条南北运输线中间点

---

① [美]萧邦奇:《中国精英与政治变迁:20世纪初的浙江》,第19页。

的关键位置,济宁在货物和其他资源的获取上占有优势。它的持续繁荣取决于运河正常的运行。这样的城市化道路由以运河为载体的南方性取向的市场经济所驱动,逾出了专注于特定地区内部自生性市场扩张的施坚雅模式。因此,本案例研究首先构建了一种城市化、城市形态和区域类别,其中交通条件对于地方与区域经济中心的形成起着决定性作用,从而使得诸多非当地的因素塑造了该地方特征。这种以运输和通信为动力的机制多少可以矫正施坚雅区域体系的规则性和刚性。

这种商业化、城市化路径重塑了当地的文化、社会构成和形式。即便不诉诸唯物主义论或经济决定论,也必须承认交通、通讯、贸易的活力。如果忽视这些和经济相关的因素,我们就无法理解城市文化与社会结构赖以矗立的基石。因此,我们应该明确地将济宁置于以运河交通为主动脉的全国范围内的贸易网络里,并充分注意经济和文化因素之间的动态作用,而不是试图确定谁"决定"谁。

一个地方的文化表象是其身份认同中最醒目的部分。历史时期的中国各地,包括南与北、东与西区域之间,存在显著的文化差异。济宁的经济繁荣也带动了城市文化的蓬勃发展。作为北方的一个城市,济宁却吸纳了许多来自南方的影响,并且在许多方面与江南有着文化和经济的紧密关系和相似之处。其他若干北方运河城市和市镇也或多或少带有这种色彩——这与中国北方大多数其他地方的一般情形不同。所以,鉴于济宁与大运河的关系,我需要重申:一个地方的认同或属性并不全然取决于其地理区位,还取决于其在与地方经济取向相关的交通网络中的位置。

为了解释济宁文化形象的建构,我强调了士绅精英的重要作用,这也是贯穿本书或明或暗的一条主线和主题旨归。他们与其江南同侪一样,通过文化展示、观光游览,有意识地塑造了当地城市形象和地方社会的性格。城市社会里士绅所主导的江南式的气质和心理,包括他们自己的经济行为,对商业和其他"新生事物"的作用是积极的。通过这些公共性活动,他们塑造了各色城市人等、组织、群落集合而成的具有"共同体"意识和利益的地方社会的整体风貌。

(二)国家—社会关系富有活力的地方展现

地方认同的内涵不止于文化和经济,因为与文化、经济相互作用的还有社会的、政治的因素,而且它们往往更有力地规范着一个地方社会的性质。本书研究的一个重点即审视济宁城内外空间里的国家与社会关系,在这里,强大的国家权威和突出的地方精英能动性同时存在。

如何有效地渗透和治理地方社会,是大一统中央政权面临的一个难题。在中华帝国晚期存在着统治策略的权宜性调整,国家在重塑地方经济和控制社会方面的作用比以往任何时候都更依赖于市场机制。由运河驱动的济宁等地的商业化和城市化道路表明,国家在地方上有力的存在,就其与地方经济的和社会的关系来讲,具有双重作用。一方面,国家主导的漕运及运河运输带来了许多经济机会,刺激了商业活力和社会流动,搅动起文化与社会嬗变,有利于砥砺思想和社会的自由或自主性发展。济宁精英利用大运河为他们提供财富和多样性的机遇,最大限度地提高地方福祉,并培养地方的自我认同感,进而强固士绅社会乃至整个地方社会的凝聚力。另一方面,大运河为国家权力提供了一条便于有力干预的通道。朝廷不仅可以借助于有效的交通和通信手段遏制潜在的地方异己力量,使得运河沿线各个富有地方性的城市在朝廷法度和准则下运行,而且得以相对自如地将国家意志和体制施予城市和市镇,使之成为政治堡垒。济宁、临清和其他若干港埠因为其与运河的关系而被提升为直隶州,凸显了其在帝国行政制度中的重要地位。以济宁为例,多重、多种官僚机构的设立和作用,有力地制约着其地方性的发展程度和取向,使其难以冲出作为传统政治中心的质的框架。

那么,对于地方面对国家渗透所作出的回应,如何看待其性质及意义?我主要把士绅精英作为分析对象来评估城市社会的地方主义——与中华帝国晚期的城市化浪潮呈同步性的趋于"地方自治"的态势——的增长,认为他们与国家在地方权力网络中的博弈,在一定程度上缓解了来自国家的压力,有利于培育和维护地方的自主性。但是,由于自身对国家的经济依赖及其城市在国家交通和贸易网络中的重要作用,济宁城市士绅阶层所主导的地方社会的政治性格既不似江南城市里那么疏离,也不似典型北方政治中心那么驯服,而是显得比较折中,并同时具有对于当地社会的高度自我意识。我以济宁为例说明国家与地方社会之间的紧张不是存在于所谓近代欧洲式"反国家"的"公民社会"轨道上,而主要是以合作或调和的曲调铺展的——这一观点将在后面关于"公共领域/公民社会"的专题讨论中更为充分地展开。

在阐析济宁是什么样的城市和形成什么样的地方社会的努力中，我尝试构建了一个前现代城市性的模式——这是中华帝国晚期地方社会发展或地方主义的一个最具有先进性的表现。同时，对基于这种认知问题的探讨，还可以帮助我们评析中国近代开埠以来，内陆城市所面临的问题、精英们所采取的各种策略及其不同的结局。

（三）大一统体制下城市和区域的地方性发展及其限制

本书的个案研究展现了明清时期济宁空前发展的商业化、城市化风貌，但看待这个城市及其带动区域的地方自主性或独立性——关系着社会形态意义上的地方主义——发展的程度和方向，不能脱离中华帝国的大一统制度和命数。

如施坚雅所体察的那样，区域行政机构的管辖范围很少符合"自然"的结构，所以他制订了大区、区域和次区域的模式，这些大小、程度有别的模式基本上是由市场或贸易动力所决定的，故而每个模式都具有独特、明确的地方城市体系的层次。[1] 同时，国家层面的举措有力地改变了各个区域既有的经济、政治结构。明清时期帝国运河和漕运体制所带动的以济宁、临清、天津为代表的北方运河城市的崛起，使得区域的划分、地方语境中的国家与社会关系更为复杂。

首先，不少地区出现了某些可以在一定程度上符合施坚雅模

---

[1] ［美］施坚雅：《中文版前言》，施坚雅主编：《中华帝国晚期的城市》，第1—7页。

式的区域市场—经济体系。如前所述,在济宁,运河带的出现影响了"自然"的区域网络及其内部层级结构,商业化与城市化使得济宁成为经济功能突出的城市和区域经济中心,相应地在地方社会权力网络中表现为以精英为主体的社会力量的扩张、以城市文化的繁荣为标志的地方性发展,以及所呈现出的地方主义倾向。

其次,必须指出的是,在中华帝国晚期,区域经济、文化与政治的层级制度似乎是在一个较小的空间内运作的,例如一座城市或一个州,或者一个"经济区"甚至一个"经济大区",这符合施坚雅模式的一些基本特征。但从更为宽广的维度看,视市场因素为动力的施坚雅模式的局限性十分明显。如本书的研究所及,官僚机器对运河地区的渗透使得济宁这类城市和市镇的发展依旧没有跳出传统行政中心导向的窠臼,大、小区域之间的沟通往往通过"超经济"手段得以进行。所以,大运河政治—经济体制下既有的和变化着的官僚制度有力地遏制了各个城市和区域的地方经济、文化和政治的自主发展趋势。

况且,政府修建和维系大运河的最重要目的不是为了促进商业和城市发展,而是为了输送漕粮和其他贡品,保护相对自给自足的小农经济才是大陆型农业帝国政权稳定的宗旨。只要大一统中央集权帝制体系里的治国经略及中央—地方、国家—社会的关系在制度上没有发生质的改变,那么某些城市、区域即便出现了某些经济与社会的变迁和地方性的扩张,它们也无法摆脱全国性社会形态的规范。所以,像济宁这样富有生气的少数运河城市,依旧孑然兀立在普遍"落后"的众多北方行政中心治所中。

最后,国家权力的兴衰紧密地关联着魏丕信所称的中华帝国晚期的"水利周期"。① 正如大运河跌宕起伏的境遇一样，济宁等港埠城市也与王朝国家一起历经治乱兴衰。济宁、临清和北方部分运河城市、城镇乃至区域的宿命在于，其发展既有赖于帝国政治和政策，又受制于此。在明、清帝国政权稳定的多数时期，大运河良好运转，运河、黄河的基础水利设施系统能够得到相对合理的掌控和调配，运河沿线城市和区域得以繁荣；反之，就会走向衰败。

（四）近代开埠后变化着的地方认同和城市性

为了更好地理解明清时期济宁的城市性——无论是作为其特殊的个性，还是中华帝国晚期一部分"先进"城市体现出的某些共性，本书还在临近结尾时检视了其富有特色的近现代历程，由此可窥见其地方认同的延续与变异。

从19世纪中叶开始，奠立中华帝国晚期北方运河城市及区域繁荣的诸多因素开始瓦解。不仅运河运输衰落了，而且裹挟着现代性、资本主义、基督教的外来力量也使全国范围的经济网络和生产方式发生了前所未有的变化。整个国家都处于失去整体自主性的边缘，济宁的地方认同及其本土式的城市性也受到了致命的蚕食，超越了以往的王朝循复的挑战。

在受西方影响的日渐形成的经济体系里，新起的或扩大的通商口岸城市如上海、天津、广州、青岛、烟台、旅顺成为中国现代化

---

① ［法］魏丕信：《中国的周期性水利——以16至19世纪的湖北为例》，引自［美］裴宜理《华北的叛乱者与革命者：1845—1945》，第14—16页。

和城市现代转型的先锋,①与之相对照的是内地城市、城镇和地区在转变过程中大都困难重重,不可避免地陷入颓败的厄运。以东部沿海城市为新核心的经济网络取代了运河城市原来在帝国政治中的战略位置,大多数北方运河带的城市、市镇急遽沦为破鄙的腹地。

然而,济宁没有完全衰落。一个重要原因在于其势力大且开明的地方精英的能动作用。他们像前辈一样富有成效地与国家和其他政治强权周旋,尽量谋取地方利益。他们从当地受益于交通条件的旧事中汲取经验,并在建设新的交通系统的基础上,较为成功地将城市改造,以适应国内的和国际的新的经济与政治环境,这在很大程度上阻滞了济宁被边缘化的趋势。此外,本书还展示了济宁居民如何对他们的城市重新编程,以避免在新旧交替中陷于非此即彼的一端。济宁的确经历了质的现代化城市转型,但其方式是一种妥协性的,而非与传统彻底切割,这显示了地方性遗产在演变中的延续和更新。这种方式些许有助于地方社会在混乱的文化和政治时局里获得相对稳定的发展。

同时,为了把握济宁的现代命运,本书还将济宁置于更为宏阔的区域的和国家的城—乡语境。济宁的现代经历有助于回应罗威廉在汉口研究课题之始所梳理的中国现代化整体上失败的问题:

---

① 以广州为代表的外贸型城市,在大量外国商品和资本的涌入中焕发出生机。此外,汉口等少数通商口岸城市也利用了新的贸易契机。汉口之所以能够成功转型,是因为其处于作为西方资本主义向内地渗透的主要通道——长江中游的关键位置。

虽然汉口以及那个时代的其他中国城市,已拥有相当的规模和经济集中化与社会复杂性,但最具影响的西方历史学派仍然倾向于认为中国的城市制度没有充分的发展,而且把它看做导致中国"倒退"的主要原因之一。根据这种观点,在19世纪及20世纪初期,中国城市未能发挥必要的催化剂作用,以促使社会、经济与政治发生像西方曾发生过的那样、走出中世纪的转变,也未能提供一种较好的物质文明基础。①

济宁作为一个发达的内陆城市,其自身现代化经历的结果无论成功与否,都折射出近现代中国剧烈转变中的矛盾与问题。开埠以来的城市和城镇,无论新旧,都无不淹没在落后农业的肢解和过剩农村人口的汪洋中。事实上,城市现代化只是近现代中国议程的一部分,而少数"先进"城市里的某些成功并没能解决或舒缓当时中国的主要压力——深重的农村危机。城市的命运系于外在之国家的和国际的政治变局之中,最后湮没在"农村革命"的洪流中。②

二、延伸讨论:士绅社会、"地方自治"、"公民社会"

中华帝国晚期或明清时期,"先进"地区城市社会里地方认同所表现出的地方主义,以西方近代化模板为参照系,或可以用"自

---

① [美]罗威廉:《汉口:一个中国城市的商业和社会(1796—1889)》,第1页。
② 参阅孙竞昊《西学·西教·近代化——对教会大学在中国及相关问题的思索》,《华东师范大学学报(哲学社会科学版)》1995年第2期,第9—13页。

治"的标尺来衡量。

李继璋不同意清末民初议论纷纭的"自治"理念为舶来品的说法。他引述郑与侨等人对晚明士绅领导的济宁居民在赈灾、福利、团练等广泛社会领域的事迹的记载,认为这卓然表现出一种类似欧美经验的、导向"自治"的中国本土式地方主义。他评论道:"近人每言自治,每憾人民程度不足,思借欧化以鼓吹之,抑知三百年前人民自治、自卫之能力固若是乎!"①

明清时期,一些发达地区的地方精英在社会公益和地方自卫等共同事务方面超出通常国家控制范畴的积极作为,显示了士绅社会强劲的基层动员与组织能力,这已经在中外学术界半个世纪的社会史研究中得到了广泛的注意和讨论。不少研究者认为,城市化的高涨、地方社会的壮大推进了某种城市"自治"性的发展。但同时,如本书的济宁故事所述,中央政府也在不断地延伸政治权力,抑制地方社会里歧出和离心潜在危机。况且就整体而言,中国在近代开埠前并没有出现新的政治体系、社会结构及意识形态。那么,如何看待在济宁等地出现的诸如此类本土式"自治"现象?问题的关键,依然在于对帝国政治—经济体制下一些特定地区呈现的前所未有的地方性发展或地方主义进行定性。国家与地方社会的关系在明清北方运河城市如济宁的演绎,可以视为一个具有代表性的案例,而最富有能动作用的士绅阶层左右着地方上的这种关系,对该阶层本质的剖析,无疑是进行案例解读的钥匙。

---

① 李继璋:《济宁直隶州拟稿·建置志上·兵防》。

（一）士绅阶层的政治性格

在本书导论里，笔者回顾和归纳了学术界对作为中华帝国晚期精英主体的士绅的身份与属性之界定不断扩展的观点。而正文中所描述的济宁士绅无论在和平时期还是在变乱时期的作为及其沉浮的故事，可以被进一步置于学术界相关命题的对话中，重点推究他们的群体政治性格，因为这规范了在地方政治网络中社会与国家的互动，从而影响到地方社会形态乃至全国范围社会发展的趋向、张力及其限制。

1.介于"官"与"民"之间的士绅的地方霸权

日本学术界关于中国士绅讨论的递进和转变与本书导论中所述及的西方学者的研究进展大体上呈同步性，同时又有着自己的路数和风格。以根岸佶在20世纪中叶关于"绅士"的系统论述为起点，现当代日本学者大都在不同程度上认同中国传统社会自宋以降国家与社会出现了明显的分离，他们常常用"乡绅"来指代明清时期作为"官"与"民"之间的"媒介者"——"绅士"。[①] 20世纪70年代初，重田德指出在这一格局内，晚明以来地方社会里普遍存

---

① 重田德从学术史的角度梳理和分析了20世纪30年代以来日本学者关于中国"绅士"的讨论，认为尽管众说纷纭，但大都认为在中央集权体制和地主土地所有制下存在皇权与绅权的游离和不一致现象。[日]重田德：《乡绅支配的成立与结构》，刘俊文主编：《日本学者研究中国史论著选译》第2卷《专论》，高明士等译，北京：中华书局，1993年，第199—213页。

在"独占政治、经济、文化"的整体性"乡绅支配"现象。① 按照檀上宽的解释,作为冷战时期的作品,重田德等人的"乡绅支配论"与小山正明等人的"乡绅土地所有论"一样都是阶级分析方法的推演。而 70 年代后期以来,森正夫、岸本美绪等人则呈现了"从发展史观到注意社会结构"的视角变化。从社会史的角度,森正夫的"地域社会论"强调了士绅作为左右地方社会和政治生态的"文化、道德统治者的士大夫一面"。②

如前所述,济宁士绅正是利用体制内外一切可能的机会在文化、社会、政治和商业舞台上展示自己,以获取对地方社会中的"支配权"或"霸权"。同时,富商等其他非特权阶层通过加入士绅的社会活动而得以进入地方精英的行列。他们在相当程度上塑造和影响了济宁整体性的城市居民社会和地方权力生态。

2.士绅的社会组织及其活动的性质

士绅作为一个"阶层",或用更中性化的"群体",如何看待他们的集合——如彭慕兰所说的"宗教教派、地区之间的贸易网络、同乡会、文人的私人群体"③这些网络或非官方社会组织(voluntary

---

① 参阅重田德在"问题的所在——所谓'乡绅支配'的架构"一节中从政治和经济制度角度发凡的有关论述。[日]重田德:《乡绅支配的成立与结构》,刘俊文主编:《日本学者研究中国史论著选译》第 2 卷《专论》,第 214—218 页。
② 檀上宽更为全面地回顾了战后日本历史学者关于中国传统士绅讨论的进程。他指出:"八十年代以后乡绅研究的特征是个别论点愈趋分散,更加深化。"这也与西方最近几十年的研究状况相似。[日]檀上宽:《明清乡绅论》,刘俊文主编:《日本学者研究中国史论著选译》第 2 卷《专论》,第 453—483 页。
③ [美]彭慕兰:《腹地的构建:华北内地的国家、社会和经济(1853—1937)》,第 379 页。

associations)——的角色与作用？有学者运用"士绅社会"这个术语来说明他们的群体性及其在地方社会的代表性。[1] 他们的这些集合体在城市公共空间的活动是否表现出杨联陞所说的某种"非官方性质"（voluntary nature）？[2] 它们所影响或左右的全体居民或市民的共同体（community）与国家权力的不和谐甚或对立的程度和性质究竟如何？

对国家而言，如何掌控和管理纷繁复杂的地方社会是一项棘手的课题。国家需要士绅精英的合作和支持，所以它有时不得不做出某些让步。然而，出于对地方精英政治潜势的防范，国家对士绅有组织的活动表现出相当的警惕，常常对其严加掌控。这也是为什么除了文学结社、慈善合股（当然，传统的家族和宗教组织也除外），难见其他成气候的、稳定的非官方社会组织。

或许，卜正民提出的替代概念"自发组织"（auto-organization）触及了传统中国"自愿自发、自主自治的社会生活组织"的某些特质，即它有时"在地方层面，还与国家干涉分庭抗礼（也相互合作）"。这个概念说明了一个"横向融合"的社会的存在。同时，存在于这个社会里的地方社团主义（local corporatism）"强调将普通百姓作垂直融合，其政治发言权被让给其中的精英分子"——突出地表现为精英能动性，从而"减少了人民经常进行横向沟通并结成互助团体的能力和机会"。[3] 这正是我们在济宁和运河区域看到的情形。

---

[1] ［加］卜正民：《为权力祈祷：佛教与晚明中国士绅社会的形成》，第26—33页。

[2] Lien-sheng Yang, *Excursions in Sinology*, Cambridge: Harvard University Press, 1969, p. 20.

[3] ［加］卜正民：《中国社会中的自发组织》，载［加］卜正民、傅尧乐编《国家与社会》，张晓涵译，北京：中央编译出版社，2014年，第22—23页。

所以，"中国城市不是自信的、改变世界的资本主义企业家的共同体"。① 这种情形正如冉玫铄所指出的，"尽管存在抗税斗争，精英们在（清）王朝结束之前总的来说并没有视国家权力为威胁……精英们依然从与国家的纽带中获取特权；与官员的冲突更可能的是导致在政府内部增强联系的期待，而不是培养对于独立政治权力的集体性要求"。② 即便明末、明清鼎革之际一度活跃的党社运动，与传统的党争也并没有本质的区别，况且它们在清初强有力的国家秩序重建之后便偃旗息鼓。③

国家通过开放的科举制和文官体系可以对士绅实行"制度的节制"。④ 另外，经济实体上属于地主阶级的士绅在与佃户的冲突中，常常托庇于官府的支持。⑤ 所以，尽管这些精英在一些公共事务范围内基于自己和地方利益而雄心勃勃地施展抱负与才能，努

---

① Joseph W. Esherick and Mary B. Rankin, "Introduction," in Esherick and Rankin, eds., *Chinese Local Elites and Patterns of Dominance*, p. 2.
② Mary Backus Rankin, *Elite Activism and Political Transformation in China: Zhejiang Province, 1865—1911*, p. 28.
③ 即便中外史学家评价甚高的明末东林党人的抗争，也如日本史学家沟口雄三讲的那样，并不是指向"皇帝专制体制本身"；所谓"国家霸权"与士绅或官绅"乡村主导权"的对立，也不过是围绕如何建立更好的专制体制的对立。[日]檀上宽：《明清乡绅论》，刘俊文主编：《日本学者研究中国史论著选译》第 2 卷《专论》，第 474—475 页。
④ 弗兰兹·迈克尔这样看待科举考试对政府的重要性：官僚国家需要士人来担任公职，同时又"通过对社会成员加入这个统治集团的控制，在制度上对绅士加以节制"。[美]弗兰兹·迈克尔：《导言一》，张仲礼：《中国绅士研究》，第 4 页。
⑤ 参阅重田德关于"作为体制的乡绅支配""乡绅支配与国家权力"的相关论述。他甚至认为：所谓"乡绅支配"其实是一种"地主支配形式"；反过来，也可以说"地主支配"是"作为特殊乡绅的支配而体制化的"。而地主土地所有制的经济形态对皇权的依赖导致了"政治社会"范畴上的"乡绅支配"终极上臣服于"王朝支配"。[日]重田德：《乡绅支配的成立与结构》，刘俊文主编：《日本学者研究中国史论著选译》第 2 卷《专论》，第 226—241 页。

力建立霸权,并与政府发生些许龃龉,但是他们在权力合法性和最终命运上依附于帝制的本质,决定了他们只能有条件地匍匐在国家权力之下。

3.地方社会的政治性质及其宿命

士绅阶层的这种双重性也反映了他们所代表的地方社会——本质上归结为士绅社会——的政治性格。士绅社会与国家权力的复杂关系充分体现在涉及多方利益的公共领域上。而在济宁,与运河相关的方面特别显著。如其他北方运河城市一样,其崛起和繁荣既得益于国家方针政策与政治部署的恩惠,又受制于国家政治形势的波动。政治形势和王朝命运决定了大多数运河城市的兴衰。虽然运河基础设施的维护、运河运输的畅行要求各方社会和政治势力之间达成理解、合作和妥协,但国家具有最终决定权。运河经济无法裨助城乡社会摆脱帝国政治和其他超经济的强制,反倒是促成了一种地方与国家之间相互依赖的关系。在国家权力左右下的北方运河城市,商业、经济的脆弱性暴露了它们的先天性缺陷。

发生在济宁等经济文化发达地区的城市社会里的新气象没有引发一个新的或革命性的社会变革。[①] 那么,如何看待这些"新"

[①] 即便在更为发达的江南地区,市场驱动的、可导向社会演变的真正革命性的生产和经济变化也并没有出现。在过去"资本主义萌芽"的讨论中,学者们运用诸如"迟滞性"之类的术语来描述明清时期没有发生质的跃进的经济和社会结构及其特有机制。可参阅[加]卜正民《资本主义与中国的近(现)代历史书写》,李荣泰译,载[加]卜正民、格力高利·布鲁主编《中国与历史资本主义:汉学知识的系谱学》,第132—194页。

变化？根据卜正民的介绍,李约瑟(Joseph Needham)认为西欧在中世纪末期走向了"男爵式封建主义"(baronial feudalism),商人阶层得以在资产阶级革命中最后推翻封建主义。相反,在中国却产生了"一种与欧洲完全不同的经济和社会制度:不是重商主义,更不是工业资本主义,而是一种可称为亚细亚官僚主义或官僚封建主义的特殊形式"。在这一形式中,"士绅和官僚封建制度总是有效地防止商人阶层的政治成长和对国家权力的攫取"。[1]

如济宁个案所展示的,作为地方社会领袖的士绅缺乏独立性,而富有的工商精英却依附士绅,他们都无法从与国家权力的粘连中挣脱出来。[2] 他们的城市的命运不得不与整个帝国的政治治乱、王朝循复捆绑在一起,以至荣辱、生死与共。正如我们在前文中所看到的,明清之际的战争和动乱严重破坏了济宁的繁荣,包括盛极一时的园林、名胜这些构筑地方特质的成分,还有地方社会的解体。这是中国传统社会周期性兴衰中惯有的现象。这都是士绅精英们无法把握的,其实他们就是帝国体制大剧幕中的角色之一。置身于这样的政治结构和社会机制中,在一些"先进"城市的地方社会里建立霸权的士绅精英,既以帝制国家为权力渊薮,又在其萎

---

[1] Timothy Brook, "The Sinology of Joseph Needham," *Modern China*, vol. 22, no. 3 (July 1996), pp. 340—348.

[2] 相反,正如山根幸夫所描述的,明中叶以来在由地方官吏和士绅分头合作所设立与管理的市集里,士绅和豪强凭借特权与影响,通过操纵"奸牙"垄断交易,滋生出种种弊害。[日]山根幸夫:《明及清初华北的市集与绅士豪民》,载刘俊文主编《日本学者研究中国史论著选译》第6卷《明清》,栾成显、南炳文译,北京:中华书局,1993年,第341—370页。另外,我曾比较全面地分析了传统商人这种缺乏独立性的性格及其造成的弊端。参阅孙竞昊《盐铁会议的岐异与缺憾:兼论中国古代商人资本的性质和历史作用》,《历史教学问题》2010年第3期,第11—20页。

缩和败落时乘机壮大,复在其秩序重建后归于沉寂。

19世纪中叶对太平天国的镇压标志着国家—社会格局中的一个根本性变化——传统的中央集权帝制开始分崩离析,而清末地方精英的崛起却在新的国际环境下导引中国社会越出了固有的传统轨道,使传统的地方社会结构发生了根本性变化。但这并不单纯如明清之际的情形那样是因为在军事化中地方精英的扩张,而是因为在西方入侵下,中央集权帝国体系的持续式微与接踵而至的新兴社会政治势力及其所代表的新制度的肇始,这一态势一直持续到20世纪中叶。①

(二)关于"公共领域/公民社会"问题的若干思考

明清和近现代中国在地方层级的城市社会里出现的一些"新"气象——特别是政治意义上的地方主义抑或更激进的"自治"趋向,曾在20世纪80年代以来涌现的"公共领域/公民社会"议题中有所折射,继而在90年代一度成为炙手可热的话题。这种理论与思想层面上的探讨有助于评估明清如济宁等发达地区城市空间里的变化态势。同样,关于人类历史的整体认识的不断进步也离不开各个具体历史经验的积淀和总结。

---

① 冉玫铄在讨论明清时期国家—社会关系的实质时,强调从镇压太平天国以来颇为有效的士绅动员可以反衬出帝制国家对外来冲击的无能。Mary Backus Rankin, *Elite Activism and Political Transformation in China: Zhejiang Province, 1865—1911*, pp. 3—4.

1."公共领域"和"公民社会"概念及其适用性

哈贝马斯(Jürgen Habermas)最早清晰地提出和论述"公共领域"。按照罗威廉的理解,哈贝马斯意义上的"公共领域"衍生于西欧:公共领域于16世纪在导向资本主义轨道上急速发展的经济、文化和社会变革孕育并萌发,至17、18世纪蔚然成型。[1] 哈贝马斯所概括的西欧自治性质的公共领域的扩张与新型民族国家快速的现代成长或现代化是同步的。[2] 显然,明清时期的中国不具备资本主义雏形的这些先决条件,如济宁的情形所示,士绅势力带有一些独立性的公共扩张往往发生在国家权力萎缩的特定瞬间,如他们在明末和清末动员、组织地方自卫。

如此而言,不妨关注黄宗智的解释。他认为哈贝马斯关于公共领域术语的定义有两种指称:一是特指自由资产阶级的范畴,涉及始于17世纪晚期的英国和18世纪的法国的现象。这些现象是市场经济、资本主义和资产阶级的伴生物。二是从一个更为宽泛的意义上看,这一术语还可以泛指在现代社会生活中扩展的公共事务范围内的众多现象,而资产阶级公共领域只是一种变数类型。[3] "公共领域成了仅是(市民)社会在其反对专制国家的民主

---

[1] William T. Rowe, "The Public Sphere in Modern China," *Modern China*, vol. 16, no. 3 (July 1990), pp. 310—313.
[2] William T. Rowe, "The Public Sphere in Modern China," *Modern China*, vol. 16, no. 3 (July 1990), p. 323.
[3] [美]黄宗智:《中国的"公共领域"与"市民社会"?——国家与社会间的第三领域》,《中国研究的范式问题讨论》,北京:社会科学文献出版社,2003年,第261页。

进程中的一种扩展。"①由此，黄宗智认为，在中国晚期帝制和近现代史的研究中，从宽泛的意义上来运用哈贝马斯的术语是有益的。

在笔者看来，这种术语毋宁是西方学术界传统的"国家—社会"二分法的一种推陈出新的延伸。安东尼奥·葛兰西（Antonio Gramsci）的一段论述可以视为对这种观点的一种典型表达："在东方，国家就是一切；市民社会是一批尚未成熟的、混乱的群众。在西方，国家和市民社会之间有一个适当的平衡，透过国家模糊的轮廓，可以看出市民社会粗壮的结构。"②这种经典的"国家—社会"的"定论"在不断的质疑和挑战中得到丰富和完善，比如在衍生的各种范式和话语中得到了进一步的演绎。

2."公共事务"与"公共意见"

带有政治底色的哈贝马斯式"公共领域"论题中的一个核心概念是针对"公共事务"（public affair）的"公共意见"（public opinion），而其得以突出表现的场所一般集中在城市。罗威廉的晚清汉口研究显示，诗社、茶馆、酒肆在激发共同议题的公众批评上起到了催化作用，与通常被认为欧洲近代早期的堂吧、咖啡馆的功能类似。③ 然而，这些场所作为公共空间或场域在中国的国家与社

---

① [美]黄宗智：《中国的"公共领域"与"市民社会"？——国家与社会间的第三领域》，《中国研究的范式问题讨论》，第264页。
② [意]安东尼奥·葛兰西：《关于马基亚弗里、政治和现代国家的评论》，转引自[意]翁贝托·梅洛蒂《马克思与第三世界》，第115页。
③ William T. Rowe, "The Public Sphere in Modern China," *Modern China*, vol. 16, no. 3 (July 1990), pp. 314—315；[美]罗威廉：《汉口：一个中国城市的冲突和社区（1796—1895）》，第97页。

会之间的悠久历史上扮演着纷繁多样的角色,不能将其从特定时空的语境里抽离出来看待。例如,茶馆作为一个传统的信息中心、娱乐和社会聚集的地点、公事和交易活动的处所,不同的社会势力可以借以实现自己的利益目的。① 尽管如此,存在社会与国家两端之间的领域及其映现的空间是显而易见的。

本书在关于具体事务性内容的叙事中,更多地使用公共"空间"和"场域"这类貌似比较客观或中性的描述性术语。黄宗智则提出更为中性的"第三领域"(the third realm)——国家与社会无法各自独占的场域。② 这些尝试都在尽可能减少"公共领域"的过重意识形态色彩,而使其具备更为广阔的适用性,但如何看待国家与社会在处理涉及彼此利益与诉求的"公共事务"上相遇的空间或场域,也是不能回避的。

一些学者如冉玫铄、罗威廉比较了"公""官""私"的概念涵义,认为存在公共场域与官方场域的区别,并表现出对私人利益的认可。③ 按冉玫铄的理解,"公"在中华帝国晚期"保留了相当多的共同体性的成分,但更专指对同为大众和国家认为重要的事务进

---

① 有意思的是,邵勤关于民国初期南通茶馆的一项研究,指出当地新精英把茶馆当作腐朽的过往遗存,对新时代的影响是负面的。Qin Shao, "Tempest Over Teapots: The Vilification of Teahouse Culture in Early Republican China, " *The Journal of Asian Studies*, vol. 57, no. 4 (November 1989), pp. 1021—1030.
② [美]黄宗智:《中国的"公共领域"与"市民社会"?——国家与社会间的第三领域》,《中国研究的范式问题讨论》,第 260—283 页。
③ [美]罗威廉:《汉口:一个中国城市的冲突和社区(1796—1895)》,第 69—71、201—204 页。

行非制度化的、超官僚体制的管理"。① 然而,对明清时期的多数士人来说,"公"与"官"是可互为转化的,如前面所引述的杨士聪关于运河上私货贸易的议论:肯定合乎国家和大众之"公"利的"义"之下的合理私人利益追求。如此,便演绎出在诸多"公共事务"上对地方诉求的肯定,并认为其与国家"官方"利益并非水火不容。明清时期的文献载有大量这方面的议论。

在半个多世纪以来的士绅研究中,学者们对"公共事务"中的精英能动性颇为关注,有的还强调其在城市中的重要性高于乡村。士绅及其代表的地方社会的意见在很多时候和场合的确与政府迥异。在公共工程和其他公共事务中,士绅的许多资助和管理行为更多是出于本地利益的动机,并不一定与官方的立场合拍,由此也展现出他们带有独立自主倾向的自我意识,并成为地方政治生态中的一种主导性因素。② 在这方面,从济宁士绅社会的个案中,我们看到社会的力量在官僚直辖范围之外的公共领域里的扩张。那么,中华帝国晚期的城市社会是否曾经出现"自治"取向的"公民社

---

① Mary Backus Rankin, *Elite Activism and Political Transformation in China: Zhejiang Province, 1865—1911*, p. 15.
② 卜正民对明清宁波士绅的个案研究,展示了国家权力和地方精英之间的某种对峙和此消彼长。根据他的观察,在"公共领域"内"一系列用于保证社会再生产的基础性项目""处于国家政权的视野范围内,而且士绅被要求与政府的代表者协力工作。国家权力是地方精英的唯一主要对手"。随着公共领域的增长,"国家涉足地方管理事务的正在消损的权能使得已习惯于以某些方式投入成长中的公共领域的士绅决定性地填充这一空缺"。[加]卜正民:《家族传承与文化霸权:1368 年至 1911 年的宁波士绅》,《中国社会经济史研究》2003 年第 4 期,第 92—104 页。

会"或其雏形?①

3."公民社会"的出现?

尽管葛兰西否认在前现代的非西方社会中真正的公民社会的存在,他在多种场合用"霸权"(hegemony)指称市民社会中"私人的力量"所行使的"文化和道德领导";相比之下,国家机器被定义为诸如军队、警察等强制力量的来源。② 按照这种逻辑,我们似乎也可得出明清时期某些"先进"地区——特别是商业化和城市化发达的城市和市镇,士绅文化和社会霸权的演示可以逻辑上催生一种"潜在"的公民社会。在士绅主导的济宁日常生态里,商业繁盛,消费主义和享乐主义流行,文化认同感和城市意识鲜明。非官方士人、工商业者、普通城市居民群落不断壮大,且以士绅社会为中心形成了带有些许貌似"共同体"色彩的"地方社会",进而滋生了地方自主或独立趋势。特别是官僚体制造成的疏失和腐败限制了政府干涉地方社会的力度,经济、资讯和文化的进步激扬起社会的活力和创造性,让人们可以比较自由地互动,并酝酿出某些"地方自治"倾向,这种倾向甚至能够在激荡的特殊时空里短暂地突发亢进。

国内外论者大都认同作为地方领袖的士绅是公众舆论的发言人和地方利益的代表者。依照罗威廉所阐释的"韦伯式"西方模

---

① 日本学者夫马进在1980年出版的研究成果中指出了明末江南的"民变""士变"中蕴含着的"地方自治"的意义,认为其成为清末民初社会大变革的先驱。参阅[日]檀上宽《明清乡绅论》,刘俊文主编:《日本学者研究中国史论著选译》第2卷《专论》,第473—474页。
② [英]波寇克:《文化霸权》,田心喻译,台北:远流出版社,1991年,第36—38页。

型,超出官僚体系的"公共"或"公民"领域与城市社区/共同体相关联。他认为:"作为社会激进思潮之核心的地方社区理想的出现与发展,是与官僚体制效用之降低相对应的。"①而这样的高潮一是出现在晚明,二是出现在镇压太平天国以来的晚清——都是集权国家控制力衰落、士绅作为一个领导地方社会的群体势力急遽扩张的时候。明清以来济宁的故事就是这种叙事的一个典型案例。

由于士人组织很难发展出明确的、富有独立性的政治命题,导致他们缺乏自觉的自身阶层的群体意识。所以,在迄至突来的西方资本主义促发出中国新型的资产阶级市民意识的19世纪末期,传统城市社会所滋生的看似颇富新意的异见并没有形成大气候。② 明清时代并没有出现超越帝国体制和意识形态的观念,精英与平民都没有形成超出传统范畴的独立性阶级意识,更遑论严格意义上作为"城市共同体"的"市民"或"公民"的形成。

如此,中国传统的国家与以士绅精英为代表的地方社会之间发展成了卜正民和傅尧乐(Michael Frolic)所称的"合作关系":"公民社会当然可以作为国家与社会之间发生冲突的竞技场,但它也可以是调解这种冲突的缓冲带。"③相似地,魏斐德尽管不情愿使用浓重意识形态色彩的哈贝马斯式"公民社会"和"公共领域"的概念,但他在某种程度上也认可史谦德(David Strand)从"公共领域"角度观察1920年代北京的"非政府性活动"。他和黄宗智都主张

---

① [美]罗威廉:《汉口:一个中国城市的冲突和社区(1796—1895)》,第377页。
② 孙竞昊:《明清时代商品经济熏染下的文化变迁述略》,《山东师范大学学报(社会科学版)》1996年第4期,第45—47页。
③ [加]卜正民、傅尧乐编:《国家与社会》,第175—180页。

这个公共领域的增长并不是"反国家"的潮流,认为在中国更强调"义务和相互依赖,而不是权利和责任"。①

在中国传统帝制政治结构里,无法产生真正独立的社会政治的组织性行为,即便政治上的歧见也总会堕入或纠缠于传统意义上的官僚党争、派斗的窠臼。帝制体系内部没有出现实质的反对力量,缺少对集权国家的制度性的社会制约,纵然存在破坏性的反抗。② 至于城市地方社会的所谓"非官方性质特点"(voluntary characteristics),虽然在维护和提高城市生活中起到正面作用,但也时而在商品经济中导致负面后果:如前文所述济宁当地权势的牙人欺商霸市,显现出掠夺贪婪等种种社会弊端。如此,地方政府和皇权反倒起了保护作用。所以,正如姜士彬所指出的,葛兰西式对"公民社会"的私人机构与国家的公共机构的严格区分,和中国的实际情形难有联系。③

简言之,明清时期的中国,虽然在一些新兴或发生功能转型的城市出现了文化的、经济的、社会的若干新气象,但由于缺少社会演化的真正革命性动力,传统社会结构的任何局部的、量的变化都无法催化出建设性的社会变革力量,所以也就无法破除王朝周期更替的"怪圈"。

---

① Frederic Wakeman Jr., "The Civil Society and Public Sphere Debate: Western Reflections on Chinese Political Culture," *Modern China*, vol. 19, no. 2 (April 1993), pp. 132—134.
② 参阅金观涛、刘青峰关于"非组织性"破坏的论述。金观涛、刘青峰:《兴盛与危机:论中国社会超稳定结构》,香港:香港中文大学出版社,1992年,第80—82页。
③ [美]姜士彬:《中华帝国晚期的传播、阶级和意识》,罗友枝、黎安友、姜士彬主编:《中华帝国晚期的大众文化》,第69页。

(三)理论范式作为方法论的价值

如导论所述,"搬用"西方理论范式具有危险性,但不能否认的是,这些范式对归纳和提升经验主义研究的通用价值,不应简单地喻之为"他山之石"。以本书的个案研究为例,从问题意识的激发到思想论述的体系化,都有助于其超越"就事论事"的局域,应该能对社会史、经济史、地方史、城市史等领域研究和相关重大命题思索的进步有所贡献。

前述哈贝马斯式术语"公共领域""公民社会"及其所依靠的传统的"国家—社会"二分法当然有不尽适用的情况。在济宁的历史叙事里,使用这类概念和方法,特别在理解变化和重建的时代是有帮助的,如经济与社会发生深刻而广泛变迁的明中后期、明清之际和晚清。而在相对稳定的阶段,纵然存在各类非建设性的动荡,这种范式的适用性势必弱化。比如,本书故事结尾所讲的民国时期,一方面持续的战乱左右着地方的和中央的政治,另一方面不少地方的现代化建设依然在蹒跚中进行。现代化经济和文化建设与现代政治诉求的关系并不绝对直接密切相关,这种情形似乎难以套用公民权利导向的概念范式。

但是,还是以清末民初的济宁为例,现代化建设之所以得以进行,与地方上存在这样一个精英积极作为、大众广泛参与的公共能动主义(public activism)的领域不无干系。这个领域不是依存于成功的政治威权,却能为现代性营造一定的公民性活动的舞台(civic ground),哪怕这样的时空是转瞬即逝的。这种公民能动主义(civil activism)潜在地导向政治、政体建设的态势在民国时期也确实存在过,特别是在一些"开化"的东部沿海城市。

　　如吴承明所讲,一切理论都是方法。如"公共领域/公民社会"范式在本书中的功用,很大程度上是作为一种分析的"方法",而不是对精英代表的市民公共行为和行为习惯模式进行"真相"式的"事实"描述。它姑且提供了"一个临时性的分析方法,借此我们可以开始将上述现象似乎可以体现的社会代表制、自发组织和自治等观念联系在一起"①。所以,通过归纳和提炼"济宁经验",我们可以得到带有某些普遍性的论述:尽管在明清时期帝国体制内的城市社会没有经历西方式的公共领域和公民社会,但在城市居民生活的公共事务领域里的确出现了许多貌似"新"的现象。而且就其遗产而言,尽管带有若干"公民社会"色彩的"新生事物"没有得到长足的发展,但城市生活的变通性、多样性使得传统士绅在开埠后对输入的西学、西教和新生的资产阶级、资本主义生产方式并不抵触,从而有助于在西方现代性袭来后推动现代城市转型。

三、历史的回响:重建地方认同

　　本书讲述的明清济宁城市的故事实际上延亘到了开埠以后,而以1938年日寇占领作为结束点。我希望对近现代这段历史的匆匆回溯有助于厘清这个城市极富特色的发展轨迹和规则,并在更为广泛的中国研究领域中丰富对于地方认同、城市性及其延续和变化的认识。将"济宁经验"中所提炼出的地方主义提升到理论分

---

① ［加］卜正民、傅尧乐编:《国家与社会》,第178页。

析的层面,势必可以推进我们对地方社会形态与国家政治权力机制之间关系的审视和思考。

八十余年又过去了,济宁像中国其他地方一样遭难、图存、恢复、改革、发展。战争、动乱、破坏不仅给济宁的基础设施和经济带来实质性摧残,也给当地居民的心理和思想留下阴霾。然而,我们仍然可以看到城市原有特性的某些残留,这为城市后来的复兴奠定了基础。

1970年代末的改革开放以来,商业化和城市化促进了济宁当地富有个性的发展,激发了民众的活力和积极性。地方政府仍在继续完善公路、铁路、水路、航空、机场等交通基础设施。[①] 此外,与其他各具特色的地方相似,济宁本地发展的主要途径之一即是恢复、发掘地方历史传统,从而对一些名胜古迹进行了修复、重建、保护、开发。服务于"大运河文化区"的旅游业,而不是交通运输,运河旧航道得到疏浚和整修。1987年1月1日,李白纪念馆在太白楼成立。同时,地方象征主义也被广泛地应用于商业目的。是年12月20日,鲁西南地区第一家拍卖市场在济宁成立,展示了济宁开风气之先的精神遗产。[②] 自1989年起,每年"国际孔子文化节"于孔子诞辰前后在其辖内的曲阜举办,而作为其中一项重要活动的对外经贸合作洽谈会,则通常在济宁进行。1994年1月6日,太白商城开业。几年之后开发的居住区也被冠以太白之名。(图三十三、图三十四)随着城市化的扩张和深化,本市及辖属区、县的行政区划及其名称也经历了多次变更,其中一项是2008年设立的太白湖新区(北湖新区),北接老城区,南临微山湖,交通便利,景色宜人。这种通过当地遗产的创新勾起城市文化和商业历史的行为,

---

[①] 济宁市教学研究室编:《济宁历史》,济南:山东友谊出版社,1999年,第143—150页。
[②] 济宁市中区地方史志编纂委员会编:《济宁市中区志》,第43页。

符合汪利平在对民国时期杭州现代旅游业的研究中所说的"以传统名义创造文化的现象"①。济宁与其他追求特色的城市一样,在现代化的进程中重建地方认同。②

图三十三　济宁太白住宅区③

图三十四　新太白广场(2001年笔者摄)

---

① Liping Wang, "Tourism and Spatial Change in Hangzhou, 1911—1927, " in Joseph W. Esherick, ed., *Remaking the Chinese City: Modernity and National Identity,* 1900—1950, p. 120.
② 关于济宁1930年代末至21世纪初的社会嬗变的轮廓,参阅 Jinghao Sun, "Destruction, Survival and Renewal: Jining's Urban Identity in the Political and Social Storms, 1937—2003." *Asian Social Science,* vol. 6, no. 10 (October 2010), pp. 25—32。
③ 引自济宁市地方史志编纂委员会编《济宁市志》卷前。

参考文献

一、古籍、档案

包世臣:《安吴四种》,光绪十四年(1888)刻本。

陈梦雷:《古今图书集成》,台北:鼎文书局,1985年。

陈子龙等编:《明经世文编》,北京:中华书局,1962年影印本。

崔溥:《漂海录——中国行记》,葛振家点注,北京:社会科学文献出版社,1992年。

冯桂芬:《校邠庐抗议》,上海:上海书店出版社,2002年。

谷应泰:《明史纪事本末》,北京:中华书局,1977年。

顾炎武:《日知录集释》,黄汝成集释,秦克诚点校,长沙:岳麓书社,1994年。

胡德琳、蓝应桂修,周永年、盛百二纂:《(乾隆)济宁直隶州志》,乾隆五十年(1785)刻本。

黄本骥:《历代职官表》,北京:商务印书馆,1964年。

黄锡珪:《李太白年谱》,台北:学海出版社,1980年。

靳学颜:《靳两城先生集》,万历十七年(1589)刻本。

李白:《李太白全集》,王琦注,北京:中华书局,1999年。

李昉等编:《太平广记》,北京:中华书局,1961年。

李继璋:《济宁直隶州拟稿》,民国十六年(1927)稿本,山东省博物馆藏。

李贽:《续焚书》,北京:中华书局,1974年。

廖有恒修,杨通睿纂:《(康熙)济宁州志》,康熙十二年(1673)刻本。

刘昫等:《旧唐书》,北京:中华书局,1975年。

龙文彬:《明会要》,北京:中华书局,1956年。

卢朝安纂修:《(咸丰)济宁直隶州续志》,咸丰九年(1859)刻本。

陆釴等纂修:《(嘉靖)山东通志》,嘉靖十二年(1533)刻本。

陆耀:《山东运河备览》,乾隆四十一年(1776)刻本。

《明实录》,台北:"中研院"历史语言研究所校印本,1962—1968年。

潘守廉:《对凫缘影》,民国二十三年(1934)铅印本,国家图书馆藏。

潘守廉修,唐烜、袁绍昂纂:《(民国)济宁直隶州续志》,民国十六年(1927)铅印本。

潘守廉修,唐烜、袁绍昂纂:《(民国)济宁县志》,民国十六年(1927)铅印本。

潘兆遴:《知非琐言》,清钞本。

清高宗敕撰:《清朝通志》,上海:商务印书馆,1935年。

《清实录》，北京：中华书局，1985—1987年影印本。

丘濬：《大学衍义补》，金良年整理，朱维铮审阅，上海：上海书店出版社，2012年。

申时行等修：《明会典》，北京：中华书局，2007年。

沈垚：《落帆楼文集》，民国七年（1918）《吴兴丛书》本。

盛康辑：《皇朝经世文续编》，光绪二十三年（1897）盛氏思补楼刊本。

宋濂等：《元史》，北京：中华书局，1976年。

孙扩图：《一松斋集》，同治十年（1871）刻本。

孙玉庭：《延釐堂集》，同治十一年（1872）刻本。

托律等修，福克旌额等纂：《钦定户部漕运全书》，台北：成文出版社，1969年。

王赓廷修，邓际昌纂：《济宁州乡土志》，光绪三十一年（1905）铅印本。

王培荀：《乡园忆旧录》，济南：齐鲁书社，1993年。

魏源：《魏源集》，北京：中华书局，1976年。

许鸿磐：《方舆考证》，民国二十二年（1933）刻本。

徐光启：《农政全书》，北京：中华书局，1956年。

徐光启：《徐光启集》，北京：中华书局，1963年。

徐宗幹等辑：《济州金石志》，道光二十五年（1845）刻本。

徐宗幹修，许瀚等纂：《（道光）济宁直隶州志》，咸丰九年（1859）刻本。

杨士骧等修，孙葆田等纂：《（宣统）山东通志》，民国四年（1915）铅印本。

杨士聪:《玉堂荟记》,北京:商务印书馆,1960年。

杨锡绂:《漕运则例纂》,《四库未收书辑刊》第1辑第23册,北京:北京出版社,2000年。

叶圭绶:《续山东考古录》,王汝涛、唐敏、丁余善点注,济南:山东文艺出版社,1997年。

易澄瀛、卢学礼修,于慎行纂:《(万历)兖州府志》,万历二十四年(1596)刻本。

于睿明等修,胡悉宁等纂:《(康熙)临清州志》,康熙十二年(1673)刻本。

于若瀛:《弗告堂集》,明万历刻本,山东省图书馆藏。

乐史:《太平寰宇记》,王文楚等点校,北京:中华书局,2007年。

张度等纂:《(乾隆)临清直隶州志》,乾隆五十年(1785)刻本。

张廷玉等:《明史》,北京:中华书局,1974年。

赵尔巽等:《清史稿》,北京:中华书局,1977年。

郑板桥:《郑板桥集》,北京:中华书局,1962年。

郑与侨:《济宁遗事记》,抄本,"同里李梅生家藏本",山东省图书馆藏。

郑与侨:《积余偶记》,止适斋抄本,山东省博物馆藏。

Jaspers S. McIlvanie's Letter of July 5, 1880. 山东省档案馆藏,卷宗号J109—01—12。

二、中文著述

安东篱:《说扬州:1550—1850年的一座中国城市》,李霞译,北京:中华书局,2007年。

安作璋主编:《山东通史·近代卷》上册,济南:山东人民出版社,1994年。

安作璋主编:《中国运河文化史》,济南:山东教育出版社,2001年。

安作璋主编:《山东通史·明清卷》,北京:人民出版社,2009年。

保罗·霍恩伯格、林恩·霍伦·利斯:《都市欧洲的形成:1000—1994年》,阮岳湘译,北京:商务印书馆,2009年。

鲍德威:《中国的城市变迁:1890—1949年山东济南的政治与发展》,张汉、金桥、孙淑霞译,北京:北京大学出版社,2010年。

波寇克:《文化霸权》,田心喻译,台北:远流出版社,1991年。

卜正民:《纵乐的困惑:明代的商业与文化》,方骏、王秀丽、罗天佑译,北京:生活·读书·新知三联书店,2004年。

卜正民、格力高利·布鲁主编:《中国与历史资本主义:汉学知识的系谱学》,古伟瀛、郭慧英、宋家复等译,北京:新星出版社,2005年。

卜正民:《为权力祈祷:佛教与晚明中国士绅社会的形成》,张华译,南京:江苏人民出版社,2008年。

卜正民、傅尧乐编:《国家与社会》,张晓涵译,北京:中央编译出版社,2014年。

曹树基:《中国人口史》第4卷《明时期》,上海:复旦大学出版社,2000年。

曹树基:《中国人口史》第5卷《清时期》,上海:复旦大学出版社,2001年。

陈宝良:《明代社会生活史》,北京:中国社会科学出版社,2004年。

陈宝良:《明代儒学生员与地方社会》,北京:中国社会科学出版社,2005年。

陈龙飞:《山东省经济地理》,北京:新华出版社,1992年。

杜赞奇:《文化、权力与国家:1900—1942年的华北农村》,王福明译,南京:江苏人民出版社,2008年。

费孝通:《中国绅士》,惠海鸣译,北京:中国社会科学出版社,2006年。

傅崇兰:《中国运河城市发展史》,成都:四川人民出版社,1985年。

盖博坚:《皇帝的四库:乾隆朝晚期的学者与国家》,郑云艳译,北京:中国人民大学出版社,2019年。

宫衍兴:《济宁全汉碑》,济南:齐鲁书社,1990年。

顾诚:《明末农民战争史》,北京:光明日报出版社,2012年。

关文斌:《文明初曙:近代天津盐商与社会》,张荣明主译,天津:天津人民出版社,1999年。

郭红、靳润成:《中国行政区划通史·明代卷》,上海:复旦大学出版社,2007年。

韩德林:《行善的艺术:晚明中国的慈善事业》,吴士勇、王桐、史桢豪译,南京:江苏人民出版社,2015年。

韩书瑞:《山东叛乱:1774年王伦起义》,刘平、唐雁超译,南京:江苏人民出版社,2008年。

韩书瑞、罗友枝:《十八世纪中国社会》,陈仲丹译,南京:江苏人民出版社,2008年。

韩书瑞:《北京:公共空间和城市生活(1400—1900)》上册,孔祥文译,北京:中国人民大学出版社,2019年。

何炳棣:《明初以降人口及其相关问题:1368—1953》,葛剑雄译,北京:生活·读书·新知三联书店,2000年。

何炳棣:《明清社会史论》,徐泓译注,台北:联经出版公司,2013年。

何炳棣:《中国会馆史论》,北京:中华书局,2017年。

贺萧:《天津工人,1900—1949》,许哲娜、任吉东译,天津:天津人民出版社,2016年。

胡力夫:《我童年的摇篮——济宁》,手稿,济宁市政协文史委资料室藏。

《黄河水利史述要》编写组:《黄河水利史述要》,郑州:黄河水利出版社,2003年。

黄仁宇:《明代的漕运》,张皓、张升译,北京:新星出版社,2005年。

黄仁宇:《万历十五年》,北京:中华书局,2006年。

黄仁宇:《十六世纪明代中国之财政与税收》,阿风、许文继、倪玉平等译,北京:生活·读书·新知三联书店,2015年。

黄宗智:《华北的小农经济与社会变迁》,北京:中华书局,1986年。

黄宗智:《长江三角洲小农家庭与乡村发展》,北京:中华书局,1992年。

黄宗智:《中国研究的范式问题讨论》,北京:社会科学文献出版社,2003年。

吉尔伯特·罗兹曼主编:《中国的现代化》,国家社科基金"比较现代化"课题组译,南京:江苏人民出版社,2014年。

济宁市教学研究室编:《济宁历史》,济南:山东友谊出版社,1999年。

济宁市水利局、济宁市政协文史资料委员会编:《命脉》(济宁文史资料丛书之十二),1994年。

济宁市水利志编纂委员会编:《济宁市水利志》,济宁:济宁新闻出版局,1997年。

济宁市政协文史资料委员会编:《济宁文史资料》第7辑,1990年。

济宁市政协文史资料委员会编:《济宁文史资料》第9辑《济宁教育要览》,1992年。

济宁市市中区地方史志编纂委员会编:《济宁市中区志》,济南:齐鲁书社,1999年。

济宁市市中区商业局编:《济宁市中区市场资料长编稿》,未刊稿。

济宁市总工会工运史研究室编:《济宁工运史资料》第1辑,未刊稿,1987年。

冀朝鼎:《中国历史上的基本经济区与水利事业的发展》,朱诗鳌译,北京:中国社会科学出版社,1981年。

简·德·弗里斯:《欧洲的城市化:1500—1800》,朱明译,北京:商务印书馆,2014年。

姜守鹏:《明清北方市场研究》,长春:东北师范大学出版社,

1996年。

金观涛、刘青峰:《兴盛与危机:论中国社会超稳定结构》,香港:香港中文大学出版社,1992年。

景甦、罗仑:《清代山东经营地主底社会性质》,济南:山东人民出版社,1959年。

卡尔·A·魏特夫:《东方专制主义:对于极权力量的比较研究》,徐式谷、奚瑞森、邹如山译,北京:中国社会科学出版社,1989年。

克拉克·阿裨尔:《中国旅行记(1816—1817)——阿美士德使团医官笔下的清代中国》,刘海岩译,上海:上海古籍出版社,2012年。

柯文:《在中国发现历史:中国中心观在美国的兴起》,林同奇译,北京:中华书局,2002年。

柯律格:《长物:早期现代中国的物质文化与社会状况》,高昕丹、陈恒译,北京:生活·读书·新知三联书店,2015年。

柯律格:《蕴秀之域:中国明代园林文化》,孔涛译,郑州:河南大学出版社,2018年。

孔飞力:《中华帝国晚期的叛乱及其敌人:1796—1864年的军事化与社会结构》,谢亮生、杨品泉、谢思炜译,北京:中国社会科学出版社,1990年。

孔飞力:《叫魂:1768年中国妖术大恐慌》,陈兼、刘昶译,北京:生活·读书·新知三联书店,2012年。

李伯重:《江南农业的发展:1620—1850》,王湘云译,上海:上海古籍出版社,2007年。

李蓝生、杜明德主编:《运河明珠——临清》,济南:山东省地图出版社,2001年。

李令福:《明清山东农业地理》,台北:五南图书出版有限公司,2000年。

李南华等:《简述解放前夕济宁的粮行》,手稿,济宁市政协文史委资料室。

李欧梵:《上海摩登——一种新都市文化在中国(1930—1945)》,毛尖译,北京:北京大学出版社,2001年。

李泉主编:《运河学研究》第2辑,北京:社会科学文献出版社,2018年。

李文海主编:《民国时期社会调查丛编·宗教民俗卷》,福州:福建教育出版社,2005年。

李文治、江太新:《清代漕运》,北京:中华书局,1995年。

利玛窦、金尼阁:《利玛窦中国札记》,何高济、王遵仲、李申译,北京:中华书局,2010年。

梁方仲:《中国历代户口、田地、田赋统计》,北京:中华书局,2008年。

林达·约翰逊主编:《帝国晚期的江南城市》,成一农译,上海:上海人民出版社,2005年。

林修竹主编:《山东各县乡土调查录》第2卷,上海:商务印书馆,1920年。

刘海岩主编:《城市史研究》第21辑,天津:天津社会科学院出版社,2002年。

刘海岩主编:《城市史研究》第22辑,天津:天津社会科学院出版社,2004年。

刘俊文主编:《日本学者研究中国史论著选译》第2卷《专论》,高明士等译,北京:中华书局,1993年。

刘俊文主编:《日本学者研究中国史论著选译》第6卷《明清》,栾成显、南炳文译,北京:中华书局,1993年。

刘志伟:《在国家与社会之间:明清广东地区里甲赋役制度与乡村社会》,北京:北京师范大学出版社,2021年。

路遥:《山东义和团调查资料选编》,济南:齐鲁书社,1980年。

罗仑、景甦:《清代山东经营地主经济研究》,济南:齐鲁书社,1985年。

罗威廉:《汉口:一个中国城市的冲突和社区(1796—1895)》,鲁西奇、罗杜芳译,北京:中国人民大学出版社,2016年。

罗威廉:《汉口:一个中国城市的商业和社会(1796—1889)》,江溶、鲁西奇译,北京:中国人民大学出版社,2016年。

罗友枝、黎安友、姜士彬主编:《中华帝国晚期的大众文化》,赵世玲译,北京:北京师范大学出版社,2022年。

马秉新:《济宁回族》,山东省济宁市市中区政协编:《文史资料》第11辑,1998年。

马俊亚:《被牺牲的"局部":淮北社会生态变迁研究(1680—1949)》,北京:北京大学出版社,2011年。

马克思:《资本论:政治经济学批判》第3卷,《马克思恩格斯全集》第25卷,北京:人民出版社,1974年。

马克思:《1844年经济学—哲学手稿》,刘丕坤译,北京:人民出版社,1979年。

马克斯·韦伯:《非正当性的支配——城市的类型学》,康乐、简惠美译,桂林:广西师范大学出版社,2005 年。

马克斯·韦伯:《新教伦理与资本主义精神》,康乐、简惠美译,桂林:广西师范大学出版社,2007 年。

马克斯·韦伯:《儒教与道教》,洪天富译,南京:江苏人民出版社,2008 年。

马克斯·韦伯:《经济简史》,赵丽慧译,北京:北京理工大学出版社,2020 年。

梅尔清:《清初扬州文化》,朱修春译,上海:复旦大学出版社,2004 年。

牟复礼、崔瑞德编:《剑桥中国明代史·上卷》,张书生、黄沫、杨品泉等译,北京:中国社会科学出版社,1992 年。

逄振镐:《东夷文化史》,北京:中国社会科学出版社,1995 年。

裴宜理:《华北的叛乱者与革命者:1845—1945》,池子华、刘平译,北京:商务印书馆,2017 年。

彭慕兰:《大分流:欧洲、中国及现代世界经济的发展》,史建云译,南京:江苏人民出版社,2003 年。

彭慕兰:《腹地的构建:华北内地的国家、社会和经济(1853—1937)》,马俊亚译,上海:上海人民出版社,2017 年。

乔治·马戛尔尼、约翰·巴罗:《马戛尔尼使团使华观感》,何高济、何毓宁译,北京:商务印书馆,2013 年。

屈万里注译:《尚书今注今译》,台北:商务印书馆,1970 年。

沙海昂注:《马可波罗行纪》,冯承钧译,北京:商务印书馆,2012 年。

山东省济宁市地方史志编纂委员会编:《济宁市志》,北京:中华书局,2002年。

山东省济宁市任城区地方史志编纂委员会编:《任城区志》,济南:齐鲁书社,1999年。

山东省济宁市市中区政协编:《文史资料》第10辑,1997年。

山东省济宁市市中区政协编:《文史资料》第12辑《济宁老照片》,2000年。

山东省济宁市政协文史资料委员会编:《济宁运河文化》,北京:中国文史出版社,2000年。

山东省济宁市政协文史资料委员会编:《济宁运河诗文集粹》,济宁:济宁市新闻出版局,2001年。

石贡九:《济宁栖流所粥厂概况》,手稿,济宁市政协文史委资料室,1987年。

史念海:《中国的运河》,西安:陕西人民出版社,1988年。

施坚雅:《中国农村的市场和社会结构》,史建云、徐秀丽译,北京:中国社会科学出版社,1998年。

施坚雅主编:《中华帝国晚期的城市》,叶光庭、徐自立、王嗣均等译,北京:中华书局,2000年。

斯波义信:《宋代商业史研究》,庄景辉译,台北:稻禾出版社,1997年。

苏州博物馆、江苏师范学院历史系、南京大学明清史研究室合编:《明清苏州工商业碑刻集》,南京:江苏人民出版社,1981年。

孙培同:《漫话济宁古代的水系》,手稿,济宁市政协文史委资料室藏。

孙嗣东:《李汝谦先生轶事》,手稿,济宁市政协文史委资料室藏。

孙序东:《济宁孙氏家世的回忆》,手稿,济宁市政协文史委资料室藏。

孙祚民主编:《山东通史》,济南:山东人民出版社,1992年。

谭其骧主编:《中国历史地图集·元、明时期》,北京:中国地图出版社,1982年。

谭其骧主编:《中国历史地图集·清时期》,北京:中国地图出版社,1987年。

天津城市科学研究会等合编:《城市史研究》第10辑,天津:天津古籍出版社,1995年。

王国斌:《转变的中国:历史变迁与欧洲经验的局限》,李伯重、连玲玲译,南京:江苏人民出版社,2005年。

王家范:《明清江南史丛稿》,北京:生活·读书·新知三联书店,2018年。

王守中、郭大松:《近代山东城市变迁史》,济南:山东教育出版社,2001年。

王先明:《近代绅士:一个封建阶层的历史命运》,天津:天津人民出版社,1997年。

魏斐德:《洪业——清朝开国史》,陈苏镇、薄小莹等译,南京:江苏人民出版社,2008年。

翁贝托·梅洛蒂:《马克思与第二世界》,高铦、徐壮飞、途光楠译,北京:商务印书馆,1981年。

吴承明:《吴承明集》,北京:中国社会科学出版社,2002年。

吴琦:《漕运与中国社会》,武汉:华中师范大学出版社,1999年。

巫仁恕:《品味奢华:晚明的消费社会与士大夫》,北京:中华书局,2008年。

萧邦奇:《中国精英与政治变迁:20世纪初的浙江》,徐立望、杨涛羽译,南京:江苏人民出版社,2021年。

谢天佑:《秦汉经济政策与经济思想史稿——兼评自然经济论》,上海:华东师范大学出版社,1989年。

许涤新、吴承明主编:《中国资本主义的萌芽》,北京:人民出版社,2003年。

许檀:《明清时期山东商品经济的发展》,北京:中国社会科学出版社,1998年。

姚汉源:《黄河水利史研究》,郑州:黄河水利出版社,2003年。

余英时:《中国近世宗教伦理与商人精神》,台北:联经出版公司,1987年。

袁静波:《济宁芰园史话》,手稿,济宁市政协文史委资料室藏,1983年。

曾小萍:《州县官的银两:18世纪中国的合理化财政改革》,董建中译,北京:中国人民大学出版社,2005年。

张海鹏、张海瀛:《中国十大商帮》,合肥:黄山书社,1993年。

张海英:《明清江南商品流通与市场体系》,上海:华东师范大学出版社,2002年。

张含英:《治河论丛续篇》,郑州:黄河水利出版社,2013年。

张玉法:《中国现代化的区域研究:山东省,1860—1916》上册,台北:"中研院"近代史研究所,1982年。

张仲礼:《中国绅士研究》,李荣昌、费成康、王寅通译,上海:上海人民出版社,2008年。

赵玉正:《我记忆中的济宁古城》,济宁:济宁市中区文化广电新闻出版社,2013年。

政协济宁市郊区委员会文史资料研究委员会编:《济宁郊区文史资料》第2辑,1987年。

政协济宁市郊区文史资料委员会编:《济宁郊区文史资料》第5辑,1991年。

政协济宁市任城区文史资料委员会编:《文史资料》第10辑,1996年。

政协济宁市任城区文史资料委员会编:《文史资料》第11辑,1998年。

政协济宁市任城区文史资料委员会编:《文史资料》第13辑,2000年。

政协山东省济宁市市中区委员会文史资料研究委员会编:《文史资料》第1辑,1985年。

政协山东省济宁市市中区委员会文史资料研究委员会编:《文史资料》第4辑,1988年。

政协济宁市市中区委员会文史资料委员会编:《文史资料》第7辑,1992年。

政协济宁市市中区委员会文史资料委员会编:《文史活页》第1期,1991年。

政协济宁市委员会文史资料研究委员会编:《济宁文史资料》

第3辑,1987年。

政协济宁市委员会文史资料研究委员会编:《济宁文史资料》第4辑,1987年。

中国金瓶梅学会编:《金瓶梅研究》第4辑,南京:江苏古籍出版社,1993年。

中国李白研究会、马鞍山李白研究所合编:《20世纪李白研究论文精选集》,西安:太白艺术出版社,2000年。

周锡瑞:《义和团运动的起源》,张俊义、王栋译,南京:江苏人民出版社,2005年。

朱政惠:《美国中国学发展史:以历史学为中心》,上海:中西书局,2014年。

庄维民:《近代山东市场经济的变迁》,北京:中华书局,2000年。

邹逸麟、张修桂、满志敏等:《黄淮海平原历史地理》,合肥:安徽教育出版社,1997年。

邹逸麟:《舟楫往来通南北——中国大运河》,南京:江苏凤凰科学技术出版社,2018年。

三、中文论文

卜正民:《明清时期的国家图书检查与图书贸易》,孙竞昊译,《史林》2003年第3期。

卜正民:《家族传承与文化霸权:1368年至1911年的宁波士绅》,孙竞昊译,《中国社会经济史研究》2003年第4期。

卜正民:《儒家士大夫的宗教:董其昌的佛教与徐光启的基督

教》,孙竞昊译,《中国学术》2004年第5期。

曹树基:《洪武时期鲁西南地区的人口迁移》,《中国社会经济史研究》1995年第4期。

陈冬生:《明清山东运河地区经济作物种植发展述论——以棉花、烟草、果木的经营为例》,《东岳论丛》1998年第1期。

范金民:《"苏样"、"苏意":明清苏州领潮流》,《南京大学学报(哲学·人文科学·社会科学)》2013年第4期。

高元杰:《明清山东运河区域水环境变迁及其对农业影响研究》,聊城大学硕士学位论文,2013年。

葛景春、刘崇德:《李白由东鲁入京考》,《河北大学学报(哲学社会科学版)》1983年第1期。

黑广菊:《明清时期临清钞关及其功能》,《清史研究》2006年第3期。

胡光明:《开埠前天津城市化过程及内贸型商业市场的形成》,《天津社会科学》1987年第2期。

胡梦飞:《近十年来国内明清运河及漕运史研究综述(2003—2012)》,《聊城大学学报(社会科学版)》2012年第6期。

井扬:《明清临清运河钞关研究》,山东大学硕士学位论文,2008年。

李伯重:《十九世纪初期中国全国市场:规模与空间结构》,《浙江学刊》2010年第4期。

李海华:《运河变迁与聊城的发展》,山东大学硕士学位论文,2010年。

李红娟:《聊城山陕会馆碑刻分类及其史料价值》,《聊城大学学报(社会科学版)》2005年第3期。

李巨澜:《略论明清时期的卫所漕运》,《社会科学战线》2010年第3期。

李令福:《明代山东省人口发展的时空特征》,《中国历史地理论丛》1994年第3期。

李令福:《明清山东省棉花种植的发展与主要产区的变化》,《古今农业》2004年第1期。

李宁:《明清时期徽商在山东临清的活动研究》,《德州学院学报》2013年第3期。

林纯业:《明代漕运与天津商业城市的兴起》,《天津社会科学》1984年第5期。

刘捷:《明清大运河与济宁城市建设研究》,《华中建筑》2008年第4期。

栾成显:《明代黄册人口登载事项考略》,《历史研究》1998年第2期。

聂红琴:《清代前期的户籍与赋役》,《史林》2001年第1期。

孙杰、孙竞昊:《江南史研究与问题意识:中国社会经济史研究理论的检讨》,《浙江大学学报(人文社会科学版)》2016年第2期。

孙竞昊:《朱元璋的君主专制与民本思想》,《探索与争鸣》1992年第5期。

孙竞昊:《西学·西教·近代化——对教会大学在中国及相关问题的思索》,《华东师范大学学报(哲学社会科学版)》1995年第2期。

孙竞昊:《商品经济与齐鲁文化散论——兼谈俗文化研究》,

《管子学刊》1995年第2期。

孙竞昊:《明清江南商品经济与消费结构关系探析》,《齐鲁学刊》1995年第4期。

孙竞昊:《明清时代商品经济熏染下的文化变迁述略》,《山东师范大学学报(社会科学版)》1996年第4期。

孙竞昊:《明清江南商品经济与分配结构关系探析》,《史林》1996年第4期。

孙竞昊:《明清江南商品市场结构与市场机制探析》,《华东师范大学学报(哲学社会科学版)》1996年第5期。

孙竞昊:《清末济宁阻滞边缘化的现代转型》,《清华大学学报(哲学社会科学版)》2010年第1期。

孙竞昊:《盐铁会议的岐异与缺憾:兼论中国古代商人资本的性质和历史作用》,《历史教学问题》2010年第3期。

孙竞昊:《现代主义、后现代主义与西方中国历史研究的新趋向》,《安徽史学》2013年第2期。

孙竞昊、孙杰:《中国古代区域史中的国家史》,《中国史研究》2014年第4期。

孙竞昊:《在腹地构建现代城市性:民国前期济宁的演变(1912—1937)》,《清华大学学报(哲学社会科学版)》2016年第5期。

孙竞昊:《明清时期大运河北段水柜的部署和管理:前现代社会人力作用于坏境的一个案例》,《浙江大学学报(人文社会科学版)》2017年第3期。

孙竞昊:《〈最后的秀才〉所发现的历史信息和引发的历史想

象》,《中华读书报》2019年5月15日。

孙竞昊:《阅读·思考·研究·写作:习史随感举凡》,《史学月刊》2022年第1期。

田冰、张云筝:《明代黄河决溢对黄淮平原经济发展的影响》,《中州学刊》2016年第12期。

王滨:《明清大运河与德州城市发展初探》,《安徽文学(下半月)》2008年第9期。

王家范:《晚明江南士大夫的历史命运》,《史林》1987年第2期。

王晓慧:《山东运河沿岸卫所研究》,中央民族大学硕士学位论文,2007年。

王云:《明清时期山东的山陕商人》,《东岳论丛》2003年第2期。

王云:《近十年来京杭运河史研究综述》,《中国史研究动态》2003年第6期。

王云:《明清时期山东运河区域的徽商》,《安徽史学》2004年第3期。

王云:《明清临清贡砖生产及其社会影响》,《故宫博物院院刊》2006年第6期。

王云:《明清山东运河区域社会变迁的历史趋势及特点》,《东岳论丛》2008年第3期。

文琦:《明清济宁运河经济与市场体系研究》,青海师范大学硕士学位论文,2013年。

温娜:《山东卫所在清代的变革》,陕西师范大学硕士学位论文,2008年。

吴琦:《南漕北运:中国古代漕运转向及其意义》,《华中师范大学学报(人文社会科学版)》2016年第6期。

向福贞:《明清时期临清钞关的作用及影响》,《聊城大学学报(社会科学版)》2009年第4期。

许檀:《明清时期运河的商品流通》,《历史档案》1992年第1期。

许檀:《明清时期城乡市场网络体系的形成及意义》,《中国社会科学》2000年第3期。

严夫章:《明清修建紫禁城用的临清砖》,《故宫博物院院刊》1982年第1期。

姚秀兰:《户籍、身份与社会变迁——中国户籍法律史研究》,华东政法大学博士学位论文,2004年。

余清良:《明代钞关制度研究中的四个问题》,《学术月刊》2009年第11期。

张荣仁:《明代兵制与济宁"卫所"的设置及演变》,《济宁师范专科学校学报》2004年第1期。

赵生玲:《清代乾隆至光绪年间的聊城商业——以山陕会馆碑刻资料为中心的考察》,《聊城大学学报(社会科学版)》2005年第3期。

郑民德:《明清德州商品经济的发展及其历史变迁》,《聊城大学学报(社会科学版)》2011年第5期。

郑民德:《明清京杭运河沿线漕运仓储系统研究》,南开大学博士学位论文,2013年。

钟振振:《关于李白〈任城县厅壁记〉之本事与系年》,《文学遗产》1988年第2期。

朱年志:《明代山东水陆物资运输探析》,曲阜师范大学硕士学位论文,2007年。

竺可桢:《中国近五千年来气候变迁的初步研究》,《考古学报》1972年第1期。

四、英文专著

Brook, Timothy and Luong, Hy V. *Culture and Economy: The Shaping of Capitalism in Eastern Asia*. Ann Arbor: University of Michigan Press, 1999.

Deng, Gang. *Chinese Maritime Activities and Socioeconomic Development, c. 2100 B.C.—1900 A.D*. Westport, Conn: Greenwood Press, 1997.

Elman, Benjamin A. *A Cultural History of Civil Examinations in Late Imperial China*. Berkeley: University of California Press, 2000.

Elvin, Mark. *The Pattern of the Chinese Past*. Stanford: Stanford University Press, 1973.

Esherick, Joseph W. and Rankin, Mary B., eds. *Chinese Local Elites and Patterns of Dominance*. Berkeley: University of California Press, 1990.

Esherick, Joseph W., ed. *Remaking the Chinese City: Modernity and National Identity, 1900—1950*. Honolulu: University of Hawai'i Press, 2001.

Fei, Si-yen. *Negotiating Urban Space: Urbanization and Late Ming Nanjing.* Cambridge: Harvard University Asia Center, 2010.

Forges, Roger V. Des. *Cultural Centrality and Political Change in Chinese History: Northeast Henan in the Fall of the Ming.* Stanford: Stanford University Press, 2003.

Haeger, John Winthrop. *Crisis and Prosperity in Sung China.* Tucson: University of Arizona Press, 1975.

Harrington, Lyn. *The Grand Canal of China.* Chicago: Rand McNally & Company, 1967.

Harvey, David. *Consciousness and the Urban Experience.* Baltimore: The Johns Hopkins University Press, 1985.

Hinton, Harold C. *The Grain Tribute System of China, 1845—1911.* Cambridge: Harvard University Press, 1970.

Hoshi, Ayao. *The Ming Tribute Grain System.* trans. by Mark Elvin. Ann Arbor: University of Michigan, 1969.

Jing, Su and Luo, Lun. *Landlord and Labor in Late Imperial China: Case Studies from Shandong.* trans. by Endymion Wilkinson. Cambridge: Harvard University Press, 1978.

Jones, David Martin. *The Image of China in Western Social and Political Thought.* New York: Palgrave, 2001.

Leonard, Jane. *Controlling from afar: The Daoguang Emperor's Management of the Grand Canal Crisis, 1824—1826.* Ann Arbor: University of Michigan 1996.

Littrup, Leif. *Subbureaucratic Government in China in Ming*

Times: *A Study of Shandong Province in the Sixteenth Century*. Oslo-Bergen-Tromsø: Universitetsforlaget, 1981.

Mann, Susan. *Local Merchants and the Chinese Bureaucracy, 1750—1950*. Stanford: Stanford University Press, 1986.

Meng, Yue. *Shanghai and the Edges of Empires*. Minneapolis and London: University of Minnesota Press, 2006.

Meskill, John. *Academies in Ming China: A Historical Essay*. Tucson: University of Arizona Press, 1965.

Min, Tu-ki. *National Polity and Local Power: The Transformation of late Imperial China*. Cambridge: Harvard University Press, 1990.

Mote, Frederick W. *Imperial China, 900—1800*. Cambridge, MA. and London, England: Harvard University Press, 1999.

Olivová, Lucie and Børdahl, Vibeke, eds. *Lifestyle and Entertainment in Yangzhou*. Copenhagen: Nordic Institute of Asian Studies Press, 2009.

Rankin, Mary Backus. *Elite Activism and Political Transformation in China: Zhejiang Province, 1865—1911*. Stanford: Stanford University Press, 1986.

Rozman, Gilbert. *Urban Networks in Ch'ing China and Tokugawa Japan*. Princeton, NJ: Princeton University Press, 1974.

Shao, Qin. *Culturing Modernity: The Nantong Model, 1890—1930*. Stanford: Stanford University Press, 2004.

Szonyi, Michael. *Practicing Kinship: Lineage and Descent in Late Imperial China*. Stanford: Stanford University Press, 2002.

Trigault, Nicholas. *The China That Was: China as Discovered by the Jesuits at the Close of the Sixteenth Century*. trans. By Louis Gallaghter. Milwaukee: The Bruce publishing Company, 1942.

Will, Pierre-Étienne and Wong, R. Bin. *Nourishing the People: The State Civilian Granary System in China, 1650—1850*. Ann Arbor: Center for Chinese Studies, The University of Michigan, 1991.

Yang, Lien-sheng. *Excursions in Sinology*. Cambridge: Harvard University Press, 1969.

Zhang, Ling. *The River, the Plain, and the State: An Environmental Drama in Northern Song China, 1048—1128*. Cambridge, UK: Cambridge University Press, 2016.

五、英文论文

Brook, Timothy. "The Sinology of Joseph Needham." *Modern China*, vol. 22, no. 3, 1996, pp. 340—348.

Faure, David. "What Made Foshan a Town: The Evolution of Rural-Urban Identities in Ming-Qing China." *Late Imperial China*, vol.11, no. 2, 1990, pp. 1—31.

I, Songgyu. "Shantung in the Shun-Chih Reign: The Establishment of Local Control and the Gentry Response." (Part One) trans. by Joshua A. Fogel. *Ch'ing-shih wen-t'i*, vol. 4, no. 4, 1980, pp. 1—34.

I, Songgyu. "Shantung in the Shun-Chih Reign: The Establishment of Local Control and the Gentry Response" (Part Two), trans. by Joshua A. Fogel. *Ch'ing-shih wen-t'i*, vol. 4, no. 5, 1981, pp. 1—31.

Kamachi, Noriko. "Feudalism or Absolute Monarchism? Japanese Discourse on the Nature of State and Society in Late Imperial China." *Modern China*, vol. 16, no. 3, 1990, pp. 330—370.

Kano, Masanao. "The Changing Concept of Modernization: From a Historian's Viewpoint." *Japan Quarterly*, vol. 32, no. 1, 1976, p. 28—35.

Liu, Haiyan and Stapleton, Kristin. "Chinese Urban History: State of the Field." *China Information*, vol. 20, no. 3, 2006, pp. 319—427.

Rowe, William T. "The Public Sphere in Modern China." *Modern China*, vol. 16, no. 3, 1990, pp. 309—329.

Schwartz, Benjamin I. "Presidential Address: Area Studies as a Critical Discipline." *Journal of Asian Studies*, vol. 40, no. 1, 1980, pp. 15—25.

Shao, Qin. "Tempest Over Teapots: The Vilification of Teahouse Culture in Early Republican China." *The Journal of Asian Studies*, vol. 57, no. 4, 1989, pp. 1021—1030.

Smith, Joanna Handlin. F. "Gardens in Ch'i Piao-chia's Social World: Wealth and Values in Late-Ming Kiangnan." *The Journal of Asian Studies*, vol. 51, no.1, 1992, pp. 55—81.

Sun, Jinghao. "Destruction, Survival and Renewal: Jining's Urban Identity in the Political and Social Storms, 1937—2003." *Asian*

Social Science, vol. 6, no. 10, 2010, pp. 25—32.

Wakeman, Frederic Jr. "The Civil Society and Public Sphere Debate: Western Reflections on Chinese Political Culture." *Modern China*, vol. 19, no. 2, 1993, pp. 108—138.